小语课堂

新课程下小学语文教学

实践与研究

邱 鑫 ◎ 著

中国文联出版社

图书在版编目（CIP）数据

心语课堂：新课程下小学语文教学实践与研究／邱
鑫著. — 北京：中国文联出版社，2021.11
ISBN 978-7-5190-4694-1

Ⅰ.①心… Ⅱ.①邱… Ⅲ.①小学语文课－教学研究
Ⅳ.①G623.202

中国版本图书馆CIP数据核字（2021）第222897号

著　　者　邱　鑫
责任编辑　刘　旭
责任校对　唐美娟
装帧设计　刘贝贝　李　娜

出版发行　中国文联出版社有限公司
社　　址　北京市朝阳区农展馆南里10号　　邮编　100125
电　　话　010-85923025（发行部）　010-85923091（总编室）
经　　销　全国新华书店等
印　　刷　北京米乐印刷有限公司
开　　本　710毫米×1000毫米　　1/16
印　　张　19
字　　数　342千字
版　　次　2022年4月第1版第1次印刷
定　　价　45.00元

前言

　　语文是重要的交际工具，是人类文化的重要组成部分，语文是工具性与人文性的统一。语文作为表情达意和思维交际的工具，既是学生学习其他学科和终身学习的基础，也是传承文化的重要手段。语文课程具有丰富的、对学生精神领域能产生深远影响的精神内涵。语文课程的人文性强调了语文课程的实施是人实现自我成长、激发人的生命力和创造力的过程。这就体现了语文教育活动是在特定的时空中，师生双向、积极的生命活动过程，蕴含着尊重人的生命价值、人类文化及其多样性的应有之义。以上论述充分说明了语文学科在义务教育阶段的重要性，以及其在促进学生全面发展过程中的重要作用。因此，教师应充分认识到语文学科的育人作用，对语文学科教学提起应有的重视。

　　语文课程是一门学习语言文字运用的综合性和实践性课程。义务教育阶段的语文课程，应使学生初步学会运用祖国语言文字进行交流，吸收古今中外优秀文化，提高思想文化修养，促进自身的精神成长。《小学语文新课程标准》倡导语文教学应注重全面提高学生的语文素养，使他们逐步形成良好的个性和健全的人格，促进德、智、体、美诸方面的和谐发展。在语文教学中，教师应准确把握语文教育的特点，着重培养学生的语文实践能力，重视培养良好的语感和整体把握的能力。学生是语文教学的主体。在教学中，教师应鼓励学生自主、合作、探究，提高学生学习语文的兴趣和自主学习语文的能力。

　　《小学语文新课程标准》指出："学生是语文学习的主人。语文教学应激发学生的学习兴趣，注重培养学生自主学习的意识和习惯，为学生创设良好的自主学习情境，尊重学生的个体差异，鼓励学生选择适合自己的学习方式。"这些新的理念为我们语文教学提供了正确导向，预示着语文课堂教学将彻底改变过去以"一言堂"为主要形式，以考试为主要目的的枯燥无味的教学现状，代之以激发学生求知欲，开启学生智慧的充满生机活力的现代课堂教学。语文课堂要焕发生命活力，就要让学生在课堂上彰显自己的个性。

课堂教学中，当教师声情并茂地讲述一个故事，学生认真聆听、歪头思考；当教师在描述一段情感，学生认真聆听、投来真挚的眼神；当教师朗读一篇文章，学生声泪俱下；当学生把语文考试都当作一场审美的旅程，情感的迸发；当学生把写作当作内心情感的真诚展示和人生美好瞬间的特别记录，这才是语文教学最大的成功——滋润心灵，这也是新教研教改所追求的最大目标，因为语文就是人生，与生命相沁相融。

本书将阐述心语课堂理念下的新课改小学语文教学，条理清晰，内容通俗易懂，可为小学语文教育的研究人员和工作人员提供参考。

目录

第九章 作文教学

第十章 课程资源的开发与利用

第十一章 小学语文课堂教学评价

第一章
小学语文课堂教学概述

01

第一节　语文课堂教学的基本形式

教学有法，无定法。有法，就是课堂教学总有一些规律性的东西，可以归类总结若干个基本的教学形式。无定法，就是说课堂教学不能形成固化的教学模式，应当提倡个性化的教学风格，因为课堂教学永远是一个生成性的教学。

归类课堂教学的基本形式，虽然可以划分许多类别，但也可以归纳为自主学习、合作探究、讲授阐释和实训练习四种基本形式。

一、自主学习

（一）自主学习的概念

自主学习，简言之就是独立自主的学习，它是一种自我调控的学习形式。学习者在内在需求和外在条件的共同作用下，以个性化学习为基本方式，积极主动获取知识，旨在建构自己的知识体系，由此培养能够自我调控且具有可持续发展能力的一种独立学习方式。自主学习通常表现为两个方面：一是学生对自身学习行为的支配、调节和控制能力；二是学生相对于外部因素而言的独立、自由、自主支配学习的权利与可能。其表现形态也体现为两个方面：一是基于课堂教学的自主学习行为；二是基于课外环境的自学活动。

（二）自主学习的特征

1. 个性化

自主学习的关键在于自主，自主的主体是学生，学生都是个性化的存在，因此个性化的学习就是最为重要的特征。自主的主语是自己，学习就是建构知识体系，建构关于世界的认知图式和自我图式，而图式的建构主要取决于个人。

2. 能动性

自主或可称为自己做主，因此自主学习包含着内在的能动性。这种能动性首先表现在"乐学"，学生可以自己掌控自己的学习，于是变被动学习为主动学习，自然就可以在学习中获得乐趣。其次表现在"能学"，学生不仅具有独立学习的内在素质，而且拥有可以独立学习的外在条件，在获取有效的学习平台之时，可以凭借自身实力完成相应的学习任务。再次表现在"会学"，每个人都有着不同于他人的知识结构，在确定学习目标之时，能够选择基于内在需求的学习策略和途径，实现有效学习。

3. 开放性

被动学习是一种约束性学习，因为没有主动学习的愿望，且处于被安排的学习状态，因此具有某种封闭性。自主学习则是基于内在需求的主动学习，具有比较明确的学习动机和强烈的学习愿望，因此不会满足于闭环的被安排学习，于是呈现某种开放性。这种开放性，既体现在体制内教育的开放，就是在学校教育之内实现自由学习，又体现在体制外教育的开放，就是在学校教育之外还可以充分选择个性发展的学习。

（三）自主学习的基本策略

1. 激发兴趣

自主学习的前提在于自觉，能够自觉学习的前提又在于必须有内生力，如果总由外力推动，那么即使表现出一时的自学状态，也不会长久，因此必须激发学生的学习兴趣。只有产生基于内在需求的学习兴趣，才能生成持久的学习动力，自主学习才能真正实现，否则就只能是流于形式。这种兴趣主要从两个方面培养，一是培养学生读书学习的兴趣，旨在使学生形成良好的学习追求与读书习惯，使之养成良好的非智力因素；二是培养学生语文学科的兴趣，通过兴趣这位老师引导学生自觉主动地学习语文。

2. 搭建平台

学生总需要平台，不管是体制内教育，还是体制外教育，只是需要的层次和内容可以有所不同。作为体制内教育，如果要实现自主学习，必须充分利用自身条件构建基本的学习平台，使之能够学习。这个平台应包括一些基本要

3

素：一是基本的空间场所，应该提供学生有效学习的基础空间。二是基本的时间保障，没有可以自由支配的时间，也就没有自主学习，不管是课堂教学，还是课外活动。三是基本的教学资源，不管是纸质资源，还是电子资源；不管是物化资源，还是活态资源；不管是学生自有资源，还是学校公共资源，总之，没有教学资源，也就没有自主学习。

3. 传授方法

自主学习不是放任学习，也不是学生摸着石头过河式的盲目学习，还需要教师给予必要的方法论指导。每一具体学习方法的掌握，不但呈现连续性，而且显示阶段性，大致经历感知—模仿—内化—应用四个阶段。感知是起点，只有教者做出必要的示范，让学生充分感知，并给予机会让学生反复模仿摸索，才能帮助学生实现内化。而要真正牢固掌握这种学习方法，必须要在陌生的情境中灵活应用。

4. 强化检测

控制论认为，要实现系统有效的指向性运转，必须建立有效的反馈机制，并且能够依据反馈进行必要的调整。自主学习能够充分体现学生的主体性，其开放性特征也给予学生充分的自主权，但也容易导向无目的的发散性，因此必须建立有效的反馈机制，以确保学习的有效性。

二、合作探究

（一）合作探究的基本概念

合作探究的学习方式是20世纪70年代初兴起于美国，并在20世纪70年代中期至80年代中期取得实质性进展的新型教学组织形式。我国合作探究学习方式的研究与实验始于20世纪80年代末。合作探究是相对于自主学习的一种学习方式，自主学习侧重于突出学习主体的个体性，合作探究则强调学习主体的团队性，其意旨都在于学生作为主体的主动学习。因此，合作探究就是以团队的方式，发挥团队成员的主观能动性，优化整合团队成员的智力资源，为了达成共同的学习目标而积极主动地获取知识的学习方式。这种团队的组建可以有多种方式，其中最主要的方式是学生之间组成学习共同体，还可以是师生之间组成学习共同体。

（二）合作探究的基本特征

1. 合作性

合作性是合作探究的前提，没有合作也就没有本学习方式。班级授课制已经创设了合作探究的基本平台，一个班级必定表现出某种程度的合作学习。但是，这里的合作性不是基于一个班级而言，而是于班级之内，在行政性小组之外，重新组建较小规模的学习共同体，强调基于共同学习目标的相互合作。于是，这种合作就不是学生个体的简单组合，而是必须达到学习上的互利共赢，呈现系统的优化组合。

2. 问题性

探究不是无目的、无目标的随性学习，必须具有一定的针对性，因此必须树立问题意识。问题情境是探究学习的出发点，只有发现问题，才能形成探究行动。问题就相当于标的，没有标的，就没有探究的动力源泉，也就没有探究的指向性。但是，标的作为问题必须具有适中的难易度，应当反映学生认知的最近发展区，过难或过易都不利于学习共同体的探究与合作。

3. 过程性

过程与方法是学习目标三个维度的重要组成部分，合作探究式学习虽然也关注结论，但更重视合作探究的过程。在现代社会语境下，不管是日常生产，还是学术研究，都已经走出个体工作的樊篱，实现了社会化的合作大生产，因此培养合作意识尤为重要。合作探究的学习方式，合作是前提，探究是过程，在探究中合作，在合作中探究，在探究过程中体验知识的生成过程，因此过程性也就是一种知识体验。

4. 目标性

问题性是培养发现的眼睛，目标性是对问题的定位，因此具有方向性意义。探究就蕴含目标指向，探究是因为发现问题，探究也是为了解决问题，问题的解决就实现了知识体系建构的基本目标。不断地解决问题，就可以不断建构并完善知识体系。这既是合作探究式学习的目标，又不完全是它的目标。合作探究式学习更为重要的是养成学生的合作意识和学术意识，这是教师采用本学习方式应该关注的教学目标。

（三）合作探究的基本策略

1. 组建团队

在班级授课制的前提下，学习共同体组建遵循"组间同质，组内异质，相对稳定"的基本原则，目的在于促进班级同学之间的共赢发展。作为一个班级，虽然都由年龄相仿、知识水平相近的学生组成，显示整体水平的相对一致性，但由于个体的差异，还是存在不一致的差异性。这就要求组建学习共同体时，应该权衡班级的整体发展，力求做到各个团队之间总体水平一致，不会由于团队之间的水平明显差异，而打击实力相对较弱的团队，从而造成教育的非均衡发展。也由于学生之间存在差异，因此团队之内的异质搭配就显得十分必要。异质搭配不仅可以实现优势互补，也可以借此培养团队合作精神，形成良好的班风和学习风气。团队一旦组建，就不要经常变更，应当稳定一段时期，以利于培养合作精神，避免不必要的磨合导致合作探究效能的降低。

2. 发现问题

问题就是矛盾，矛盾是一种客观存在。发现问题一般有两种基本方式，一是学生在学习探究过程中发现问题，二是教师在引领过程中预设问题。教师预设问题要遵循由浅入深、环环相扣的线性逻辑关系原则，避免相互之间没有逻辑关联性的大跨度发散性问题，且问题预设总量尽可能不超过3个，以便学生能够利用课堂内的有限时间集中精力解决核心问题，从而提高课堂教学的有效性。学生自主发现问题应当积极鼓励，但是教师也不应放任自流，应当予以必要的引导和归纳，以便养成学生的学术性思维。

3. 引领方法

教，是为了不教，实现不教的基本要素，就是习得方法。方法是解决问题的路径与手段，方法正确则事半功倍，反之就事倍功半。方法的习得，一者依靠教师引领，二者依靠学生自己摸索。学生自己摸索获取学习方法，这是必要的实践，能够充分体现适于自己的个性化特点。但是，教师的方法论引领更为重要，因为教师是学习的过来人，可以有效地避免学生走弯路，从而提高学习效率。

4. 交流分享

没有交流分享就没有合作，交流分享旨在整合智慧，提高解决问题的速率。交流分享首先是在团队内部实施，通过这种形式优化解决问题的方案；然后再在班级团队之间实施，以便共享探究成果，避免重复探究，提高学习效率。

三、讲授阐释

（一）讲授阐释的基本概念

所谓讲授阐释，实际上就是传统的讲授法。在中外教育史上，墨子率先实践了讲授教学法，即由教师通过口头语言向学生描绘情境、叙述事实、阐释义理，系统地传授知识，促进学生智力发展的教学方法，它是讲述法、讲解法、讲谈法、讲演法的总称，是学生获得间接知识的主要途径。

（二）讲授阐释的基本特征

1. 教师主导

讲授阐释的主角是教师，因此教师主导是它的最基本特征。这种主导性主要体现在三个层面：一是讲授阐释的主体是教师，虽然也可以有学生参与，但那只是宣讲的辅助手段；二是讲授阐释的教学内容由教师掌控，虽然有着教材的约束，但是阐释课文内容的主动权属于教师；三是讲授阐释的形式取决于教师，不同教师可以有效地展示个人教学风格，体现教师自身的知识素养。

2. 单向传输

讲授阐释有着一种预设，教师的知识占有量远大于学生，且拥有解释知识的能力和权力，于是以导师角色向学生宣讲知识。单向传输可以充分展示教师的学识与能力，也可以相对系统地传授知识体系，还可以及时弥补教材之不足，延伸拓展相关知识，学生由此可以有效地节约自主获取知识的时间，从而提高学习效率。

3. 面向全体

讲授阐释的授课方式极难做到因材施教，必须面向班级全体学生。因为不是为了某个特定学生或小团体授课，因此教师必须心里装着全体学生，为所有学生授课，促成全体学生的发展。

（三）讲授阐释的基本策略

1. 精心备课

如果说讲授侧重传达教学内容的表层意义，阐释则注重挖掘文本的深层蕴涵，于是要求教师必须事前做足功课，认真研读教材、吃透教材，并且形成个性化的表达方式。所谓精心至少体现在三个方面，一是弄懂文本的表层意义和深层意义，二是关联文本的文本间性意义，三是文本的生成性意义。

2. 分析学情

讲授阐释虽然不能做到因材施教，但不等于心中无人地随性而发，必须研究听众，也就是班级学情。虽然从理论上说，相同班级具有相似的知识结构，但是由于主客观条件不同，其实还是存在许多差异，呈现不同的学情状况。如果不做学情研究，那就肯定不能达成预想效果。为了尽可能弥补不能因材施教之弊端，必须做到因班施教，以期达到讲授的最佳效果。

3. 注意反馈

讲授阐释授课方式最为人所诟病之处，就在于缺乏双向交流，于是被批为注入式的灌输，因此必须高度重视学生的现场反馈。其实，学生作为学习主体，作为一个活生生的人，对于讲授阐释的教学内容不会无动于衷，总会通过各种方式表现出来，于是也就有了反馈，并且可以给予教师调整讲授阐释内容的有益提示，因此师生的双向互动不能只做机械的理解。

四、实训练习

（一）实训练习的基本概念

语文教学不能停留在抽象的语文知识讲授层面，必须落实在具体的语言运用实践中去，在实践中提升语文能力，因此实训练习就是必要的环节。实训练习由两个部分构成，一是实训，二是练习。实训是职业技能实际训练的简称，原本是职业性学校的一个基本教学环节和教学方法，指学校依照人才培养方案，致力于培养应用型人才，对学生进行系统的有计划的职业技术应用能力训练的教学过程。练习则是各门学科（课程）通用的一种理论运用实践的教学方法，旨在通过练习达到巩固理论知识，熟练掌握学科知识体系，并且形成学科专业技能的一种教学手段。现将两者合并归类，旨在强调语文课程的实践性，通过练习巩固学科知识体系，借助实训形成应用能力，使得学生的语文能力能够有效地转化形成操作能力和创造能力。

（二）实训练习的基本特征

1. 理论的实用性

实训练习的基础是理论学习，没有理论的实训练习是一种盲目的实践，只有理论的学习只能停留在抽象层面，难以有效地运用理论和掌握理论。为了能够将理论内化变成学生自己的知识体系，必须赋予理论一定的实践性和应用性，通过学生的实践达到掌握理论的目的。实训练习就是理论应用性的具体平台。理论只有能够转变成可以实训练习的东西，才能检验学生是否掌握，因此理论必须体现一定的实用性。

2. 情境的仿真性

实训倾向于真实的实践环境，练习倾向于虚拟的实践环境，总之，都需要实践环境。由于学校的特定关系，即使实训也会受到客观条件的限制，不能完全达到真实实践环境的要求，因此情境的仿真性就成为必要条件。练习虽然只需要虚拟的实践环境，但其虚拟性也不能脱离真实的实践环境，否则难以实现语文课程作为实践性课程的《课程标准》要求。

3. 技能的操作性

凡是能够进行实训练习的技能，都具有反复呈现的特性，也就是说，可以通过不断的反复训练完全熟练掌握所希望掌握的技能，这也就要求教师在安排学生进入实训练习环节时，所提供的实训练习内容一定具有反复呈现的操作性，否则就没有意义。

（三）实训练习的基本策略

1. 基于理论的技能化

实训练习的目的在于训练学生掌握并运用理论的能力，因此教师在设计之时，必须将理论技能化，使之可以实训练习。理论一定是可以关联实践的抽象，不应该是空玄的抽象，因此，完全可以将理论转变成可以反复训练的技能，这是实施实训练习的基础与前提。

2. 基于教师的示范性

因为实训练习者是可以反复呈现的操作，因此教师应该表现出一定的示范性和操作性，只有教师实施了示范和操作，学生才能于初始阶段依样画葫芦，然后熟能生巧而应对各种复杂情况。

3. 基于学生的复现性

对于学生而言，如果要掌握相关的基于理论的技能，就必须反复进行实训练习。如果只是呈现一次，学生不可能完全掌握相应的技能，因此必须复现。教师在设计实训练习时，既要考虑复现度，又要避免过度复现，免得出现实训练习的心理倦怠，反而事倍功半。

第二节　语文课堂教学的基本环节

课堂教学是一个小系统，包含多个要素，因此需要一个有效的课堂组织。组织有效的语文课堂教学，必须包括备课、授课、作业、辅导和评价五个最为基本的环节。

一、备课

课堂教学是心智的呈现过程，因此在授课之前，必须有所准备，这就是备课的基本义。所谓备课，就是为了达成教学目标和有效服务学生，教师充分调动各种教学资源，力求实现教学效果最优化的过程。

（一）备课的必要性

1. 工作计划性的要求

教学活动是计划性极强的工作，既有《课程标准》的纲领性计划，也有学制学期的学段规定，还有课程表的学科课程授课安排，因此不能随性而为。就一门课程而言，也需要遵循教学日历，制订授课计划，要求必须按部就班地依照教材完成基本授课任务，因此需要认真做好授课前的准备工作。

2. 知识系统性的必需

能够入选教材者，不可能是知识的散乱聚合，必定体现知识系统的逻辑框架。面对知识系统的严密性，教师授课就应当严格遵循教材的内在逻辑性，于是需要认真研读教材，因此备课就成为必需。由此，备课就不能只是关注一个孤立的教学内容，必须具有知识的系统观，以系统的视角统筹各个章节和知识点，构筑一个知识网络。

3. 教学目标性的需要

教学是一个育人的工程，不仅有着微观的课时教学目标、中观的课程教学目标，还有着宏观的国家层面的教育目标。如果没有授课前各方面的缜密准备，各个层次的教学目标恐怕都难以实现。教师只有从教学目标着眼，才能真正培养出社会需要的合格人才。

（二）备课的基本原则

1. 学生主体性原则

备课的主体是教师，于是很自然地就会从自我的视角备课，容易陷入以教师为本的传统。但是，我们应该时刻牢记一个原则，学生是教学的主体，因此备课应当体现学生主体性原则。教师必须注意从学生的视角备课，从有利于学生学习的角度进行教学设计，可以更好地实现有效教学。

2. 因材施教原则

班级授课制很难做到真正意义的因材施教，但并不等于不能为和不可为。这至少可以从三个方面落实：一是深入了解班级的整体学情，针对整体水平备课；二是运用分层思想，针对不同层级学生制订相应的教学策略；三是发挥师生两方面的积极性，努力构筑一对一、一对多的学习共同体平台。

3. 学习方法论原则

教，是为了不教。一个人在体制内学校学习的时间毕竟有限，终身学习贯穿一生，因此必须培养学生充分的自学能力，于是方法论的传授就是必需。备课不能只是着眼于简单的知识传授，应当贯串知识的探究方法和学术精神，致力于培养学生的可持续发展能力。

（三）备课结果的呈现方式

1. 文本化教学设计

备课不仅体现过程，而且需要一定的结果呈现，否则无从考查是否备课。最为传统的呈现方式就是物化文本，它具有最为久远的历史，也最易为人所熟知和接受。从文本呈现的量和授课思路看，主要有两种呈现方式：一是路径型教学设计；二是授课型教学设计。路径型教学设计属于传统所言的教学简案，倾向于罗列教学基本思路，不在于教学过程的展开。授课型教学设计属于所谓的教学详案，倾向于呈现完整的教学过程。

2. 无纸化教学设计

虽然文本化的教学设计是备课结果的常态，但是不同时期都存在无纸化教学设计的情况。在传统媒体时代，所谓无纸化教学设计就是心脑版教学设计，所有的备课内容都装进了教师的大脑里，大脑就是储存器，可以完全呈现备课的内容。在电子媒体时代，无纸化教学设计表现为电子版教学设计，也就是以电子课件的方式呈现，它既具有纸质文本的特点，又超越纸质文本，可以呈现多媒体特性，具有声、光、电等综合效果。

二、授课

授课是整个教学活动的核心环节，也是课堂教学研究的热点和难点，需要关注的问题很多，但以下几个问题属于基本问题，应当给予最基本的关注。

（一）课堂教学结构

结构是指整体内部各个组成部分的排列组合。课堂教学的构成主要有以下几个要素：教师、学生、教学内容、教学设备、教学方法、学习方法、教学时间和教学空间等。教师遵循一定的教学思想，为了完成特定的教学目标，对这些要素进行有机排列组合，希望达到最优化的活动程序，于是形成课堂教学结构。不同的排列组合就会形成不同的课堂教学结构，也反映不同的教育思想。诸如，突出教师和教学方法的要素，就有可能形成以教师为本，以讲授阐释为主的灌输式课堂教育结构；突出学生和学习方法的要素，就有可能形成以学生为本，以自主合作探究为主要学习方式的课堂教学结构；突出教学设备，特别是突出现代多媒体技术，就有可能形成以技术主义为中心的课堂教学结构，因此授课不是简单的上课，必须高度重视课堂教学结构。

（二）教与学

教与学永远是一对矛盾，教位居知识的高地，学位于知识的洼地，两者处于相向运动状态。处理教与学的矛盾，必须运用辩证法思想，既不能因为教忽视了学，也不能为了突出学而否定了教，应该努力寻求教与学的最佳结合点。这不是中庸之道的折中，必须依据学情，如此才能找到只适合具体情况的个性化的最佳结合点，不至于复制雷同。

（三）传统板书与多媒体课件

教学是一个双向互动过程，传统板书与多媒体课件都是双向互动的基本平台，都有各自的优势与不足。传统板书是基于传统生产之下的产物，具有不可复制的唯一性，能够有效地反映生成性课堂需要。多媒体课件是基于现代媒体技术之下的产物，具有声、光、电等综合效果，具有预设课堂的特征，能够按部就班地推进课堂需要。传统板书容量不足，只能以平面无声的方式呈现教学内容；多媒体课件拥有大容量，且能够以多种媒体立体的方式呈现教学内容，有效地拓展了教学的深度、广度。因此，既不能以传统板书否定多媒体课件，也不能以多媒体课件否定传统板书，应该充分地利用各自的优势，克服各自的不足，实现两个平台的有效交融和利用。

三、作业

作业属于自学的一种方式，学生运用所学的理论知识解决实际和虚拟的现实问题，不仅是理论与实践结合的一种方式，也是达成教学目标的一种手段，因此成为课堂教学的必要环节。

（一）作业的功能

1.反馈课堂教学，提升教学效能

课堂教学效果如何，教师教学效能怎样，总需要一定的反馈机制加以信息的回馈和检测，作业练习就是其中重要的渠道或平台。教学现实中经常可以发现这样的现象，课堂上学生似乎已经掌握相关知识，具备相应技能，但是，一到课后作业练习，学生就陷入迷茫状态。这说明课堂上的学习还没有及时内化变成自己的知识结构系统，因此不能很好地完成作业。由此看来，了解课堂教学成效，还需要借助作业练习，如此才能达到教学目标。

2.巩固理论知识，形成实践技能

学以致用，理论的学习不能陷入玄思的抽象，还需要回归现实。深入现实或模拟现实的作业练习，不仅可以加深理论知识的理解，还能够形成服务现实的实践技能，培养社会需要的有用人才。

3. 训练科学素养，培养严谨作风

作业练习的前提是科学理论知识，这是最具科学严谨性的知识体系，不仅有着形式的严格要求，更有着内容层面的逻辑自洽性，因此可以训练严谨的科学素养和工作作风。这种非智力因素的训练，虽然不属于知识层面的内容，但对于人才的成长具有不可忽视的作用。

（二）作业设计的原则

1. 遵循巩固与创新并重原则

作业练习的实施，首先是检测课堂教学的效果，及时作业练习，及时巩固知识，然后还要创新性地运用知识，培养学生的开放性思维。巩固是基础，创新是提高；巩固是着眼于全体，是基础性要求，创新主要针对个别，重在培养开拓性人才。两者不应偏废。基础性作业练习能够确保全体达到《课程标准》的基本要求；创新性作业练习不仅可以实现举一反三的思维，而且能够形成解决复杂问题的能力，可以培养拔尖创新人才。

2. 遵循学习方法论原则

作业练习不能仅限于复制课堂教学知识，达到巩固基础性知识的水平，还必须通过作业练习培养学生可持续发展的能力，能够独立解决相类似问题，于是必须渗透方法论思想。在学习方法论指导下，有意识地设计作业练习，旨在让学生通过实践能够自己归纳学习方法，并且可以有效地运用。

3. 遵循生活实践原则

学习不应走向象牙塔，应该贴近地气，走向生活。理论来源于生活，作业练习就应当回归生活，通过作业练习贴近生活，实现虚拟地解决生活问题，达到一旦走向社会就可以现实地解决问题的目的，真正实现语文作为实践性课程的目标。

（三）作业的批改方式

作业批改方式林林总总，从批改的主体看，其实只有教师批改和学生批改两种。在现代语境下，不应该专注于某一种批改方式，应该两者兼而用之，从而有效发挥两者之长，避免偏颇。

四、辅导

辅导是教学辅导的简称，是指在教学活动中为了全面及全体达到教学目标，对没有完全掌握相关知识和技能的学生给予额外教学帮助的教学行为。

班级授课制是基于同等心智水平的理想状态实施的一种授课制度，但由于主客观条件的差异，班级学生心智发展不可能真正处于绝对同一水平，必然存在差异，于是也就不可能真正实现因材施教。以一个假定的平均水平实施课堂教学，这就意味着不可能照顾全面及全体，于是就会存在教学接受的差异，一部分学生已经理解甚至超越了当课的知识学习水平，一部分学生可能还不能有效理解甚至全然不懂当课的基本知识，这时就需要教学辅导，以便实现同步发展的目标。

课堂教学关注知识的系统性，教学辅导注重知识的补缺补漏。课堂教学从知识的点面体构筑立体知识的系统性，但是在这个构筑过程中，由于学生的个体差异，一些学生可能就会遗漏其中一些点，于是整体知识系统就会存在缺陷。如果任由这些缺陷发展，就会危及整个知识大厦，于是很有必要进行补缺补漏，也就是教学辅导。

五、评价

教学评价是指从一定教学价值观出发，以《课程标准》和教学目标为依据，制订科学的评价标准，运用科学的方法和手段，对整个教学活动的过程及其结果进行测定、衡量，并给予价值判断，目的在于改进教学活动行为，提升教学的有效性。

（一）教学评价的功能

1. 教学活动闭环功能

教学活动是一个系统工程，既具有与环境交流信息的开放性，也具有系统内部独立运行的闭环性，从教学活动准备阶段的备课，到教学活动结束之时的教学评价，由此就构成了一个完整的运行闭环。由于闭环的存在，教学活动作为系统的整体性就可以得到有效体现，而且也因此具有了系统的自净功能，能够实现有效的自我调节。

2. 教学质量监控功能

教学是具有很强目标指向性的活动，要求必须达到所规定的基本目标，这已经不是个人行为，也不是学校的单位行为，而是教育行政部门的国家行为，因此必须对教学质量实行有效监控。教学评价就是监控质量的基本手段，通过定量和定性等不同方式方法评价教学活动达成教学目标的程度，以便有效地指导今后的教育教学活动，促进教学单位和个人确保教学质量，达到培养合格人才的目标。

3. 师生共赢发展功能

教学涵盖教与学，因此教学评价必然涉及教师和学生。对教师进行教学评价，学生也能够从中受益；对学生进行教学评价，也间接评估教师的教学水平，可以激发教师提高教学水平，因此不管是对学生进行教学评价，还是对教师进行教学评估，都能够促成师生的共赢发展。

（二）教学评价的类型

1. 诊断性评价

诊断性评价，一般是在学期前或授课前进行的一种教学评价，旨在了解学情，以便能够有针对性地实施教学活动，尽可能做到因材施教，优化教学活动，提高教学质量。

2. 形成性评价

形成性评价，一般是在教学活动过程中实施的一种教学评价，因为教学是一个过程，课堂教学也是生成性的教学，不可能完全按照设计的轨迹运行，因此需要及时地反馈和调控，这就要求进行形成性评价。形成性评价旨在适时地动态把握学情，根据整体学情和个体学情变化，适时调整和完善教学策略，努力实现因材施教的有效教学。

3. 终结性评价

终结性评价，一般是在学期教学活动结束之时实施的一种教学评价，旨在检测经过一个学期教学活动之后的整体教学效果，根据教学目标设定的知识与能力、过程与方法、情感态度与价值观三个维度进行全面评价，从而获得一个全面的终结性评定。

（三）教学评价的指标体系

1. 课堂教学指标

一般分为知识、技能、情感三个方面。知识方面，理科包括知道、理解、掌握三个层次；文科包括理解、能力两个层次。文科的理解又包含叙述和说明两个层次；能力则包含观察能力、资料活用能力、思维能力三个层次。技能方面主要包括懂得、学会、熟练三个层次。情感方面，突出表现在对学习内容的态度上，一般分为接受、反应、追求三个层次。

2. 学生因素指标

一般从三个方面考虑：从面部表情上分析学生对讲课的适应性；从课堂提问中分析学生对知识的理解程度；从课堂秩序中分析学生对学习注意或投入的程度。

3. 教师因素指标

一般是从教学能力、课堂控制能力、教学行为、教学技能四个方面来确定指标。

4. 教材因素指标

一般从教材体系与学生水平相适应的程度来考虑。如知识体系是否完整，是否有助于培养逻辑思维能力，选材是否根据学生兴趣和学科特点等。

5. 教学方法因素指标

在教学方法上主要考虑能否保持学生的注意和兴趣，能否促进学生的理解和记忆等。

6. 教学管理因素指标

在教学管理方面，要考虑学生是否有学习的需求，学生是否愿意在老师的指导下学习，课堂秩序是否稳定等。

第三节　语文课堂教学的主要课型

一、课型

课型，即课堂教学类型，是指依据一定的分类标准，深入分析课堂教学结构的基本要素，由此抽象提炼课堂教学活动具有的共性特征，提出相对稳定的授课模型。课堂教学风格具有个性化特征，但是课型是有限的，且具有同质化的共性。共性不能淹没个性，个性可以在共性中张扬，两者有机统一。

二、课型特征

（一）相对稳定性

所谓类型，一定是共性的集合，不是个性的展示，因此必然具有某种稳定性。常言道：教学有法，而无定法，这也说明了课型的基本特征，它就是倾向于有法者。正因为课堂教学已经"成型"，那就有了自身的规则，如此才能确保自我的同一，于是呈现出稳定性特征。当然，这个稳定性不能绝对的僵化，而是相对的稳定，是一种可以允许个性存在的稳定。

（二）可操作性

课型虽然是抽象出来的类型，但不是一种高居实践之上的理论模型，而是接入地气，能够实践、具有可操作性的模型。这种操作性只是提供基本路径，并不规定必须实施的所有按部就班的细节，给予教师有效发挥的空间，可以充分施展个性化的教学风格。基本路径的规定是必需的，只有如此，才能确保此课型非彼课型。

（三）教学有效性

课型是在一线的教学实践中抽象提炼出来的，是广大教师教学实践的结晶，因此总是取向教学有效性。这是所有课型的核心原则，如果教学无效或收效甚微，那就不可能真正形成课型，并为广大教师所认可，因此课型的形成必然遵循教学有效性原则。

三、课型分类标准及主要课型

（一）分类标准

分类是认识世界的有效方法，不分类就无法认识世界。课堂教学也一样，虽然提倡课堂观察和个案研究，但并没有将分类思想拒之门外，依然可以渗透分类思想。或者说，果真排斥分类思想，课堂教学研究也无法有效实施。课型研究大体倾向于从课堂教学结构的教师、学生、教学内容、教学设备、教学方法、学习方法、教学时间和教学空间等基本要素出发选择分类标准，因为它是课堂教学类型，因此应当从课堂教学构成的基本要素着眼研究。

（二）主要课型

从是否学习相关教学内容划分，可以区分为感受新授课、理解领悟课、运用练习课、复习积累课。这些课型可以单独使用，可以相互为用，也可以组合成综合性课型。这里包含了学习的完整过程，从初学知识到巩固知识，反映了学习的基本规律。

从教法和学法层面划分，可以区分知识课和练习课。知识课倾向学科知识的理论学习，练习课偏重学科知识的理论实践，两者结合可以实现理论与实践的有效结合。

从《课程标准》提示的5大教学内容板块划分，可以区分识字教学课（包括汉语拼音课、识字写字课）、阅读教学课、写作教学课（包括写话教学课、习作教学课）、口语交际教学课和综合性学习教学课。这些课型全面反映了义务教育小学阶段语文学科基本知识，以及应该掌握的语文基本技能，可以有效地实现《语文课程标准》对于小学生语文素养的基本要求。

第四节　心语课堂

——语文课堂教学滋润心灵

　　语文是文学与语言学的完美结合。文学是一门艺术，它致力于陶钧气质、渐润心灵、浸泽生命、感悟生活；语言学则是一种实用技术，也是一种思维游戏，保障人际交往的顺利进行，保障人与人、人与社会的有效沟通。当把文学和语言学结合在一起教给学生，语文这门学科教学就显得既容易又困难，最好教的是语文，最不好教的也是语文。如果说容纳百川、包罗万象是语文这门学科的必要因素，那么回归课堂，回归教材，回归字词则是高考对语文教学提出的新要求，这样的要求显得既陈旧又时尚。新教改中，将两者相结合的要求无处不在，既要提高学生的审美感受、培养审美能力，又要让学生扎实地掌握最基本的字、词、句及文学常识。我们也应该认识到，语文课堂是教师与学生共同参与的一次审美体验，心灵碰撞，思想交流。在这场审美宴会中，我们应该与学生一起感受作品带来的喜怒哀乐，在常规知识讲解的基础上，让学生能够自主地感受作品的时代内涵和深刻意义。作文教学是语文教学中非常重要的一个环节，也是学生基础知识、积累功底和思维成果的最终体现。大部分学生写作的动机都是比较明显的，让阅卷老师高兴，迎合阅卷老师的心理，所以"规范"就成了写作的出发点。那么，这样一篇文章读出来，是否能让听者感动，闻者动情？是否写出了学生本来的人生状态、生活感悟、生命体验？恐怕都是过眼烟云，经不起一丝岁月的考验。在教学写作之前，应该让同学们谈谈生活中与之感悟最深刻的人、事，或者讲讲自己阅读中最铭心刻骨的人、事。在讲述这样的人或事的时候，也许讲述人自己都感动得热泪盈眶，再将写作技巧融合进去，必定产生一篇文质兼具的好文章。感人的文章首先就应该感动自己，让自己的心灵受到启迪和撞击，否则读者也不会与之产生共鸣。

一、整合教学，以诗解诗

（一）同题材整合

古诗数量众多，教师可按诗歌题材内容把古诗分类，如山水田园、塞北江南、离情别意、爱国情怀、四季景色等，同题材的整合有助于帮助学生在短时间内扩大阅读量，感受诗歌的艺术魅力。学生在这首诗中的阅读空白点也许就在另一首诗中找到了答案，这样的方式比逐字分析、逐句翻译能更快地引领学生走进诗中描绘的情境，体会作者的情感，滋润学生的心灵，整体的学习氛围沉浸在古诗之中，而不是游离于古诗外进行生硬的解释。

（二）同作者整合

建构主义学习理论认为教学并非对学习者实施知识的"填灌"，而是把学习者原有的知识经验作为新知识的生长点，引导学习者从原有的知识经验中生长新的经验。

二、层级诵读，以读促悟

小学古诗教学中要加强古诗的诵读，诵读具有层次性，是指通读与思读、品读的有机结合。在读中理解、读中悟情、读中润心。

（一）通读——读通顺

通读即初读，其要求是大声朗读，把字音读准，句子读顺，能读出诗的一半节奏与韵律。学生大声朗读课文时，眼、耳、口并用，所谓"出之于口，入之于心"，从而达到快速记忆的效果。

（二）思读——悟感情

古人认为，诵读和精思密不可分相伴相随，唐代韩愈认为读书要"沉浸浓郁，含英咀华"，古诗语言精练，意境优美，只有对古诗的内容及意境正确的理解，才能读出其蕴涵的情感，因此在指导朗读前教师应留点时间让学生自主体味古诗的意境及其情感基调。

（三）品读——润心灵

在小学古诗教学中给学生读诗的时间多了，教师"传道授业"的机会少了，学生在学习古诗的过程中不再是被动的信息接收者，而是意义的主动构建者，学生拥有了充分的自主空间才会主动参与学习活动，学生真的"活"起来了，对诗意境的理解，心灵受到的教育也自然能真情表达出来。其解读也才是真实具有儿童眼光的，才是个性化的，也才是最符合儿童自我情感需求的。

第二章
小学语文教学的理论基础

第一节　小学语文教学的语言学基础

一、现当代语言学概观

（一）现当代语言学研究

1. 西方现当代语言学研究概观

从发展历程来看，西方现当代语言学可以大致分为三个阶段：结构主义语言学阶段、转换生成语言学阶段、交叉语言学阶段。

（1）结构主义语言学阶段

20世纪五六十年代之前，结构主义语言学盛行于欧美各国。索绪尔是结构主义语言学的创始人。索绪尔提出了研究存在于某段时间内的共时语言学和研究语言在不同时期内发展、变化的历时语言学，并把重点放在共时语言学方向；索绪尔区分了语言和言语；在共时的观察和描写中，语言是一个由词汇、语法和语音中相互联系的成分组成的集合体。这一点体现了索绪尔从结构上研究语言的观点。

结构主义语言学派又发展为三个重要的分支：布拉格学派（又称功能语言学派）、哥本哈根学派（也称符号派）、美国描写语言学派。

（2）转换生成语言学阶段

20世纪50年代中后期，美国语言学中占主导地位的结构主义描写语言学开始受到一种新学说潮流的冲击，乔姆斯基《句法结构》一书的出版及其后一系列著作的问世，明确地对描写语言学代表人物布龙菲尔德的学说提出了否定，引发了语言学领域中一场划时代的革命。

乔姆斯基建立的一整套转换生成语法理论，试图从语言的性质中推导出关于人类语言使用者的性质，以语言的性质去证明人类大脑的性质，解释人类的心理现象。主张研究语言不应只研究语言结构的表层或语言行为的表面现象，而主要应该关心人类先天普遍具有的语言能力，即一种先天的能够生成和理解句子的机制，因为他认为语言的最重要的特征是它的生成能力，从而把语言结构看作一种动态的秩序变换过程。乔姆斯基认为，语法是研究具体语言里用以构造句子的原则和加工过程。这就大大拓展了语言研究的视野，引起了包括语言学领域在内的许多学科的浓厚兴趣。

转换生成学派的兴起打破了结构主义的一统天下，也促进了其他语言学派的发展。在转换生成学派的直接挑战下，原有的语言学派不断地完善自己并由此产生出一些新的学派，如序位语法派、层次语法学派、系统功能语言学等。

（3）交叉语言学阶段

随着当代社会的飞速发展，语言学和社会科学与自然科学的关系越来越密切。它们之间相互渗透，形成一些交叉性、边缘性学科，形成了当今语言学的多元兴盛局面。如，语言学和模糊理论、应用理论、文化理论交叉，产生了模糊语言学（也有人把它归入认知语言学）、应用语言学、文化语言学。这些新兴语言学科以及众多边缘学科、交叉学科不再追求纯客观地对语言结构做精细的静态描写，而是关注语言运用的实践规律。

目前，人们不但重视微观语言学，而且更加重视宏观语言学；不但重视语言的语言学，而且开始重视言语的语言学。交叉性、边缘性成为当代语言学的最大特点。

2. 现当代中国语言学研究概观

中国是世界语言研究三大发源地之一，研究语言和文字的学问在中国古代被称为"小学"，历代语言学家主要从文字、音韵和训诂三个方面进行了全面深入的研究，取得了丰硕的成果。

清代乾嘉时期发展到鼎盛的"小学"，在20世纪初遭到来自西方的语言学理论的强烈冲击。当时向西方寻求教育救国、科学救国真理的语言学者们试图建立一个以西方文化为顶点的学术发展序列坐标，中国现代语言学正是在这股引进西学的热潮中建立起来的。在中国现当代语言学的发展历程中，一系列重大的社会历史变革对语言学的发展产生了深刻的影响，据此可以将中国现当代语言学的发展分为三个时期：从1898年马建忠发表《马氏文通》到新中国成立前为初创时期，新中国成立后到80年代改革开放以来为探索时期，改革开放以后为多元发展时期。

（二）基于小学语文教学的语言学研究

中国古代传统教育与传统语言学是密不可分的，传统教育的主要内容是读古代经典著作，传统语言学的主要目的是为经学服务，为解经的目的而开展对古代语言的研究工作。清末以来，传统教育逐步向现代教育转变，语言学也脱离了经学，独立成为一门科学体系。语言学独立以后，在汉语研究方面取得了一系列成就，语言学理论用于指导语文教学，解决语文教学中的实际问题，对于规范语文教学活动，满足语文课程内容建设的迫切需求，推动语文教学改革等起到了积极的作用。

1. 基于小学语文教学的语音学研究

语音学是研究语音的科学，包括语音系统的成分和结构，语音的变化和变化规律等语音知识和语音理论，以及语音实际运用。我国早期的语音学到20世纪50年代中期发展为实验语音学，是用各种实验仪器来研究、分析语音的一门学科。

语音学研究与小学语文教学尤其是汉语拼音教学有密切的联系。包括元音、辅音、声调、重音以及节奏、音变的研究成果直接运用于汉语拼音方案的制订和修改，并对小学汉语教学起着指导作用。

《汉语拼音方案》是给汉字注音和拼写普通话语音的方案，该方案采用拉丁字母，并用附加符号表示声调，是帮助学习汉字和推广普通话的工具。在学生初入学的一段时间里，汉语拼音又是帮助学生写话的有效工具。

《汉语拼音方案》的设计是以普通话的音位分析为基础的，但又不拘泥于音位学对普通话的元辅音的分析与归纳。在教学中应该注意：首先，字母代表语音，但不等于语音，在汉语拼音教学中，不能随着字母讲语音，而应该透过字母教语音，透过字母学语音。例如，为使ong和iong阅读醒目，易于区别，拼音设计分别采用了ong和iong的拼写形式，但在音韵系统的四呼分析中，这两个韵母仍然分别是中东韵的合口呼和撮口呼。又如，为适应教学需要，隔音字母y、w可以当声母看待，但就《汉语拼音方案》文本来说，y、w仅仅是隔音符号，在声韵调系统中，Y（y）和W（w）不能看作声母。其次，字音拼写形式的设计，为求实用上的便利，总是力求节约字母用量，以拼式简短、书写方便为主。《汉语拼音方案》中iu、ui、un拼写中省略了元音字母，但在实际发音中不能省略。就拼写规范说，b声母不能与uo相拼，但bo音节实际发音时，前面还有过渡音u。普通话里的元音韵尾只有［i］和［u］两个，"高、桥"韵母的韵尾的实际音值是［ao］，而《汉语拼音方案》将复韵母au［au］和iau［iau］里的韵尾u［u］用u来表示，只是为了易认，因为手写体n［n］和u［u］很容易相混。

目前小学汉语拼音教学的功能定位、教学目标、教学内容和教学方法等都受到研究者的关注，取得了丰富的研究成果。此外对汉语拼音教学时间安排、汉语拼音教学评价的研究都为小学汉语拼音教学提供了宝贵经验。

2. 基于小学语文教学的现代汉字学研究

现代汉字学是一门新兴的学科，从它的产生到现在只有20余年的历史。汉字学分为历史汉字学、现代汉字学和外族汉字学三个部分，该文还初步确定了现代汉字学研究的内容：字量、字序、字形、字音、字义、汉字教学法等。

（1）汉字字形特点与识字教学

汉字构形具有理据，要了解汉字构形的理据，最常用的办法就是追溯字源，从汉字文化的角度进行识字教学。科学的汉字讲解就是要在不违背汉字构形规律和演变规律的前提下，对构意直接、明确的字加以准确讲解；或对需要经过推源再来讲解的汉字，推源后再来讲解。在讲解个体汉字时，要把它放到汉字构形系统中去，找到它应有的位置再来讲解，以免讲了一个，乱了一片。

关于汉字字形的特点，研究者还从笔画数、部件及结构方式进行研究，并且认为笔画、部件、部件的组合、整字都有成为知觉与加工的单元的可能，所以人们不再像以往一样一味强调由易到难、由简单到复杂、由独体字到合体字的循序渐进的教学次序。对部件在汉字教学单元中的重要作用有了一定的重视。

（2）汉字的字量与识字教学

语言教学，首先是汉字的掌握和词语的积累。在基础教育阶段，需要掌握多少汉字，积累多少词汇，每一个阶段应该达到多少，阶段与阶段之间应该有多大的梯度，过去并没有深入的研究。随着课程改革的深化，这些都成为现代汉字学研究的具体内容，其研究成果已经运用到课程改革中。

（3）现代汉字教学方法研究

对于汉字教学的特点，人们进行了多方面的探索。如根据汉字和拼音文字的不同性质，进行汉外教学的比较研究：汉字是语素文字，记录的是最小的词汇单位和语法单位；拉丁字母是音素文字，记录的是有区别意义的最小的语音单位。学习汉字，不仅要学习汉字的字形，而且要学习汉字所记录的词的音义，学习汉字事实上是文字词汇一起学习。这和学习拼音文字首先学习字母读音，然后通过正词法学习拼读词语的学习途径是不同的。汉字数量繁多，结构复杂，因此汉字学习入门很难，学习拼音文字入门则容易得多。

可以把小学生识字分成三个阶段：初级积累阶段、中期积累阶段和后期积累阶段。在初级积累阶段，识字量较少，可以利用朗读以语音来强化字形与口语的关联，利用构图来显示字形与语义的关联，教学重点在于增进识字兴趣；中期积累阶段识字量大幅增加，字理的显现也越来越明显，可以引导学生进行字理的归纳，并将字与词、句联系起来，在语言环境里加深对字义的掌握，同时写字教学可以大面积展开；后期积累阶段阅读与写作和单字的增加同步进行，识字进入理解字的用法阶段，新字的积累主要采用演绎的方法。基于此，速度和字形识别的数量并不是评定小学识字教学各阶段成绩的唯一指标，在有的阶段甚至不是最重要的指标。

学习汉字是学习语文的基础，小学生初学汉字，在识字、理解意义以及书写上都有相当的困难，根据汉字的特点和学生的认知规律，研究者做了多方面的探索，结合教学实践，总结出一系列行之有效的识字教学方法。

3. 基于小学语文教学的语法学研究

语法学通常分为理论语法和教学语法。理论语法是语法学家按照自己的语言观和方法论对某种语言的语法所做的分析和描述。教学语法是根据语法教学的内容制订的，适用于学校教学的语法系统，侧重于语法功能的描述。理论语法是教学语法的基础，其研究成果决定着教学语法的研究水平。教学语法是理论语法研究成果的普及、推广和运用，也是对理论语法的检验。

然而，汉语语法学是在西方语法学的基础上创立的，由于汉语自身的特点，现代汉语语法理论存在着种种先天不足。到目前为止，我国还没有一种得到语言学界公认的、符合汉语语法特点的语法理论。例如，对于如何确定词和语素、短语的问题，因为汉语的词缺少明显的形态标志，语素、词、短语三级语言单位难以分清；汉语词类的划分也是长期困扰语法界的难题，现行词类划分的标准很难统一；关于句子成分，各派语法理论都把"主、谓、宾、定、状、补、中"作为汉语句子的基本成分，但是我们分析汉语的句子成分时，很难确定什么叫主语，什么叫谓语，什么样的成分算作主语，对此历来理论上的分歧和教学语法体系上的改动都不小。又如对句和非句、单句和复句的界定，对句子成分的分析等，都是理论语法尚未完全解决的问题。理论上的问题没有解决，教学上的问题自然也无法解决。凡此种种，导致了中小学语法教学的"后天不良"。

20世纪90年代，语文界展开了关于"淡化语法"的大讨论，讨论达成了几项共识：第一，教材中的语法知识偏于琐细，不符合张志公提出的"精要，好懂，有用"的原则，不符合学生的实际；第二，教学方法的陈旧导致教学效果不佳；第三，语法教学的意义和作用是不容忽视的，关键是明确"教什么"和"怎么教"。但新课改后，中小学语法教学实际上是被"淡化"甚至被部分取消了。

在小学阶段，语文教材中基本上没有语法的内容，学生主要通过模仿学习语法，教材编写主要依据惯例和经验，各部分缺乏概念化或概念化水平相同，具有相当大的随机性。儿童具有语言的深层结构。但这种结构主要表现在口语方面。对于书面语言来说，语法实质上是它的外化和概念化的形式。因此，小学生是可能学习和掌握语法的。小学生没有以语法为支柱的书面语言认知结构，这使其已有的口语结构不能提高扩大，势必妨碍小学生学习书面语言，而且推迟了以言语结构发展所推动的学生整个认知水平的发展。因此，尽可能早地进行语法教学对于小学生的学习和发展是必要的。

4. 基于小学语文教学的语义学研究

语义学是以语言学观点研究语言意义的科学。语义学的研究对象是自然语言的意义，这里的自然语言可以是词汇、句子、篇章等不同级别的语言单位。语言教学与语义学的关系是非常密切的。语义学不仅为语言教学提供一系列重要指导思想，而且也提供了很多学习与训练方法。语义学的各个重要内容如语义关系、成分分析、语义场理论、语境描述和语义规范的研究等都可以广泛地运用于语言教学的各个环节、各个侧面以及各个课型。

（1）汉语语义学研究

中国古代语义研究被称为训诂学，着重研究词的词汇意义和词义的变化。20世纪80年代以来，在国外语义理论的影响下，我国学者也写出了一些汉语语义学专著，将现代语义理论较好地与汉语实际相结合，尤其是在运用义素分析法来描述不同词性的汉语词、分析汉语语义场类型并建立起汉语总语义场和进行句义分析方面卓有成效，在建立汉语语义学体系方面做了成功的尝试。

在词汇研究方面，研究者们吸收了西方现代语义学理论，尤其是义素分析理论，对词义的分析和描写更加精细和理性。

总的来看，我国的语义研究仍然侧重词义研究，对句义研究重视不够；语义研究集中在同义、反义、歧义等语义关系方面；义素分析法虽然在语法研究中运用得越来越多，但义素分析法本身却有很大的随意性；汉语的语义系统研究得还不够，不能很好地为中文信息处理服务，这些都是汉语语义学今后需要解决的问题。

（2）词义教学研究

① 词的语义分类与语文教学

多义词、同音词、同义词和反义词是传统语义学对词的语义分类。把握好这些语义分类对语文教学非常重要。如多义词在使用时，在一定的上下文中一般只表示其中的一个意义。学习多义词，要了解它有哪些意义，不同的意义经常和哪些词相搭配，阅读时，可以根据上下文来推断用的是哪个意义；写作时，要注意所用的多义词是否准确地表达了自己所要说的意思。

② 词义的类型与语文教学

实词都有一种与概念相联系的核心意义——理性义，此外还可能有附着在理性义上面的色彩义，主要表达人或语境所赋予词的特定感受。教师要指导学生区分理性意义相近但感情色彩不同的词。词还具有形象色彩，如"白茫茫、笔直、碧空、蚕食"，它们除了理性义之外，还使人有某种生动具体的感觉，这种形象感来自对该事物的形象的概括。在讲授这些词语时，要抓住其意义中形象色彩构成的关键成分，引导学生正确理解，并且利用形象色彩所指示的特征加深对词的理性义的理解。

③ 义素分析法与语文教学

以往体会作者用词的准确性，总是引导学生利用自己的生活经验，或学过的同义词来比较、判断，缺乏客观的标准，科学性不强。义素分析可以深入词义内部，把词义分为具体的一个个义素，看各个义素与语境是否吻合，然后再确定用词是否准确。义素分析可用于同义词辨析，同义词的辨析可以提高学生运用语言文字的能力，帮助学生避免用词造句的错误，以提高写作水平。

5. 基于小学语文教学的语用学研究

作为语言学领域一门新兴的分支学科，语用学研究语言文字符号的意义及其在不同的语言环境里的不同用法，以及不同用法所带来的不同的表达效果。语用学的基本理论包括语用原则、言语环境与关联理论、言语行为理论等。

在学生学习的所有阶段，语文教学的实质都是语用教学。从小学语文教学实践看，语用教学可以分成两个部分。识字教学、语言知识教学等可归入语用教学基础部分，强调这些准备性、基础性的语文知识必须放入具体语境和话语实践中进行教学，反对孤立地脱离语境死记硬背，大量重复做题练习；将阅读理解教学和作文教学等归入语用教学发展部分。如识字教学与具体语境、学生的言语行为结合得很好，教一字而理解了整个篇章的内容，就变成了阅读理解教学，变成了语用教学发展部分的教学。

二、现当代语言学发展对小学语文教学的启示

语言学可以从各种不同的角度进行分类。从研究的侧重上，语言学可以分

为理论语言学和应用语言学。理论语言学着重研究人类语言的一般理论和共同规律。将语言研究成果用于实际领域的分科，统称为应用语言学。

（一）现当代理论语言学研究对小学语文教学的启示

1. 语言基本理论研究对小学语文教学的启示

（1）语言和言语

在语言基本理论的研究中，索绪尔提出的"语言"和"言语"这对概念对语文教学具有特别重要的意义。语言，指一个社会共同体中每个说话人和听话人共同运用和遵守的规则。语言作为一套规则包括个别民族语言的规则和普遍语法的规则。而言语是个体运用语言进行交际、交流信息的活动和过程。

由于索绪尔的语言研究是以语言为对象，并不注重言语，因此，我国语文教育界曾一度将语文课上成语言课，过于注重静态的语文知识的讲解，特别是语法知识的讲解，大搞语文技能训练，并愈演愈烈，结果造成语文课的"少、慢、差、费"。

20世纪80年代以来，"言语"概念引入语文教学，产生了"言语实践派"的主张，这种主张认为语文即言语，语文课就是言语课，提高语文能力最根本的方法是言语实践，通过生活化教学，进行对话活动，让学生在其中亲历、自得，从而提高语文能力。然而，语言和言语是相互依存的关系。"语言既是言语的工具，又是言语的产物。""语言和言语只有在统一两者的辩证过程中，双方才获得各自的完整定义。没有言语就没有语言，也没有语言之外的言语。"语文基础知识——语音、字词、句法、语法等的掌握，就是语言问题。言语是个体对语言的运用，语文老师总是在上下文或一个完整的句子中讲解某个词语的运用和某个语法规则的使用。由于个人的言语是对语言的运用，这就决定了它只有在不断地学习词汇、语法等语言的因素中才能获得规范和发展。因此，语文学习要以具体言语为对象，在学习过程中通过语言来发展言语，在言语活动中学习语言，不可偏废任何一方。

区分语言和言语的意义是为语言的学习和研究提供了"言语—语言—言语"的模式。

（2）语言能力与语言运用

乔姆斯基提出了"语言能力"与"语言运用"这两个在语言学领域有着重要影响的概念。语言能力指的是在人的大脑中形成的一种能够按照本族语的语言规则把声音与意义联系起来的能力，它包括语音能力、词汇能力、语法能力等，是语言或语言知识的核心。语言能力只是描述语言中的规则，语言运用则是这种语言能力的实际运用。

在语文教学中，与上述概念相对应，我们常常使用"语言知识"和"语言能力"的概念。语文教学所需要的语言知识，是一个母语使用者为了提高自己的语言能力、发展自己的语文素养而必须具备的、对母语的科学认识。就其在语文教学中的体现而言，这种知识应该包括三个部分：一是学生为自身语言能力的有效发挥和继续发展必须掌握的语言知识；二是语文教师为了指导学生语言能力的教学而必须掌握的语言知识；三是在课堂上师生为了互动对话而需要运用的语言知识。掌握语言知识是发展语言能力的先决条件。语言能力也不仅仅限于听说读写的能力，而是与一个人的认知能力、思维能力以及与社会交往沟通能力，甚至与他的情感体验、审美感受紧密结合在一起，在教学中应通过听说读写去发展学生的语言能力，提高他们的整体素质。

交际能力应包括四个方面：①语法能力，是语法和词汇能力问题，是准确理解和表达话语字面意义的基本能力；②社会语言能力，即根据社会环境恰当使用语言的能力，是交际能力中的核心部分；③语篇能力，又称话语能力，包括协调语言表达中逻辑联系的能力以及使语句通顺的能力，是不同于语法能力和社会语言能力的一个重要方面；④策略能力，即使用语言或非语言手段克服交际障碍的能力。

这一概念内涵丰富，既包括静态的语言能力，更包括动态的运用能力，还蕴含着对文化价值观念、百科知识、思维认知、情感态度（即时下所说的人文因素）的要求。从概念的广泛性上，丝毫不亚于"语文素养"，因此，有学者认为应该以"交际能力"取代"语文素养"概念。

2. 语言基本性质与语文学科性质

20世纪80年代以后，语文教学界对语文学科性质的看法大致有工具论、人文论、素质论、工具性与人文性的统一、语感论等。对语文学科性质的判断源于对语言基本性质的理解。就语文教学而言，我们选择什么样的教学内容和教学方法，往往取决于我们从哪一个角度来对待和理解语言。

近现代语言学家和哲学家们对语言的工具观有过不同的论述，综合起来，"语言是人类最重要的交际工具，是人类思维的工具，也是社会上传递信息的工具"。叶圣陶先生被视为语文工具论的代表。对语言诸多性质的判断，影响着人们对语文学科性质的理解。

（1）工具性

有人认为工具性是语文学科的唯一本质属性，是区别于其他任何学科的显著标志，思想性、文学性和知识性都要以工具性为基础。因此，语文学科的任务就是进行语言知识教学，培养理解和运用语言的能力，即听说读写能力，课文只是例子。

（2）人文性

认为语文这个工具和一般生产生活工具不同，它是人们思想感情、社会文化的负载工具，所以人文性才是语文的本质属性。语文课的任务主要是通过语言的学习、感悟去培养情感，陶冶情操，弘扬中华民族的人文精神。

（3）素质论

认为语言既是交际工具，又是思想工具，也是认识世界、改造世界的工具。语文课既要加强语言运用能力的训练，又要把语言能力的训练同对语言所表达的思想内容的理解结合起来。语文课的任务是培养提高学生的语文素质，既要培养运用语文工具的能力，也要培养思维能力、文学鉴赏能力，同时要开发智力，进行思想品德教育、审美教育、语言文化知识教育。

（4）语感论

20世纪90年代以来，语感成为语文教学界讨论的热点。针对语文教学中存在的"肢解性分析"和"坐实的意义讲解"等弊病，有人提出培养语感是语文教学的首要任务，语文教学应以语感为支点和中心。

以上观点对语文学科性质的认识要么各执一端，失之片面，要么试图面面俱到，反而造成认识上的混乱。《课程标准》把语文学科的性质归纳为工具性与人文性的统一，是对现代语文规律的科学认识。

（二）现当代应用语言学研究对小学语文教学的启示

应用语言学有广义和狭义之分。狭义的应用语言学主要指语言教学。广义的应用语言学指把语言学的知识应用于解决其他科学领域的问题，包括词典编纂、文字的制订与规范、机器翻译、人工智能、情报自动检索、失语症治疗、信息传达处理等。

1. 语言教学研究对小学语文教学的启示

狭义的应用语言学专指语言教学，包括语言学理论在教学中的应用以及语言教学本身的理论与实践。

（1）小学语文教学内容和教学方法研究

陆俭明曾提出，目前中小学的语文课，从语言教学的角度说，存在着两大问题：一是课本有很多不合理的地方，字、词、语法点的出现与安排很缺乏科学性。二是现行的语文教学思路和教学方法很有问题。未来我国汉语应用研究中关于语文教学方面应着重研究以下几个方面的问题：中小学语文教学的目的该是什么，学生怎样才能获得语文技能，字、词、语法点该多少，该哪些，孰前孰后，复现率该是多少，语文课本该怎么编写，应该需要一种什么样的教学思路和教学方法？具体说，该怎么讲解课文？

（2）第二语言教学研究

第二语言教学的研究对课堂组织方式、学生心理状态等方面的分析都比较深入，往往可以发现一般语文教学研究中无法揭示的影响学生表达能力形成的关键因素。如在作文教学中，语文教师一般只注意两个方面的因素：一是影响学生表达能力的语言方面的因素，即学生对语言结构规律和语言使用技巧的掌握对其书面或者口语表达能力的影响；二是学生的思维能力，即学生对事物的认识能力和对问题的解决能力以及想象力和创造力，而很少考虑学生复杂的心理动机在其表达能力形成中的作用。第二语言教学理论研究关注的因素比较丰富，可以给语文教学提供借鉴。

中国学生英语口语表达能力考察包括两个方面：宏观方面，不仅研究口语课的授课内容与授课方式等因素，而且研究其他课程的授课内容和授课方法，以及学生对待不同课程学习的具体策略；微观方面，研究学生在进行口语交际时的注意力分布模式、学生驾驭语言的自信程度的变化等因素。如果语文教学中也能采取如此全面系统的分析，一定会找到制约中小学生作文能力提高的具体因素，从而设计出针对具体问题的合理解决方案。

2. 篇章语言学研究对小学语文教学的启示

传统语言学认为有五级语言单位，即语素、词、短语、句子、句群，因而将语言研究局限在句子，至多是句群的范围内。现代语言学则突破了这种局限，把语言研究的范围扩大到篇章，称之为语篇。语篇研究作为现代语言学的一个分支，被称为篇章语言学。

语篇是语言的交际单位。小到学校里的一条标语"欢迎新同学"，大到一部长篇小说，都是语篇。语篇研究的意义主要在于从生动的语言交际过程来研究语言。语言作为人类的交际工具，只有在交际中才能真正把握其本质和规律。传统的五级语言单位都是静态的。即使作为"使用单位"的句子，在一定程度上，同样游离于交际过程之外。只有语篇才能实现交际目的，才能完成一个具体的语言行为，才有完整的语言效果，词和句子也只有结合语篇才能获得全方位的研究和把握。

从微观层面看，篇章语言学研究具体的句子和句子的连贯方式。语篇的连贯性对语篇能否构成一个合理的整体具有重要意义，可以启发教师如何教学生阅读和作文。从宏观层次看，语篇研究试图揭示语篇整体结构的特征，对于创造出合理的文章结构意义重大。从语言学角度研究篇章的目的，在于通过系统深入的语言细节分析揭示出不同语言的总体篇章结构特征。详细了解篇章结构分析的基本技术，有助于语文教师更加具体深入地分析文章结构的微妙之处，从而更好地指导学生的作文学习。

3. 心理语言学研究对小学语文教学的启示

心理语言学是一门只有几十年历史的边缘学科。它综合运用语言学和心理学的理论和实验方法来研究语言的习得、学习和使用的心理过程，并对当代语言学理论关于语言习得和语言能力的某些假设进行解释和论证。汉语心理语言学的研究有三个主要方向：汉字心理学、语言教学心理学和语言发展心理学。

（1）儿童心理发展与汉字教学

任何学习，都有一个泛化、初步分化与精确分化的过程。儿童记忆字形也需要经历这三个发展阶段。在对字形结构各组成部分和形、音、义三者建立模糊联系的泛化阶段，学生对汉字形成了模糊的、粗略的印象，还不能正确地写出汉字。初步分化阶段，学生能逐渐明白汉字形、音、义之间的联系，基本掌握汉字结构，但细微之处还有遗漏和遗忘。在精确分化阶段，学生对汉字构字规律有了一定认识，可以迅速地写出汉字并能进行形近字的辨别。作为教师就要了解学生认知汉字的规律，在不同学习阶段给以不同的教学指导，以便及时避免和矫正泛化。例如，先讲清汉字的结构位置，指出内部笔画特征，分化时运用比较法帮助他们认清细微差异，并及时总结汉字构字规律。

（2）阅读与写作的心理特征与语文教学

儿童阅读能力的培养是一个渐进的过程，其发展与认知能力发展紧密相关，阅读教学应根据儿童的不同发展阶段采用不同方法。小学低段儿童阅读理解的最大困难是知识、经验缺乏，在阅读教学中应加入相应的内容，教学重点在于对文章内容的理解。随着学生阅读和生活经验的丰富以及知识水平的提高，阅读能力的培养应转移到对文本结构的分析和主题的归纳。朗读和默读是阅读的两种形式，其效果因识记材料的不同而呈现出很大差别。因此，不同的文类应使用不同的阅读方式。

写作是从感知到表象，从表象到思维，通过分析综合和抽象概括，从内部语言转化到外部语言的过程。这一过程的完成取决于书面表达能力的发展，书面表达能力则是在口语表达能力的基础上发展起来的。提高儿童作文水平，关键是如何促进口语向书面语言的转化，不仅能够把说的东西写出来，还要丰富写出来的内容，完善写作技巧。小学写作教学首先应重视教会学生观察生活，发掘写作题材，先以记叙文入门，并通过作文分析、评价和讨论修改等方式提高学生的写作水平。

4. 社会语言学研究对小学语文教学的启示

社会语言学是运用语言学和社会学等学科的理论和方法研究语言与社会多方面关系的学科。社会语言学的研究对象主要是语言的社会本质和语言的差异。社会语言学的许多理论对语文教学有重要的启示。

（1）语言教学应与文化教学紧密结合

在语文工具性与人文性的讨论中，关于语文教学被泛化为文化教学的担忧一直存在。然而，语文教学中语言和文化是统一的，一个人对语言的文化内涵掌握得越多，对这种语言的理解就越丰富、越深刻，运用这种语言的表达就越灵动。在对外汉语教学中，人们已经认识到这一点，但在母语教学中还没有给予足够的重视。

（2）注重语文教学的信息量

社会语言学假定一个人谈话的语音符合标准，语法合乎规范，词汇的使用合乎语义需要，"在这前提下研究信息量的多少以及传达信息的效果是否达到所能允许的最大值，即最佳效能"。

语文课堂中这样的情况屡见不鲜：对于学生已经了解的知识，或者学生自己读一读就能学会的知识，教师仍然反复分析讲解，以至于学生觉得语文课没什么可学的。语文教学中有效信息的一定量是保证语文教学质量的基础，单位时间内教学的有效信息量过多或过少，都会造成教学的低效率。信息量过少，学习过于轻松，满足不了学习者求知的欲望，他们就会对这样的学习失去兴趣；信息量过多，学习者被搞得精疲力竭，就会产生厌倦心理。

（3）语言规范与语言变异

语言是一个开放的系统，始终处于变化之中，只有这样才能适应变化的社会的需要。如果规范过度，缺乏灵活运用的余地，语言将无法发展。如果语言的发展得不到有效控制，语言系统会变得非常庞杂，既不利于学习，也不利于使用。既然语言变异是客观存在的，任何人都不能避免，教师绝不能因为学生的语言不够标准或者有口音而歧视他们，相反应给予他们更多的关心和帮助。对于学生中流行的不规范用语如网络语言等，教师要保持宽容的心态，区别对待不同可接受度和流通度的网络词语。

第二节　小学语文教学的教学论基础

我国的教学论在传统教学思想源流及国外现代教学论借鉴中获得了当代发展，形成了有较大影响的教学论流派。这对语文教学有直接的指导作用，对语文教学本质的重新审视、实践取向的教学研究以及语文教师在教学研究中成长为教学专家等方面具有积极的启示。

一、现当代教学论概述

教学论是研究教学一般规律的科学，其研究内容包括教学过程及其本质、教学目的与任务、教学原则、教师与学生、课程设置与教材、教学方法与形式、教学环境、教学评价与管理等。现代教学论是20世纪50年代随着现代科技革命的飞速发展而产生的现代教育理念。它根据时代发展的要求，有意识地改革传统教学理论，在不断地选择、重组、整合世界各国在教育改革和教学实践中形成的先进的教学理论。它既蕴含了原有教学论中经过长期教学实践检验的符合教学规律的合理部分，又在应对时代挑战的过程中形成新思想、新观点、新方法而具有变革、创新的特点。

（一）生命实践教学论流派

把丰富复杂、变动不居的课堂教学过程简括为特殊的认识活动，把它从整体的生命活动中抽象、隔离出来，是传统课堂教学观最根本的缺陷。它既忽视了作为独立个体、处于不同状态的教师与学生在课堂教学过程中的多种需要与潜在能力，又忽视了作为共同活动的师生群体，在课堂教学活动中多边多向、多种形式的交互作用和创造能力。

41

（二）回到原点的教学论流派

"回到原点"的教学论，主张教学论研究应回到丰富的"教育教学实践"这一原点，并通过对课堂教学和班级建设的研究来完成这一任务。在研究中国教学实践重大问题中形成和完善有独特体系的学说，通过多种学说的建立和支撑，促进中国教学论的发展，是现代教学论学科建设的基本思路，而要实现这种发展，就要使教学论回归"原点"。无论是从教学论自身的发展角度，还是从教学论对教学实践的指导角度，教学论研究都必须强调自身研究的主体性，强调回到"原点"的研究。

（三）课堂教学论流派

教学论研究者的工作就是选择大量的引起他注意的"教学事件"，然后以详尽的描述去充实它并赋予其一定的理论意义。教学论研究者的参与观察就是教学论研究者参与到教学生活中，不仅作为观察者研究教学活动及其教程，即从事"客位研究"，同时，研究者也相当程度地参与到课堂教学活动之中（主要是研究者自己的课堂教学活动），从事课堂教学的"主位研究"等。在实践中形成的"高效课堂"教学模式、"导学案"教学模式等，就是课堂教学论倡导下的实践产物。

二、现当代教学论发展对小学语文教学的启示

小学语文教学实践的优化，需要教学论的发展与理性关照。在反思小学语文教学的现实困境中，我们可以在教学论的新进展中寻求智慧的钥匙和理论的启迪。

（一）小学语文教学的现实困境

进入21世纪以来，基础课程改革如火如荼地开展，新课改理念日益深入人心、深入课堂，这对各学科教学带来了巨大的冲击，甚至存在局部颠覆性的影响，但同时也引发了一系列的现实困境。目前，在语文教学中就大致存在如下教学方面的问题。

1. 功利主义取向——重结果，轻过程

重结果、轻过程是应试教育功利价值取向下当前语文教学普遍存在的严重

问题。结果取向的教学危害极大，它漠视了沿途的风光，逃避了课堂的机趣，把学生单一地变成了盛放知识的容器，把教师异化为加工与传授语文知识的技术工人，语文知识被抽干了丰富的人文精神内核，变成了"风干的丝瓜"。

只有注重坚实的语文学习过程，语文教学才能生发人文情韵，语文知识才能转化为语文素养。这是因为人的学习不能单靠被动地接受外来信息，必须经过感知、体验与内化，必须经过分解和吸收来加以建构，必须经过重新建构才能真正变为自己所拥有的东西。

2. 科学主义取向——重分析，轻感情

"语文"姓"语"，"语"就是语言。学好语言，最重要的途径就是品味和感悟。如徐志摩的诗句"轻轻地我走了，正如我轻轻地来。我轻轻地挥手，作别西天的云彩"这些精妙的语言，怎么讲？一讲不就索然无味了吗？最好的方法就是让学生在阅读中去品味、去感悟。

不管哪种语文教材都不乏文质兼美的名家名篇，学生自己去读也很有趣味。但是，就是这样的教材，经过教师们大"嚼"之后机械地"教"给学生，大部分学生却感到味同嚼蜡了。没有兴趣，就很难有学习的动机，学生的积极性得不到调动，学习态度就处于被动。这样，也就难以集中和维持注意，也不可能全身心地投入学习，于是，就必然大大降低教学效率。

3. 实用主义取向——重应用，轻精神

学生的语文能力包括心智能力和操作能力，都必须通过学生的自身认知活动和训练活动才能逐步形成与不断提高。一些语文教师好心地越俎代庖，客观上挤走了学生得以培养语文能力的实践环节，语文教学便可能成了中看不中用的"独角戏"。提高语文能力以走向人文精神的涵养升华为旨归。因为，语文是鉴赏的，也是人文的，语文课堂教学应以培养学生的语文精神为宗旨，以奠定学生的正确价值取向为根本。语文是一种精神的需要、一种审美的需要，基于这个前提，学语文才会有兴趣，若仅仅以考试为标准，就必然抽去语文的精神，造成语文素质的滑坡。

4. 师本主义取向——重教法，轻学法

传统的语文教学就是教师教什么，学生学什么，教师是教学主体，学生是被动的受教育者，所以教师与学生的互动是很不够的，很多教师甚至已经养成了自己的主体性习惯，不顾甚至不考虑学生的反应或者学生的接受能力，久而久之，就会大大影响到教学效果。

教学方式选择是调动学生学习兴趣的一个非常有效的方法，多样化、有效化的教学方式更容易调动学生的学习兴趣，而相反，教学方式过于单一，则会使学生产生厌倦。当前，还是普遍存在教学方式单一的问题，教师依然是采用传统的教学方式进行教学，很少使用现代多媒体进行教学，即便使用，也只是简单使用，起不到多媒体教学效果。对于语文课程来讲，很多知识要是用多媒体展示，必定要比教师单纯的讲授效果要好很多。只有在传统教学方式的基础上引入自主、合作、探究的学习方式，让学生从校内到校外、从课堂到课下、从教材到校本课程，不断打开视野，不断熟悉生活，语文学习的春天才会百花齐放。

（二）教学论的当代发展对小学语文教学的启示

纵观十多年来我国教学论研究的主要趋势发现，教学论研究更加关注实际问题，教学实践领域由于课程改革对教学的要求，使得教师的专业发展成为一种现实，更多的教师需要成长为教学的研究者，他们之中的有志者已经通过对教学理论的学习与掌握成为教学与研究的能手。教学论发展新趋势给予语文教学重要的启示。

1. 对语文教学的新诠释

语文教学包含语文文字、语言文学和语文文化，其多样的内涵必然会带来教学目标的错综复杂。

长期以来，语文教学一直被认为是教学生怎么认字、怎么造句，再就是如何去写作文，其实这是一种狭义的理解。其实，学习语文更多是为了交流，为了应用，而不仅仅是当成一种被动式的学习。所以，传统的一言堂的讲授在新形势下已经不符合语文教学的发展趋势。新形势下的语文教学主要应做好这样几方面的工作：一是充实教师的知识，教师没有充足的知识，是很难给学生教的；二是要提高教师的教学能力，这个教学能力，不仅是教师能讲，而且教师要会讲，要让学生能够容易接受，听得明白；三是教师要教会学生做人，通过道德引导使学生懂得学习，主动学习，不断提高学生的自学能力。时代在发生变化，教学方式也要随之发生变化，更重要的是，教师的教学能力要满足学生的需求，教与学是一个互动过程，不是静止过程，不是教师一个人说，学生被动式听。在语文教学中充分挖掘人即学生的各方面潜力，调动人的积极性、主动性，培养人的个性，激发学生的活力，增强课堂教学兴趣，优化课堂的人文环境。因此，对于新形势下的语文教学要有新的理解，要考虑学生的主体性，学生不是被动的教育者，而是主动的学习者。

2. 实践取向的语文教学研究

《课程标准》中明确指出："语文是实践性很强的课程，应着重培养学生的语文实践能力，而培养这种能力的主要途径是通过语文实践，不宜刻意追求语文知识的系统和完整。"在此原则下，值得一提的是实践取向的教学论知识得到纵深发掘和学习化课程的大力倡导与实施。

（1）科目教学知识及其运用

科目教学知识（PCK）是针对学科知识如何转化为教学策略性知识提出来的，研究者围绕这一核心开展了不少研究。

语文教学科目知识的形成不只是教学理论自觉，更是教学实践—教学理论—再教学实践—再教学理论……螺旋式上升的自组织生成过程。另外，语文学科教学知识由于教师的个体差异，内化为自己所拥有的、真正信奉并在实践中实际应用的知识，即教师的个体知识。语文教师对学科主题的观念及其兴趣影响着教师的学科教学，也就是说教师的学科教学附加了教师的个人价值因素。

（2）学习化课程与实施

从文化哲学的角度，我们认为课程就其本性而言，是"人的学习生命存在及其优化活动"，其基本原理就是"学习生命关联"。所谓学习生命关联意味着：学习就是对蕴含在教学内容里的"社会—历史"生命的一种理解和解释，即通过解释而理解内容，进而获取内容里的"社会—历史"现实的有效知识；学习生命存在不是绝对的，而是实现在人与教育环境的相互作用过程之中，以学习者与教师、与其他同学、与内容、与学习环境等的活动为基本特征。

学习化课程实施倡导学习者本位观，要求在课程实施中注重教育环境营造、尊重个体生命实践及其差异、理性提升与情感激发并重等原则。在学习化课程实施过程中，倡导以学习为本，坚持学习者本位，在知识建构的过程中开展的主要学习方式包括"合作—生成"学习方式、"反思—生成"学习方式与"体悟—生成"学习方式。

3. 语文教师在教学研究中成长为教学专家

（1）破除专家的神秘，模糊教学理论专家与教学实践专家的界限

在实践取向的教学论范式下，语文教学研究下移"草根化"势成必然。在这种背景下，教学论理论工作者与一线语文教学工作者日益结成同盟，消解对话"失语"的现象。专家不再是高深学问拥有者的专属，一线教师也可望通过扎实的教学研究成长为学科教学专家。

（2）树立研究意识，增强研究能力

研究意识是一种深入洞察、反思的思维习惯，它需要对所从事的工作领域的聚焦关注，需要对习以为常的事情的诘难与批判。研究意识更是一种专业精神，它有赖于对所从事的工作精益求精的态度和卓越追求的精神。当下，随着人们对教育质量的期待和对教育品质提升的热望，单靠过去那种经验式的教学工作方式远远不能满足社会、家长和学生的需要，迫切需要一线教师树立对日常教学的研究意识和态度，把教学中的问题转换为研究问题，通过自主研修、同伴互助和专家引领等方式不断增强研究能力，由教学新手转变为教学能手，以至于成长为教学专家。在教学论当下发展的新趋势下，一线语文教师势必要转变教研态度，提升研究意识，增强研究能力，促进自身专业发展，力争成长为语文教学专家，以充分适应时代的挑战与选择。

第三章

小学语文的教学设计

|03

第一节 小学语文教学设计的依据

一、理论依据

（一）学习理论

学习理论研究的是人类学习的本质及其形成机制，探索人类学习的内部机制，着重研究学习的内部机理。例如，学习是如何发生的？学习机制是什么？在心理学界，学习理论主要有三个不同的代表流派，即行为主义、认知学派和人本主义。

1. 行为主义

行为主义是20世纪初起源于美国的一个心理学派，也叫操作主义或联结主义，代表人物是美国心理学家华生、桑代克和斯金纳等人。学生的行为是他们对环境做出的反应，学习是因刺激而引起的行为变化，学习的发生就是刺激与刺激、刺激与反应之间的联结，所有行为都是习得的。学习即习得新的联结，强调邻近和强化在学习中的价值，并由此可以延伸形成塑造或矫正行为的方法。另外，已有的知识主要是通过各种直接的过程影响新的学习，通过教师创造一种环境，使学生形成新的联结。

在行为主义观照下的语文教学设计，应该注意以下三点。首先，教师要把可观察的教学行为作为教学的基础，使用可观察的行为目标来界定教学目标，并依据其进行教学与评价；其次，教师应及时强化学生表现出的正确信息，重视对学习环境的控制，尊重学生自定步调的学习方式；最后，确定课堂教学的可测行为目标，强调教学反馈，协调教学组织形式的类型，解决学生在语文学习中遇到的问题。

2. 认知学派

认知学派是20世纪50年代中期在西方兴起的一种心理学思潮，是西方现代心理学的一个重要流派。广义的认知心理学，指所有侧重研究人的认识过程的学派，包括格式塔心理学的完形理论、托尔曼的符号说和信息加工心理学等不同理论观点的流派。目前，西方心理学文献中所指的认知心理学，多指狭义的认知心理学，即信息加工的认知心理学，其主要内容是论述我们如何获得世界中的信息，这些信息如何作为知识得以再现和转换，它们如何被储存，以及如何用于指导我们的行为。与行为主义心理学强调人头脑中已有的知识，和知识的组织结构对人的行为和当前的认知活动起到决定性的作用不同，认知学派主要研究个体内部的心理活动，关注学习中存在着的不同的认知水平。认知学派认为，学习的积累以及是否恰当，取决于学生已有的认知结构，主张学生的学习过程就是运用已有的知识加工由外部环境输入新信息的过程。

认知学派认为，小学语文教学设计应关注在实施语文课程中，按照学生加工语言文字信息的规律和认知活动特点展开教学活动。一方面，教学过程要符合学生加工语言信息的内在心理机制；另一方面，语文教学的活动方式要能够为学生顺利展开认知活动和解决问题创设适宜的外在条件，并对学习背景做出科学的分析。同时，教师要重视学科结构与学生认知结构的关系，协助学生了解他们原有的相关知识、经验积累、个性特征和兴趣动机，使学生明确教学目标，选择教学材料及教学信息的恰当呈现方式，以保证发生有意义的学习。

3. 人本主义

人本主义心理学产生于20世纪五六十年代，它的兴起是对当时科学心理学的一种反思，也代表了社会和教育改革的一种思潮。这个流派并无严密的理论体系，而是由许多持相近观点的心理学家和学派联合发起的一种学术思想运动，代表人物是美国心理学家马斯洛和罗杰斯。人本主义的学习理论以罗杰斯的"以学生为中心"的学说作为代表，他主张学生要充分发挥自己的潜在能力，能够愉快、创造性地学习。罗杰斯认为，学习是个人潜能、人格和自我的充分发展，是一种学生自行选择学习材料，自行安排适合于自己学习情境的一种自主自决、自我实现和自我发展的过程。

人本主义心理学家强调，要促进人格的发展，尊重人的价值，发挥人的潜能，满足人的要求，重视对人的潜能、情感、动机和需要的研究。同时，主张心理学研究要关注每一个人，强调个体的个别差异，重视研究特定个体的心理特点。人本主义课程理论的特点是有两个。第一，注重自我全面发展。教育目标指向个体的全面发展和自我实现，它不仅强调智力发展，而且强调伦理、审美和道德的发展。第二，倡导民主对话的方式。教学方法强调建立师生之间相互信任，主张把学生的意志、兴趣和经验摆在重要位置，充分尊重学生的主体地位，构建和谐融洽的师生关系，促进师生间平等民主对话的展开。

人本主义理论强调，在学生感觉到学习内容与自己目的有关时，有意义的学习就发生了。在有意义的学习过程中，主体表现为学生认知结构中已有的适当概念，客体表现为要学习的新知识，知识的获得就是主、客体在不断相互作用的过程中积极建构意义的过程。这个过程是一个动态过程，是新知识在认知结构中建造、同化的过程，这一理论成为人本主义心理学家教育观的核心和基础。它冲破传统教育形式和美国现有教育制度的束缚，把尊重人、理解人和相信人，提到了教育的首位。因此，在小学语文教学中，教师应根据不同的教学内容，合理设计教学活动，创设和谐融洽的教学氛围，调控教学进程，促进学生进行有意义的学习。

用该理论审视小学语文教学设计，可以得出以下四点认识：第一，在语文教学设计和实施中，要以学生为中心，突出学生的主体地位；第二，学习是自我发生的，即便存在来自外界的推动力或刺激，但是学生发现、获得、掌握和领会知识时的感觉，是来自学生内部的；第三，学习是渗透性的，它会使学生的行为、态度和个性发生变化；第四，教师可以在语文课程测量评价中实施"情境性测量"和自我评价，因为学生最清楚这种学习是否满足自己的需要，是否有助于获得他想要知道的东西。将人本主义的学习理论应用于小学语文教学中，要求教师充分尊重学生的主体性地位，突出学生作为学习主体的作用，注重学生语文听、说、读、写能力的培养，以提高学生的语文素养为目标。

（二）教学理论

教学理论的不断发展，直接推动了教学设计的产生。巴班斯基的教学过程最优化理论、布鲁纳的结构教学理论、赞可夫的一般发展教学论、建构主义教学理论、当代教育心理学理论和语文课程与教学论等，都为小学语文教学设计提供了理论依据。

1. 巴班斯基的教学过程最优化理论

如果教师能够掌握最优化的组织教学过程的方法，就能在规定的时间内取得最大的教学效果、实现教学过程最优化的关键是选择组织教学过程的最佳方案，巴班斯基运用辩证的系统方法，把教学过程看成一个系统，要求在教学过程中实现社会、心理和控制三个方面因素的统一。也就是要求教师在确定教学的目的、任务、内容、规则和原则、组织、方法及最后的评价时，都要从全部系统的角度考虑问题，以便达到最优处理教学问题的效果。

在教学目的和任务方面，教学不仅要完成知识传授的任务，而且要完成教养、教育和发展这三个方面的任务。教学内容的最优化，就是要求教师在设计每一个具体的教学内容时，都必须符合小学语文教学三个方面的目的与任务，必须突出内容中主要的本质因素，要考虑相邻学科间的联系，并考虑补充最新的资料。关于教学的组织形式和方法的最优化，总的原则仍然是综合考虑目的、任务、师生的条件等因素，这些因素确定后，再决定教学的组织形式和教学方法。

用该理论来看语文教学设计，首先，在进行教学设计时，不仅要注重学生听、读、说、写能力的培养，还应该把道德教育、文化教育等渗透到语文学习中。其次，在教学方法的选择上，应该尽可能地丰富多变，改变以讲授为主的传统方法，充分调动学生的参与热情，提高教学效率。最后，进行小学语文教学设计时，要注意民主、平等、合作学习氛围的营造，真正体现学生的主体地位，促进学生健全人格的发展。

2. 布鲁纳的结构教学理论

学习就是认知结构的组织与重新组织，教学的目标就是在促进学生认知结构的形成过程中推动智力的发展。同时，教学的内容应该是学科的基本结构，也就是该学科的基本概念与基本原理。他还认为，不论教什么学科，务必使学生理解该学科的基本结构，引导学生通过发现法掌握学科结构，以便理解和记忆，以便学生迁移知识和发展能力。在教学过程中，教师要注重学生学习的主动性，重视学习的心理倾向。学生是否具有良好的心理准备状态，是关系到教学成败的首要因素。因而，教学设计应当详细说明如何有效地促进学生良好的学习心理倾向的形成。

教学程序和教学步骤主要涉及教材的呈现方式、学生的认知特点和学习方式，它直接影响学生的知识获得和能力发展。根据布鲁纳的结构教学理论，在进行教学设计时，具体有三条基本要求：第一，教材的呈现顺序要与学生的认知发展相适应；第二，教学程序的设计要考虑经济有效的观点；第三，教学程序的设计要促进学生的智力发展。该理论对于语文教学设计的启示包括三个方面：首先，在进行教学设计前，应该充分了解学生的心理倾向，分析学生是否具有良好的心理准备状态；其次，要重视语文基本学科结构的设计，重视听、读、说、写等能力的全面设计，不能只关注其中一方面；最后，在进行教学设计时，不仅要关注语文知识的传授，更应关注学习方法的指导和语文知识积累的重要性。

3. 赞可夫的一般发展教学论

学校教育必须适应社会的发展，教学只有走在发展前面，才是最好的教学。教学必须成为发展的源泉，以尽可能大的教学效果促进学生的一般发展。一般发展既包括学生的身体发展，也包括学生的心理发展。学生的心理发展，主要通过观察活动、思维活动和实际操作三个方面来实现。第一，在进行教学设计前，教师应充分了解学生对于即将学习的知识点的现有发展水平，并且据此准确估计通过教学活动学生能够达到的发展水平。第二，教师应该选择能够让学生达到"最近发展区"的相应教学策略。第三，在教授新知识时，教师应该充分挖掘学生已经掌握的知识，以此促使新旧知识之间的相互作用，帮助学生高效地构建新知识。

4. 建构主义教学理论

由于学习是通过人际间的协作活动实现的意义构建过程，因此建构主义学习理论认为情境、协作、会话和意义构建是实现知识构建的四大要素。学生以自己的方式构建对于事物的理解，并且通过学生的合作，使其对知识的理解更加丰富全面。

学生要成为意义的主动构建者，就要求学生在学习过程中从以下三个方面发挥主体作用。第一，要求学生运用探索法和发现法去构建知识的意义。第二，在构建意义的过程中，要求学生主动搜集并分析有关信息和资料，对所学习的问题要提出各种假设，并努力加以验证。第三，要把当前学习内容反映的事物尽量和自己已经知道的事物相联系，并对这种联系加以认真的思考。联系与思考，是意义构建的关键。如果能把联系与思考的过程与合作学习中的交流、讨论的过程结合起来，则学生构建意义的效率和质量会更好。

教师要成为学生构建意义的帮助者，就要在教学过程中从以下三个方面发挥指导作用。第一，教师激发学生的学习兴趣，帮助学生形成学习动机。第二，教师通过创设符合教学内容要求的情景和提示新旧知识之间联系的线索，帮助学生建构当前所学知识的意义。创设学生学习活动的情境，包括学习活动的组织、学生心态分析、课堂文化建设、心理氛围营造以及关注个人幸福等广泛内容。第三，教师在可能的条件下，组织学生进行自主合作学习，并对合作学习的过程进行引导，使之朝着有利于意义构建的方向发展。

建构主义学习理论对于语文教学设计的启示包括以下四个方面。第一，采取自上而下的方式设计语文教学进程，设计整体性的学习任务，重视培养学生的创造力，调动学生的学习主动性，教学设计应该以学生为中心。第二，在教学情境的创造上，教师应该根据教学内容和学生的认知规律，创设能引导学生主动建构语文知识的情境。第三，在教学方式的选择上，教师要重视合作学习与交互式教学模式的运用。第四，教师要设计多样化的语文教学评价方法，以此不断改进语文教学方法，提高语文教学效率。

5. 当代教育心理学理论

教育心理学认为，教师在教育过程中起主导作用，学生是认识和自我发展的主体。小学学生正处于青春初期，是道德行为和道德理想形成的时期，是幼稚与成熟、冲动与控制、独立与依赖错综并存的时期，是决定着学生能否健康成长，能否形成正确的人生观和价值观的关键期。教育要促进学生素质的全面提高，就必须按照学生的身心发展规律来施教。

当代教育心理学的理论，主要运用的是奥苏贝尔的"学与教"理论和建构主义的"学与教"理论。要想实现有意义学习，可以有两种不同的途径或方式，即接受学习和发现学习。前者主要是依靠教师发挥主导作用，并通过"传递—接受"教学方式来实现；后者则主要是依靠学生发挥认知主体作用，并通过"自主发现"学习方式来实现。

在众多的动机理论中，马斯洛的需要层次说有广泛的影响。人有七种基本需要，分别为生理的需要、安全的需要、归属与爱的需要、尊重的需要、求知与理解的需要、审美的需要和自我实现的需要，这些需要是从低级到高级按层次排列的。他将前四种需要定义为缺失性需要，这是我们生存所必需的，它们对生理和心理的健康是很重要的，必须得到一定程度的满足。但一旦得到满足，由此产生的动机就会消失。后三种需要是生长需要，它虽不是我们生存所必需的，但对于我们适应社会来说，却有很重要的积极意义，它们很少得到完全的满足。也就是说，缺失需要使我们得以生存，生长需要使我们能够更好地生活。较低级的需要，至少必须部分满足之后才能出现对较高级需要的追求。根据这一理论，在制定教学策略时要注意以下两点。

第一，在教学过程中，教师不仅要注意教学的物理环境方面的安全，还要帮助学生克服学习中产生的恐惧、过度焦虑和急躁不安的心理，注意教学的社会心理环境。学生之间的友谊、忠诚、关心、接纳和隶属感都是属于社会性的需要，教师要为满足学生这类需要，引导建立一个和谐、团结、温暖和亲密的班级集体。另外，教师必须使学生获得尊重，体会到自己在班级里的重要性。学生的荣誉、成就、信心、自由和独立自主等，都是教师要特别注意的自尊的需要。教师必须使学生感到有才干和潜力，并且取得了一定的成功。每个人的自我实现方式不同，如有的学生爱寻求挑战，有的学生追求学业上的成就，有的学生则寻求尽一己之力去服务社会，因此教师必须以个别方式满足学生的需要。

第二，针对学生的心理需要，激发他们高层次的学习动机。一般来说，动机源于需要。需要的层次越高，个性活动的自觉性和积极性也就越高。传统的应试教育存在着严重的弊端，教师引导学生追求的往往是分数。这样做，学生需要的层次是低的，即可能是躲避教师和家长指责的安全需要，可能是追求教师进行一次全班表扬的尊重需要，甚至可能是需要家长物质奖励的生理需要。

6. 语文课程与教学论

根据语文课程的性质，新课程要求全面提高学生的语文素养，坚持三个维度的统一，强调在教学过程中知识和能力、过程和方法、情感态度价值观相互渗透，融为一体。

提高语文课堂的教学效率，要遵循教育的规律和语文学科自身的特点。第一，教学原则是根据教学目的和教学过程的规律概括出来的，是教学规律的体现。只有在教学规律的指导下，才有选用各种教学方法的自由，才能找到经济有效的教学手段和方式。第二，在选用教学方法时，必须考虑每堂课以及某一环节具体的教学、教育及学生发展的具体目标，寻找最好的方法，促使教学取得最大成效。第三，教学内容决定教学方法，要依据教学的不同内容，选用不同的教学方法。第四，依据学生学习的可能性，教学方法的选择和运用必须依据学生的心理和生理特点，合理地寻求组织、刺激及检查学生学习的方法。第五，每个教师都有自己不同的经验、理论修养和实际能力，有自己的特点和专长，也有自己的短处和不足。在教学中，在充分考虑上述各项要求的基础上，选用最适合自己的教学方法。

根据新课程及小学语文教学大纲要求，小学语文课要体现工具性与人文性的统一，针对小学生的特点，教师要重视语文课程的工具性，提高学生基本的语文素养，即识字、写字能力，阅读能力，写作能力，口语交际能力，应用能力，审美能力和探究能力。尽管前四种能力是小学阶段的主要任务，是不容忽视的。在后三种能力中，先重视的应是审美能力，这一"审美性目标"是目前小学生特别缺少的。语文课程的人文性内涵，也正体现于此。对小学生来说，语文教学首先要启心智而不是传知识，非智力因素要比智力因素更显重要，要以提高学生的人生境界、道德修养和审美情趣为目标，才能"治本"。因此，陶冶性情，涵养心灵，从而感受形象，品味语言，领悟作品的丰富内涵，体会其艺术表现力，形成自己的情感体验和思考，是语文教学的最终目标。

新课程重视学习过程与方法，倡导自主、合作、探究的学习方式。新课程目标突出以人的发展为本，以培养能力为中心，培养人的创新精神和实践能力为重点，使学生学会求知、学会做事、学会合作和学会做人，成为适应现代社会发展的创新型人才。

二、现实依据

（一）小学语文新课程标准

《语文课程标准》是国家颁布的指导和规范语文学科教学的纲领性文献，它具有法规性和强制性，代表着一个国家在某一个时期对语文教育的要求与规定。

《语文课程标准》集中体现了特定时期人们的语文观。具体地说，《语文课程标准》对语文学科教学的目标、内容和要求等都做出了具体、明确的规定，它是进行语文教学设计的重要依据。教学不是忠实地传递事先规定的课程的过程，而是课程不断开发和发展的过程。这就要求语文教学设计要有一定的灵活性和弹性，注意教学过程的发展性。教学过程是学生、教师、教材编者和文本之间的多重对话，是思想碰撞和心灵交流的动态过程。在教学中，教师应积极倡导自主、合作、探究的学习方式。通过采用恰当的教学方法，全面提高学生的语文素养。这就要求教师在进行教学设计时，应关注学生的兴趣、爱好和个体差异，不管是确定教学内容、选择教学方法，还是设计评价方式，都要有助于培养学生的语文学习能力，提高学生的语文水平。

（二）知识类型

现代认知心理学将知识分为陈述性知识、程序性知识和策略性知识三类，不同类型的知识应该运用不同的教学策略。

1. 陈述性知识

它具有静态的性质，主要用来回答事物"是什么""为什么"和"怎么样"的问题。陈述性知识的教学策略主要包括：激发学生的学习动机，利用学习目标的激励作用，引发学生的认知冲突；利用学习动机迁移原理，促进学生对知识的理解，激活原有的知识；引导学生对知识进行深加工，在改组、扩充和更新知识时加强理解。

2. 程序性知识

它具有动态性质，主要用来解决"做什么"和"怎么做"的问题。程序性知识对技能的形成具有定向作用，能直接指导技能的训练和促进技能的形成。程序性知识的教学策略主要包括：分析学习任务，找出必备技能，加强理解；示范和讲解相结合，降低示范速度，防止信息负担过重；进行有效的练习，选择合适的练习方法，精选练习内容，及时反馈，坚持身体练习和心理练习相结合的原则。

3. 策略性知识

策略性知识即学生用以支配自己的心智加工过程的程序性知识，是指如何学习、记忆或解决问题的一般方法。策略性知识的教学策略主要包括：专门教学与渗透教学相结合，单独开设策略课与在学科知识的教学过程中直接传授学习策略相结合；选择合适的教学内容，选择的内容要适合学生的知识水平、发展水平；进行具体的训练，制定一套外显、可操作的训练程序，训练不宜密集进行，并给学生提供反馈信息，引导学生评价策略的有效性，鼓励学生在不同的情境中运用策略；进行监控策略训练，保证新学策略的运用，引导学生生成适合自己的语文学习策略。

（三）学生学情

教学设计的基本特征之一是它既关心"教"，又关心"学"。教是为了学，学是教的依据和出发点。教师的教必须通过学生积极主动的学，才能发挥有效作用。在建构主义理论看来，我们是以自己的经验为基础来实现建构知识的。在学生建构自己知识的过程中，现有的知识经验具有重要作用。因此，在进行教学设计前，先了解和分析学生对将要学习的知识的准备情况及态度是很有必要的。进行学情分析的主要途径有三点。第一，观察了解。通过课堂教学、考试测验、作业批改和课外学习活动指导等，了解学生的学习水平、学习方法和学习态度。第二，收集信息。通过与学生交谈、问卷调查和听取其他教师意见等，了解学生的学习情况。第三，多接触学生，听取他们的意见和建议，以便了解到一些有价值的信息。

（四）教师的情况

教师作为教学实施的组织者和学生学习的引领者，在教学设计时，必须对自身有较为客观的了解。教师对自己的了解，主要包括知识结构、思维优势、教学风格、师生关系等内容，这些都是确保教学设计方案得到有效实施的条件。特别要注意以下两点：第一，教学效能感。教师的教学效能感过强或过弱，都不利于教学活动的顺利进行和教学目标的达成。因此，在教学设计时，要调整好自己的心态，对自身的教学条件和即将开展的教学活动进行客观的分析。第二，教师对语文学科及其相关内容的感悟。在某种程度上，语文教师就是学生学习语文的榜样，特别是教师自身对语文学科的热爱，对学生的语文学习具有强大的感召力，这也是教师有效开展教学的基础。

第二节　小学语文教学设计的原则

一、主体性原则

主体性原则，就是教师在设计编写教案时，必须注重学生的教学主体地位，把学生作为真正的教育教学主体，把学生主动、健康和全面的发展，作为语文教学的出发点和终极归宿。语文教学过程中的一切措施和方法，以及为语文教学服务的一切环境和条件，都要以学生的个性充分发挥和全面发展为核心，进行设计。坚持主体性原则，关键在于教师的教学理念的改变。要转变传统的权威式教学观念，教师首先要讲求民主，变教师的讲堂为学生的学堂与教师的讲堂相结合的有效课堂，体现学生的学习主体地位和教师的教学主导地位。教师要变片面的知识传授为既有知识的传授又有能力培养相结合的有效课堂，体现新课标的要求，实现素质教育的目的。通过科学的教学设计，有助于变学生的学习负担为学习的乐趣，让学生从沉重的学习和课业负担中解放出来，培养学生的语文学习兴趣。在小学语文教学设计过程中，教师要充分考虑学生的主体性作用，发挥学生的主观能动性。

目前，学生主体、教师主导和发展主线的主体性教育思想，已被许多教育工作者所接受。因而，小学语文教学设计必须遵循学生的主体性原则，充分考虑学生的主体性作用，为了促进学生的全面发展，科学设计语文教学活动，从而建构多维互动的教学模式。

在小学语文教学设计过程中，教师要考虑到学生主体的个体差异，因材施教。在语文教学设计中，教师要全面了解学生，承认并关注学生的个体差异，发现每个学生的独特性，这是基本前提。

正是由于学生在思维能力、接受能力等方面存在个体差异性，决定了语文教学不能采取"一刀切""齐步走"的方法。在小学语文教学中，教师要从学生实际出发，承认学生中存在的差异，因材施教，发挥每个学生的强势，帮助学生树立自信，使每一位学生的创造力都得到充分的发展。例如，在开展综合实践活动课时，教师应根据学生的个体差异性，设计丰富的教学方法。对于程度差的学生，教师要给予引导、帮扶和点拨，必要时还要给予示范和释疑。教学设计主要是由教师进行，而每个教师又有自己的教学风格和特色，所以在教学设计上就会有明显的差异性。另外，由于教学面对的是不同的学生，他们无论在智力方面还是能力方面都不相同，对于同一内容的理解，也会不相同。因此，在教学设计时，要照顾到学生的特点，遵循差异性原则，以学定教，不能整齐划一，应该处理好预设与生成的关系。

教师作为教学活动的组织者，要充分发挥对学生的指导作用。教师不是简单地把知识传授给学生，而是要把建构知识的主动权传授给学生。正所谓"授之以鱼，不如授之以渔"，教师在语文教学过程中，不仅要传授给学生语文知识，而且要教会学生方法，培养学生正确的态度和学习习惯，使学生在智力、情感、意志和性格等方面得到全面健康的发展。所谓的教为主导，并不是简单地以教师为中心，它必须是以确认学生的主体地位为前提的主导。学为主体也并不是单一以学生为中心的，它必须是以充分发挥教师的主导作用为前提。教为主导和学为主体两者之间是辩证统一的，有效的教学，必须正确地处理好两者之间的关系。

在小学语文教学中，教师既要传授给学生基本知识，又要全方位地培养学生的能力，使学生不断提高语文听、说、读、写的能力。教师只有真正地把学生当成课堂的学习主体，才能够使学生真正地由"我学会了"转变到"我会学了"，从而才能实现"导"与"学"的最佳结合，达到教学互补、教学相长的目的。在进行小学语文教学设计时，教师要把学生的主体地位体现出来，注重学生的教学主体地位，把学生作为真正的教学主体，把学生的全面发展作为小学语文教学的出发点和最终归宿。

二、指导性原则

语文教学设计是在一定的思想指导下，遵循一定的规律进行的。它应该是可操作、有具体操作步骤的。在实际教学中，能够指导教学实践，保证语文课堂教学正常有序地进行。随着素质教育的实施，"以学生为主体，以教师为主导"的教学理念逐渐深入人心，教师和学生在教学中的地位发生了根本性的变化，还原了学生的主体地位。

学习方法的指导，是学生自主学习能力培养的核心因素。所谓"磨刀不误砍柴工"，方法技巧的掌握，使得学生的语文学习事半功倍。学习方法的指导，是教师教学内容和教学任务的重要部分。重视学习方法的指导，是教师教会学生学习和学生学会学习的前提和保证。在小学语文教学设计中，学习方法的指导思想要贯串始终。在教学设计中，应包括必要的学习目标的设计、重难点的提示和学习方法的总结归纳等，形成一条清晰的学习思路，一条明晰的学法线路。随着学生知识体系的建构，学习方法的知识体系也会逐步构建起来，并形成一个科学完整的体系。一旦这样科学完整的学习方法体系建构起来，学生也就掌握了学习的基本规律，领会了学习的门道，为学生发挥自己的聪明才智提供和创造了必要的条件。

三、层次性原则

在小学语文教学设计中，教师设计问题的难度、提出方式、情景及媒体设计等，必须适应学生的心智发展水平。学生心智发展的现有水平，是进行语文教学的客观基础，离开了这个基础或超越了这个发展水平，教学活动必然是盲目、徒劳无功的。心智发展水平包含两方面的内容：一是学生的身心发展水平，特别是心理发展水平；二是学生现有的知识、经验和技能，特别是系统的科学知识已经达到的水平。

人类的心智发展具有顺序性、阶段性和连续性等特征，正确认识这些特征十分重要。因为语文教学在每一阶段实施的任务和方法，都应该与这些阶段学生的心智发展水平相适应。学生心智发展的顺序性告诉我们，教学要循序渐进，要根据学生心智发展的不同水平，创设相应难度的问题。学生心智发展的阶段性告诉我们，在问题的难度和采用的教学方法上，必须区分学生不同发展阶段的心智水平的不同层次。心智发展的连续性则是"最近发展区"理论的客观基础，它向我们揭示了教学内容适应"最近发展区"的重要性。那些低于学生原有心智发展水平的问题，使学生觉得过于简单，失去了探究和学习的兴趣，而高于学生原有心智发展水平的问题，不但不能促进学生语文能力的提高，而且容易使学生产生挫败感，从而降低了学生学习语文的兴趣，影响其语文综合能力的发展和提高。在语文教学中，教师要向学生提供在其能力范围内的，又稍微高于学生现有心智发展水平的问题，使学生通过努力学习，不断提高水平。

坚持小学语文教学设计的层次性原则，就是要求教师在认真分析学情的基础之上，同时结合对教材的分析研究，在教学设计的过程中体现学案内容的层次性和梯度性，体现因材施教、分层教学的理念，不断提高语文教学质量。教师的教学设计，要力求让学生在"最近发展区"内主动学习和获取知识。教师进行语文教学设计时，应首先考虑其教材知识的层次性和学生个性的差异性，导学导练部分更应当根据学生的实际情况，以适当梯度的形式进行。梯度导学包括基础知识的导学、基本技能的导学和思维创新的导学。梯度导练包括基础知识的导练、基本技能的导练和思维创新的导练。因此，教师在认真研究学情和知识内容的基础上，要注意知识与问题设计的梯度与层次。结合小学生的基本心理特点，巧妙地设置教学情境，循序渐进地引导学生向未知领域进军，逐步解决学生的"最近发展区"的学习要求与"现有发展区"的知识水平之间的矛盾。这种矛盾不断得以解决又会不断出现，学生在这种矛盾不断解决和不断出现的循环往复的学习过程中，不断建构自己的语文知识体系，不断提高语文能力。

每个学生都是独立的个体，同时他们又是一个共同体，这就要求教师在教育教学过程中，既要重视学生的个性，又要重视学生的共性。具体表现为既注意对共性的全面培养，又注意对个性的充分发展，特别要重视对创新思维个性的培养和发展。学生的个性表现差异很大，许多优秀的品质往往被学生的个性差异的现象所遮蔽掩盖，因而许多学生的优秀品质得不到教师及时的刺激和强化，得不到教师及时的赞赏与肯定。所以教师应当在注重学生整体素质的培养的同时，充分注重培养学生良好的个性心理品质，使学生在整体素质不断提高的基础上，充分张扬学生的个性，使学生的创造个性得到充分发展。

四、创新性原则

小学语文教学设计要突出学生基本语文素养和思维能力的提升，特别是要历练学生的语言思维能力，促进学生的听、说、读、写能力的全面发展。这就要求小学语文的教学设计要坚持创新性原则，鼓励学生自主、合作、探究语文知识。

所谓的创新性原则，在小学语文教学中，主要表现为两个方面的创新。一方面表现在教师的教，另一方面表现在学生的学。教师教的方面的创新，首先为语文教学观念的创新，只有先有教师创新的教，才有学生创新的学。所以新时代的语文教师不仅是一个合格的教书匠，更应该是一名教育的改革家。教师的教，只要有变动，只要有变革，只要有教学方法的新尝试，就是对过去教学活动的思考和反思，就是对新的教学方式的向往和追求。不管教师的教学尝试创新是否成功，结果并不重要，关键在于创新过程的经历。教师的教学必须有创新意识，同时也应善于营造一个有利于创新能力培养的民主、和谐的教学环境。学生学的方面的创新，主要表现为浅层次的学习方法的变革与创新，以及深层次的学生创新思维能力的训练与提高。当然，学生学的创新有待于教师教的创新的先行，以及教师教的创新的胜利成果。

坚持创新性原则，要求教师在教学过程中，尽可能地采用多种形式的教学方法。这样不仅能较好地传授知识，还能成功交给学生学习语文知识的方法，提高学生获取知识的能力。在语文教学过程中，教师要营造：一种宽松、民主、和谐的气氛和环境，给学生一定的自由度，让学生成为学习的主人，使他们能主动自由地思索、想象、发问和交流。教师为学生提供恰如其分的语文学习情境，有助于激发学生的求知欲，引发学生的学习兴趣，让学生去感悟体验知识形成的过程，引起学生创造思维的感观刺激。教师对学生的创造思维能力的培养，起着至关重要的作用，这也是教师教学的重要任务。所以教师在进行教学设计时，既要重视教师和学生的创新意识的设计，又要重视创新方法的设计。教师要善于鼓励学生，对学生的异常思维方式和突出的个性特点要善于理解和引导。只有这样，才能在小学语文教学中，不断提高学生的创新能力。

第三节 小学语文教学设计的方法

后现代主义思想认为，世界是多元的，教学不能把学生视为单纯的知识接受者，而更应看作是知识的探索者和发现者。教学过程是教师的"教"与学生的"学"相结合和统一的活动过程，即教师指导学生进行学习并掌握一定的知识和技能，获得身心的发展，形成一定的思想品德的活动过程。在教学过程中，教师发挥主导作用，学生占主体地位，构成了双边互动的矛盾关系。建构主义理论认为，真实情景中的教学活动，是一个非常复杂的生命过程，总是充满各种变动因素，不可能完全按照预先安排好的计划去进行，需要教师根据具体发生的情况进行调整。因此，教学过程必然是富有生命力、动态、变化的，具有鲜明的情境性和生成性；一方面，随着学习的进展而不断产生新的问题，不断获得新的经验；另一方面，还要根据周围环境条件的变化情况，不断调整学习思路和学习方法。整个学习过程是一个非线性、非预期、不断生成和演进的过程。因此，教师应根据教学活动的特点，科学地设计语文教学活动，保证语文教学的有序展开。语文教学设计的具体策略，包括以下七个方面的内容。

一、树立先进的教学理念

一线语文教师应转变和提升专业态度，加强教育教学理论知识的储备，深入理解《小学语文新课程标准》的相关理念，站在理论的高度审视自己的语文教学设计。教师应具备先进的教育思想，而且能把这种思想转化为教学行为，使他们站在理论的高度来进行语文教学设计。在科学的理论指引下，更好地进行语文教学设计，是深入实施语文新课程改革的关键所在和基本保证。确立正确、科学和面向未来的教育理念，是语文教师的职责，更是提高语文教师素质的起点。只有用新的教学理念诠释小学语文课程，语文教师才能抓住课程改革的灵魂。所以语文教师要以《小学语文新课程标准》为指导，深刻把握语文教育的实质，在教学设计中渗透先进的教学理念。

由于种种原因，广大一线语文教师教育教学理论修养普遍比较缺乏，教龄短的年轻教师进行教学设计主要依靠模仿，教龄较长的教师进行教学设计主要凭借个人经验的积累，相关教学和学习理论知识储备不足。这直接导致了在进行语文教学设计时，经验主义和拿来主义盛行，不管是否符合自己所面对的学情，不管是否符合自己的教学风格与能力，只要有现成的教学设计，一切皆是采用拿来主义。如此这般，怎么能提高课堂语文教学效率，怎么能促进学生的全面发展呢？

从现代教师论的发展来看，当今教育界的一致观点是教师也是一种专门职业，是一种必须经过持续不断、严格的专业训练获得专门知识和技术的职业。教育专家认为，突出教师职前教育与职后学习的一致性，特别强调职后学习的重要性远远超过职前教育。他们认为，大学阶段的学习并非一个教师完成教育，而是为以后的在职学习提供基础教育。作为一名现代语文教师，不仅要通晓语文专业知识，而且要掌握系统的教育理论，尤其是教学理论、学习理论和学习心理学理论，以便减少工作中的盲目性，增强自觉性，促进教学活动的有序展开。同时，教师要深刻理解《小学语文新课程标准》的相关理念，在进行教学设计前多学习新课标，依照新课标的理念与要求进行语文教学设计。只有在相关科学理论的指引下，站在理论的高度，用理论来引领实践，才能使语文教学设计有所依据，才能进行高质量的语文教学，才能更好地帮助学生发展自我和实现自我。

二、准确地分析学生学情

不了解学生，教学目标和方法也就都会失去针对性。从这个意义上讲，充分了解学生的差异性，是好的教学设计的前提。了解学生的差异性，主要是了解学生的学习准备情况和学生的认知风格。

第一，学生的学习准备情况分析。学生的学习准备是指学生在学习新的知识前，原先已经具有的知识储备和形成的技能水平或以前的心理发展水平，对即将进行的新学习的适应性，学生已经具备的学习状态是新的教学活动的出发点。学生的学习准备情况有两种：一种是学生的初始能力；另一种是对学生学习新知识有较大影响的心理、生理及社会特点。学生的初始能力是指学生在开始新的学习前，原来具有的关于学习内容的认识、技能和态度。对于教学过程而言，这便是教学起点。因此，制定小学语文教学目标要结合小学生的特点进行分析，了解学生在知识技能上已达到何种程度，对于本内容的学习所需要的情感态度和学习方式都有哪些准备等，使教学设计符合学生的学习准备情况。

第二，学生的认知方式差异分析。认知方式又称认知风格，是指个体在认知活动中加工和组织信息时显示出来的独特而稳定的风格，持久性与一致性是认知方式的主要特征。常见的认知方式差异类型，主要有场依存型和场独立型、沉思型和冲动型、整体型和序列型、复合型和发散型。在进行教学设计前，语文教师必须根据学生的认知差异设计教学活动，努力做到因材施教，以促进学生更好的发展。

三、科学地制定教学目标

教学目标对教学活动具有导向、激励和评价功能。没有目标的教学，是盲目的。任何一种教学设计，都是为完成一定的教学任务而设计的。当师生明确教学目标后，学习组织形式的设计、教学策略与方法的设计等一切活动的设计，最终都指向一定的教学目标，教学目标是教学设计的归宿。

对优秀教师的教学经验和教学论的研究表明，合理的教学目标能够最大限度地调动学生的积极性，促进教学活动朝着预期的方向发展。依据布鲁姆的教育目标分类和加涅的学习结果分类，在设计教学目标时，应该注意以下三个方面。第一，对象的表述。教学行为目标描述的是学生的行为，而不是教师的行为。第二，行为的表述。行为动词用以描述学生形成的可观察、可测量的具体行为。第三，条件的表述。它是影响学生产生学习结果特定的限制或范围。第四，标准的表述。

　　在传统的语文教学设计中，教学目标的设计往往只追求知识和技能目标，而忽略过程与方法目标、情感态度与价值观目标。在教学设计上，教师注重知识的灌输，而对学生进行自主性和探究性的学习比较忽视，课堂上缺少讨论和互动。语文教学设计，不仅包括对语文知识和技能的教学设计，同时也是一种创造性的实践活动，也有过程与方法、情感态度与价值观方面的内容。在教学活动中，需要学生自主、合作、探究语文知识。为了让学生实现对所学知识的"意义建构"这一最终目标，教学目标的设计应从知识与技能、过程与方法、情感态度与价值观这三个维度进行设计。

　　小学语文新课程更加关注学生的学习方式、学习能力以及学生情感态度和价值观等品质的发展。三维目标的确立，让我们既能相对量化地评价学生的语文知识与技能，又能用相对质性的方法关注学生的学习过程与方法、情感态度与价值观的成长与发展可教学目标起着支配和指导教学实践活动的作用，确定教学目标，是在设计教学活动中首先要考虑的问题。教学目标的设计应以"学"为中心，为学生提供了明确的学习目标，使学生有明确的学习方向。学习任务代表某种连续性的复杂问题，建构主义理论强调要解决真实环境下的任务，在解决真实任务过程中达到学习的目的。

　　建构主义教学设计研究者认为，在设计学习任务时，应注意以下七点。一是为学生提供的活动应该与现实世界具有相关性。二是学生面临的是一个整体的、复杂的研究任务。三是给学生提供定义任务和分解任务的机会，以便开展学习活动。四是学生有持续性的学习实践。五是给学生提供甄别信息的时间。六是学生有协作学习的机会。七是学习任务具有跨学科的领域性和整合性。一个好的教学目标应该是有挑战性、可行性和有趣的，能体现建构主义的思想，能促使学生在学习中运用高阶思维能力对信息进行深度加工。

　　在传统小学语文教学中，教师往往要求所有学生在同一时间内完成相同的作业或任务，忽视了学生的主体性和差异性。而语文新课程倡导为学生设计多样化、具有挑战性的学习任务，给学生布置学习目标，让学生明确学习任务。这就要求学生调动自己的所有技能，通过采用自主学习、小组合作、探究性学习和"做中学"等学习方式，努力完成学习任务。任务过于简单，对学生来说太没有挑战性，学生的成就感也会很小；任务过难，则会使他们产生挫败感。因此，在设计学习目标时，教师要平衡学习的难度和挑战性的程度，挑战性适当，才会激发学生的兴趣，调动学生的积极性和主动性。

四、恰当地安排教学内容

在教学内容的安排方面，既要重视预设，更要重视生成，使预设和生成共同服务于学生的发展。在课前，教师要对课堂教学内容进行预设，即对教学内容的规划和安排，这是教师备课的重要组成部分。在课前，教师必须对教学内容有一个清晰、理性的思考和安排。在课堂上，师生按照课前的设计展开教学活动，保证教学活动的计划性和有效性，使学生获得预设性的发展，这是保证教学质量的基本要求。所谓生成，是指师生教学活动离开或超越了原有的思路和教案，使学生获得了非预期的发展。新课程的课堂教学不应该是一个封闭系统，也不应拘泥于预先设定的固定不变的程式。在实施过程中，预设的教案需要开放地纳入直接经验和弹性灵活的成分，教学目标必须潜在和开放地接纳始料未及的体验。因此，教学内容的安排应以预设为基础，保证预期教学目标的达成。教学内容的安排还要以生成为导向，提高预设的针对性、开放性和可变性，让预设和生成共同服务于学生的发展。

另外，教学内容的重难点要突出。由于课堂教学时间有限，在设计一节课的教学内容时，不可能面面俱到，这就要求教师设计的教学内容要有所侧重。对于教学中的基本知识，教师应保证所有学生都要掌握；对于语文教学中的重难点知识，教师要详细讲解；而对于一些只需要学生简单了解的知识，教师就可以花费少量的时间和精力进行讲解。这样不仅能使教学内容重难点突出，也给学生指明了学习的重点和方向。

五、科学地设计教学策略

教学策略是教师对教学活动采用的教学程序、方法、形式和媒体等因素的总体思路、谋略或智慧。教学策略是在一定的教学观念的指导下，处于整个教学活动中核心地位的一个概念。教学策略有广义和狭义之分、广义的教学策略包括教的策略和学的策略；狭义的教学策略仅指教的策略。这里所讲的教学策略主要是狭义的教学策略，即教的策略。教学策略的设计，是促进学生完成意义建构的关键性环节。设计者应根据不同的学习内容以及教学中遇到的不同情况，对教学策略做出不同的设计和选择。教学策略的设计，应有助于发挥学生的主动性，要能体现出学生的首创精神，让学生有多种机会在不同的情境下去应用他们所学的知识，让学生能根据自身行动的反馈信息，来形成对客观事务的认识和解决实际问题的方案。在教学策略的设计中，比较常用、有影响的教学策略主要有支架式教学策略、抛锚式教学策略和随机进入教学策略等。这些策略是学生充分发挥主动性，体现学生主体地位的重要保证，是学生自主建构语文知识的基础。

（一）支架式教学策略的设计

实际发展水平，是指个人当前的智力水平和解决当前具体事务的能力；潜在发展水平，即个人在教师或更优秀的学生的帮助下，能够达到的能力水平或取得的成就，支架式教学策略，正是从维果茨基的思想出发，借用建筑行业中使用的"脚手架"作为上述概念的形象化比喻。当学生在学习过程中遇到困难时，教师及时给予学生一定的帮助和支持，为学生提供"支架"，让学生像沿着"脚手架"那样一步步向上攀登。在教学策略的设计中，教师要向学生提供一些与教学内容相关的学习资料，鼓励学生自主学习和构建知识。在学生遇到难点时，教师帮助学生答疑，解决学生的困难，学生根据新的问题，独立寻找学习资料。学生的潜力无限。当学生遇到困难时，只要教师给予适当的支持和引导，学生的潜力往往会出乎我们的预料。

（二）抛锚式教学策略的设计

抛锚式教学，遵循两条重要的设计原则：第一，学习与教学活动应围绕某一"锚"来设计，抛锚式教学提倡以真实事例或问题为基础；第二，教学设计应允许学生对教学内容进行探索，使学生在真实的问题情境中探究知识。教师首先要向学生布置任务，即"抛锚"，让学生明确目标、任务和必须遵循的规则，然后引导学生主动探究，高效地完成学习任务。抛锚式教学对教师提出的最大挑战之一就是角色的转换，即教师应该从信息提供者转变为学生学习的引导者。同时，教师自己也应该是一个学生，与学生共同完成教学任务。

（三）随机进入教学策略的设计

随机进入教学策略，是指学生可以随意通过不同途径、不同方式，进入同样教学内容的学习，从而获得对同一事务或同一问题的多方面的认识与理解。首先，让学生以自主学习的方式搜集资料，展开研究，最后交流展示，使学生对教学内容有一个初步的认识和了解。其次，为了促进学生对教学内容的进一步了解，教师可以组织学生分小组进行讨论。最后，教师对学生进行适时的指导，加强师生间的沟通和交流。通过反复的研究和讨论，集思广益，加深学生对知识的理解。

六、合理地设计学习方法

学习方法是学生为达成学习目标和任务而采用的方法。转变学生的学习方式，是我国当前语文新课程改革的焦点。《小学语文新课程标准》倡导新的学习方式，如自主学习、合作学习等学习方式。建构主义理论强调，以学生为中心，学生是知识意义的主动建构者，学习是学生通过自主活动主动建构知识意义的过程，突出了学生在认知过程中的主观能动性，强调学生之间的"协作"与"会话"。这与当前我国新课改倡导的自主学习、合作学习等学习方式，有着异曲同工之妙。建构主义理论认为，学习的目的不仅仅是让学生懂得某些知识，而且能真正运用所学知识去解决现实世界中的问题。学生要想完成对所学知识的意义建构，最好的办法就是让学生到现实世界的真实环境中去感受和体验，通过直接经验去学习，而不是仅仅聆听别人关于这种经验的介绍和讲解，这与美国教育家杜威的"做中学"的思想一脉相承。因此，自主学习、合作学习和"做中学"等学习方法，是语文教学方法的有益实践。

（一）自主学习的设计

建构主义学派认为，自主学习实际上是学生根据自己的学习能力、学习任务的要求，积极主动地调整自己的学习策略的过程。自主学习要求个体对为什么学习、能否学习、学习什么和如何学习等问题有自觉的意识和反应。教师首先给学生布置学习任务书，即"抛锚"，然后鼓励学生以自主学习的方式，凭借自己的主动学习和生成学习，完成各项学习任务。学生学习过程中遇到新的问题，要主动地通过互联网或书籍查阅相关资料，从而学会自己解决问题。在每次讲课前，学生需要自主收集相关的学习资料，有时还要做相关的调查研究，为课堂自主学习做好准备。

（二）合作学习的设计

合作学习是针对教学条件下学习的组织形式而言的，与合作学习相对的是个体学习。教师应根据教学内容为学生设计多项合作性的任务，激发学生合作学习的兴趣。科学的合作学习组织形式的设计，增加了学生共同参与以及会话交流的机会，给学生创造了一个合作学习的环境，鼓励学生以合作学习的方式共同完成各项学习任务，符合语文新课程标准的精神，有助于学生深入理解语文知识，有助于培养学生的沟通能力和团队协作能力。

（三）"做中学"的设计

杜威强调尝试用人的各种感官参与学习，提出"从做事中理解意义"，改变"身心分离"的机械的学习方法，杜威"做中学"的思想在建构主义教学中也有深刻的体现。在语文教学方法的设计中，教师可以引导学生通过"做中学"的方式，获取直接经验，体验新课程的理念和方法。教师在进行教学设计时，要根据学生的年龄特点，设计生动有趣的教学策略，要写出具体启发引导的做法，收集相关教学资料，做出PPT等。在"做中学"教学策略的设计中，教师要让学生明确自己的目标、任务和必须遵循的规则，让学生体验新课程倡导的先进的学习方法，改变传统被动的学习方式，充分调动学生学习的积极性和主动性。教学设计是需要不断完善的，教师应认真学习新课标理念，学习先进的教学设计方法，不断在教学实践中总结经验，使教学设计更好地服务于教学活动。

七、科学地设计教学评价

教学评价是指以教学目标为依据，制定科学的标准，运用一切有效的技术手段，对教学活动的过程及其结果进行测定和衡量，并给以价值判断如教学评价是教学活动中不可缺少的一个基本环节，它对教学活动起着调节和控制的作用，有助于确保教学活动向着预定的教学目标前进并最终达到该目标。设计科学、可操作性的教学评价机制，有助于对教学活动进行调控，是提高教学质量的必由之路，也是教学设计中亟待解决的问题。

所谓量化评价，就是力图把复杂的教学现象简化为数量，根据量化的数据进行分析和比较，推断某一价值对象的成效，是一种定量化的评价方式，而质性评价强调过程的评判而非学习的最终结果。

在传统的小学语文教学评价中，教师是评价的主体，强调、甄别与选拔。这种单一的评价方式，限制了学生多方面的发展。而小学语文新课程的教学评价，关注学生的全面发展，评价内容不仅关注学生的知识和技能的获得情况，更关注学生学习的过程与方法，以及相应的情感态度和价值观等方面的发展。教学评价改革的发展趋势，是以质性评价为主，评价的功能由注重结果向过程和结果并重转变，既重视学生在评价中的个性化反应方式，又倡导让学生在评价中学会合作，强调评价问题的真实性和情境性，不仅重视学生解决问题的结论，而且重视得出结论的过程。教师要运用多种评价方式，重视过程性评价，重视学生的情感体验与发展，实现评价主体的多元化。

小学语文新课程中的教学评价，具有以下三个方面的特征。首先，诊断性和反思性是评价的重要组成部分。这就意味着学生必须从事自我监控、自我测试和自我检查等活动，以诊断和判断他们在学习中所追求的是否是自己设置的目标。其次，注重评价主体的多元化和评价方式的多样化。传统的小学语文教学评价主要是以教师的结果性评价为主，评价主体和形式较为单一。《小学语文新课程标准》充分尊重学生的主体地位，遵循学生的认知规律和特点，倡导评价主体和形式多元化。最后，结果性评价和过程性评价并重。所谓过程性评价，是在某项教学活动的过程中，为使活动效果更好而进行的评价，它能及时了解阶段教学的结果和学生学习的进展情况、存在问题等，以便及时反馈、调整和改进教学工作。可见，语文新课程的教学评价观，提倡以学为中心的理念，更加关注学生的发展。小学语文教学评价设计的方法，具体包括以下三个方面的内容。

（一）教学评价内容的设计

对学生学习情况的评价，不应该独立或分离于课堂常规活动之外，而应将评价与常规活动直接联系起来。语文新课程的教学评价，在评价内容上一改过去的以传统的测验作为对学生进行评价的唯一标准，而是将传统的测验与语文教学过程中学生的表现，以及学生的作业情况相结合，进行综合评价，既有量化评价，又有质性评价。在评价标准中，教师为学生设计了多样化的评价内容。评价内容和标准的设计，一方面，对学生的学习起到一定的制约作用，让学生感到压力和挑战性。另一方面，让学生体验到了一种成功感，激发了学生的自信心和兴趣。

（二）教学评价主体的设计

传统的语文教学评价主体以教师为主，缺少学生的自我评价和对他人的评价。而语文新课程倡导开放的学习过程，遵循评价主体的多元化原则，评价主体由以教师评价为主，转变教师评价、学生自评和学生互评相结合的形式。

《小学语文新课程标准》要求改变学生被动接受的学习方式，充分发挥学生的积极性和主动性，使学生学会学习。而自我评价是学生学会学习的重要标志，学生通过自我评价进行自我反思、自我分析、自我判断，学会自己发现问题，提高自主学习的能力。每堂课结束后，教师要引导学生对自己的表现进行认真反思和总结，谈谈自己对学习语文新知识的认识和体会，对自己的学习任务的完成情况进行自我评价。

教师可以让学生形成教学评价小组，各小组成员进行教学互评。每位评价小组成员需要填写评价组评议书，对每个学生的表现进行打分，还要写出书面评语，包括对课堂学习的整体表现进行综合评价，写出学生在获取新知识过程中取得的进步和不足。评价小组成员还可以针对本课内容进行提问，以检测学生的学习效果。各小组成员之间互评完毕后，由评价组组长汇总出组员的学习情况，并交给教师。通过学生间的互评，能使学生真正参与到评价中，成为评价的主体。学生之间通过协作会话，相互评价，既促进了小组的合作学习，也能使每个学生看到他人的优势，反思自己的不足。

在进行教学评价时，教师的评价必不可少。教师应根据学生的表现，指出其优点与不足，同时补充遗漏的知识点。教师对学生出色的表现，应进行及时反馈与表扬，为学生提供了学习的内部动机。而对不太理想的表现，也要给予及时反馈，让学生明白哪些地方需要进一步改进，不断提高教学效率。多元化的评价主体，使教师评价和学生评价有效结合起来，让学生真正参与到评价中来，使学生学会反思、学会分析、学会判断，不断提高语文效率。

（三）教学评价方法的设计

传统意义上的评价活动一般是在学习结束后进行，采用的是一种结果性评价，忽视了学生的学习过程，忽视了学生成绩背后的动机取向和努力程度。而过程性评价主张评价过程与教学过程的交叉和融合，将评价"嵌入"到教学过程中，贯穿于教学过程。过程性评价关注学生的学习过程，倡导一种"质性"的方法。过程性评价是通过学生完成特定任务的外部行为表现来评价学生，主要通过行动、展示和写作等更真实的表现，来评价学生的小学语文能力。在语文教学中，我们所期望的不是学生能够取得较高的书面成绩，而是切实提高学生的能力。在过程性评价机制下，学生能比较直接地展现他们已经掌握的知识。过程性评价机制的设计，保证了教学活动健康、有效地运行。

过程性评价要求教师为每个学生建立一个"学习档案袋"。学习档案袋是主要存放反映学生学习过程和学习进步的各类学习成果。这些学习记录，按照一定的顺序形成文档，能反映学生的学习质量和进步程度。"学习档案袋"制作的进程，涵盖了一项任务从起始阶段到完成阶段的整个跨度，能记录和展示学生学习成长的过程，能展示学生的进步和成绩，为教师给学生提供帮助建议或指导提供了参照。

第四节　心语课堂教学设计

——在教学设计中润心

　　语文教学要回归根本，要精简扎实，要点拨及时。课堂上的无限精彩，应该是学生心灵之花的绽放，是富有个性的催人奋进的话语。语文课堂要把握好一字、一词、一句、一段，帮助学生实现自我成长，提高语文课堂的创造力和生命力，让学生感受到母语文化的精髓，最终因语言而快乐。与学生交流的过程中不仅是信息的传递，更是情感的延伸，充满人情味的心灵的交流。因此，在课堂设计中，要认真设计好每一个环节，让学生的心灵受到滋润。

一、明确润心目标

　　语文的教学要建立在当前的教学目标和教材的基础上，吃透教材，培养语文素养。语文课堂教学要有明确的目标。语文教学目标有四个要求：课文要求——达到目标；年级要求——阶段目标；单元要求——单元目标；《新课标》明确要求——总目标。这四层目标的关联是：实现目标的前提要在课堂教学中实践，要落实阶段目标，围绕单元目标，体现总目标。为了实现教学目标，首先要掌握课文中心，突破教学重难点。只有这样，才能有效地开展教学，加强教学的联动性。其次是巧妙设计教学环节，让课堂呈现出趣味性，激发学生从心底里喜欢上语文，爱上语文。这样学生就能在语文的知识殿堂里遨游。再次是明确作者的写作目的，落实人文精神教育，滋润学生的心灵。

二、把握润心重点

心语课堂的教学是在教学教师的引导下，以培养学生的能力和情感体验的教学体系。在语文课堂上，教师要积极引导学生，与学生一起深入文章，激发学生的感悟和理解。以此来建立"人人学习、个个发展、分享成功、享受快乐"的课堂。充分激发学生内心的灵感和求知的欲望。每节课让学生体会到学习的快乐。为此，在教学中设置了"先学后教，课内训练"的模式。

（1）学生按要求自学，教师边巡边指导。

（2）小组合作汇报自学成果。

（3）老师评议点拨自学结果。

（4）学生在课堂上完成作业，教师在课堂上批改作业。

经过长期的实践过程，心语课堂的教学设计不再是以前的"满堂灌"，也不再是教学为了完成任务教，而是实现了心与心的交流，又能让学生在紧张的学习中收获成功的喜悦，让丰富的知识轻轻松松地润泽学生的心灵。

三、过程激励润心

人们常说"感动人的不在乎初情"。在心语的课堂教学设计中，首先要求教师用满满的爱心去滋养学生，我们要用心去爱护每一个学生，用鼓励的话语去滋润激励。在教学过程中，第一，教师要以自己饱满的情感去激发学生热爱语文学习的激情。第二，优化课堂教学的能动性，教师要带着形象、情感和体验去教学生，让课堂教学有表现力、说服力和感染力。使学生在愉快、高效中进行学习。此外，教师在教学实践中应尽量让学生满意。比如说课堂提问，提出的问题不能太难或太容易。如果问题很难，学生不会答，无法达到预期效果。从长远来看，学生很容易失去学习的兴趣和自信心。如果问题太容易了，没有挑战性。即使答案正确，也没有成功的喜悦。这也使课堂没有了激情。为此，教师在演示和提问时，应充分了解每个学生的实际学习情况，让不同程度的学生能够回答不同难度的问题，这样，不同层次的学生有成功的体验，从而树立学习的信心，保持浓厚的兴趣。此外，学生对问题的回答可能多种多样。

无论学生的回答是否正确，教师都应及时肯定学生独特的见解，并对学生的提问能力予以表扬，让学生体会到教师给予肯定和欣赏的乐趣。当学生有了学习的成功感，对学习充满了信心，对学习有了兴趣，就会更积极、更用心学习语文，从而提高课堂效率。

第四章 04

新时期小学语文教学技能研究

第一节　小学语文教学准备技能

小学语文教学准备技能是小学语文教师一项必备的教学基本能力，更是语文教师上好课、教好学生的一种基本授课能力。在新时期，新课程改革对教师教学基本功和教学能力提出了新的要求。

教学准备是教师研读课程标准精神、探究文本意义的过程；是与作者、文本、学生进行交流的过程；同时也是教师体现其教学能力的过程。教师在教学准备的过程中，对教材进行深入研究，能够有效地提升其职业道德修养。本节主要对小学语文教材文本的研读技能、小学语文编写教案技能、小学语文教学学情分析与预习指导技能进行分析。

一、小学语文教材文本的研读技能

对教材的钻研是语文备课的一个最为重要、最为基本的环节。想要对教材进行很好的研读，应熟知教学内容，明确教学目标，准确把握教学重难点。

（一）判断教材价值，明确教学目标

小学语文教材通常指语文教科书，即语文课本。小学语文教材在小学语文教学过程中具有重大的意义，其对学生的发展具有重要的价值。叶圣陶先生曾经说过："语文教本好比一个锁钥，用这个锁钥可以开发无限的宝藏。"这个比喻形象地说明了语文教材对学生学习的重要性，语文教材作为一把钥匙，能够使学生获取知识、提高语文能力、养成良好的学习习惯以及语文素养，"锁钥"是一种使学生获得终生发展所需的凭借，这种凭借将语文教材的工具性价值和人文性价值充分地表现了出来。

（二）文本细读，挖掘语文教学内容

对文本的细读可以从以下几个方面入手。

1. 从整体上把握教学内容

其一，教师在备课时，应把课文和文章后的练习融为一体，保证一篇课文的整体性。其二，一直以来，语文教材都是按照单元主题编写的。每一个单元中的若干篇课文通常都围绕相同的主题、相同的教学目标展开。教师在备课时应认真研读"单元说明"，先领会其要义，然后再去认真研读同一个单元里所有课文，进而使每一个单元都能保持其整体性。其三，在一个学期、一个学年的开始，教师应把整本的教材通读一遍。新课标的目标要求是按学段提出的，语文教材也是按照学段编写的。备课教师在钻研教材时，只有对整个学段的教材有一个整体的认知，才能从整体上把握局部，避免出现只见树木不见森林的局面，因此，一本教材、一个学段的教材要保持整体性。

2. 细读文本，提炼教学内容

教师要对文本进行认真的细读。首先，教师应逐字逐句地认真阅读文本。语文的阅读教学只有以具体的词语与语句教学为基础，才能达到扎实的语文课堂教学效果。其次，深入思考文本中各方面的问题。教师要对文本的社会背景、主题思想、作者的情感及其思想倾向等有一个准确的把握。想要读透文本，就必须要立足于所教文本，静下心来认真地进行研读。教师要多读文本以达到"读书百遍，其义自见"的高度，另外，教师要多读跟文本有关的资料，如文本的写作背景、作者的相关介绍等。在这个基础上，结合教学目标，提炼出相应的教学内容。可以运用以下几点策略。

（1）立足诗情，复活感性

诗情指的是一种艺术化的审美情感。情感的抒发是开展语文教学的逻辑前提。教师在制定语文教学目标、提炼教学内容以及实施教学过程的同时，应加强与学生之间的交流以及学生与学生之间审美化的情感联系，使学生的情感信息与语文教学材料等物质形态所包含的情感信息相互作用，形成一定的张力，从而使学生获得一定的感性认识。教师通过设置生动活泼的情境使语文知识、语文思想以及语文学习方法在教学过程中得以充分表现，使语文教学成为一种富有感性的活动，并引起学生的学习兴趣。教师在授课过程中，要想感动学生，自己首先应受到语文、生活中情境的感染，进而用相应的语言和神态去影响学生，或哀怨、或赞美、或奔放，教师就是诗情的化身。另外，教师应引导学生建设诗意的班级文化。让浓浓的诗意渗透在教室的每一个角落，让学生一走进课室就能体验到语文的魅力。

（2）立足诗理，感悟人生

"理"也就是所说的规律。在自然中称为"真"，在社会中称为"善"。诗理主要是指用诗意的眼光对社会、自然、自我进行审视、体验、反思进而把握真、善、美的本质。要想使学生感悟到诗理，需通过让学生和作者、文本乃至自我进行对话，实现情感上的交流。学生在对话过程中能够学习生活知识，感悟生活道理以及生命的意义。叶圣陶先生认为"语文的外延就是生活"。语文教学虽然在狭义的日常生活中进行，但其价值在于引导人们走向崇高、走向精神的世界，因此，语文教学担负着引领学生感悟诗理的任务。教师在教学过程中应引导学生做到对话文本，心与境谐，让学生想象自己身处于文本中的情境之中；对话生活，触类旁通，学生可以把自己虚拟成作品中的人或事物，联系自己的生活进行感悟；对话自我，圆融互摄，学生结合教材内容，进行自我反思。

（3）践履诗行，审美体悟

诗行是指学生在语文的言语实践以及日常生活中，按照主体化、生活化、审美化的原则，追寻诗意的过程。诗意是一种意象化语言的体现，意象是感觉和情思的具体化。意象语言具有直觉性、表现性、超越性等特点，此外，它还具有隐蔽的意义，注重意会，讲究神韵，即侧重感受和体验。因此，语文教学必须致力于语言的品位、意蕴的感悟等，指导学生在实践的体验中习得丰富的语言。进而把课堂学到的诗意法则和学生的生活联系起来，就能够帮助学生总结人生经验、强化生活感受、梳理个人思想，做到诗意的栖居。教师在教学过程中，可让学生时常对生活中的事物或事件进行诗意的命名。在课堂内外的语文作业中为学生提供诗意的空间，布置作业时有意识地开展积累诗语训练，培养学生的语言表达能力。学校可通过开展活动，强化学生诗意法则的实际运用。这些活动可以是校内与校外的诗意的擂台赛、班级诗栏等，还可以是各学科融合的综合性学习和各种社会实践活动。

（4）立足诗语，彰显个性

诗语不同于日常生活中运用的现代汉语，它是具有丰富内涵、个性化的、典雅的现代汉语。汉语是诗意化的语言，语文教师应让学生受到诗意语言的熏陶，感受汉语的魅力，因此，语文教学独特的任务就是保持并强化汉语的典雅性，使学生通过汉语的学习，提升自己的修养。从汉语的典雅性角度去审视教材，实施教学活动，语文教学成为一种富有神韵且能张扬学生个性的活动。语文教学中诗语的运用主要体现在以下几个方面。其一，教师能够通过语境，将日常的现代汉语转换为典雅汉语，如把散文化的语言材料变成诗化的材料。其二，在"口头的言语实践"中使汉语典雅化，即根据语言的特点把课文的短句变长，或长句变短，甚至增加或减少句子成分。其三，在"左联右引"中诗化，即学生联系文本内部之间以及不同文本之间的关系，联系文本与生活之间的关系，将语言诗化，进而深化对文章内涵的理解。语文教师是典雅汉语的代言人，因此，教师的言行都应成为学生学习的典范。教师用典雅的言说进行教学导引，学生自然容易融通课文的社会语境、话语语境，更容易使自我的言说变得典雅而富有个性，这样就焕发汉语的诗意魅力、语文教学的诗意魅力。

3. 合理使用"教师用书"

"教师用书"是教师备课的参考资料，而不是依赖物。"教师用书"是一些教师编写出来的，带有个性和地方性等特点，但不具有普适性，因此，教师在备课时，不应过分依赖"教师用书"，而应根据实际的教学情形，备出适合自己也适合学生的课。

（三）旁征博引，充分利用课程资源

通过对语文课程资源有效的开发和利用，使语文课程与学生的生活紧密联系起来；有效地激发学生学习语文的兴趣；使语文教师成为语文课程的真正主人。对小学语文课程资源的开发利用主要包括以下几方面。

1. 小学语文课堂教学资源的开发利用

（1）教科书、教具等课程内容资源的开发利用

教科书是课堂教学中重要的资源，教师应充分利用教科书为学生创设出理

解、表达、交流的空间。例如，用课文中的思想观念、情感意识去感染学生，用课文中的导学系统指导学生形成良好的学习方法；充分考虑教科书中的课题、插图等教学资源。另外，有利于课堂教学展开的背景资料或者组织相关的综合性学习同样能够为学生带来良好的学习空间。

（2）多媒体等信息化课程资源的开发利用

信息化课程资源对于开发利用小学语文课堂教学资源起着重要的作用。许多小学语文教师根据教学的需要，制作"课件"，充分利用文本、图画、声音、动画使教学活动生动地展开。网络资源本身就是一个巨大的课程资源库，它打破了教室的相对封闭性，使教室成为一个开放的、师生互动的教育教学空间。

（3）师生互动生成课堂教学资源的开发利用

教师的教学过程正是对语文课程资源努力挖掘的过程，教师应考虑学生的需要以实现资源的优化整合，进而提高语文课堂教学效率。因此，教师是重要的且充满生命力的教学资源。学生应根据课文内容学会搜集、处理相关信息材料，并把课前获得的信息运用到课堂教学中，这样，学生才会以一种积极主动的态度进入课堂，课堂效率也会大大提高。

所以，师生这一动态性的小学语文课程资源与其他物化的静态课程资源相结合，能够转化成一种充满灵性智慧的重要的课堂教学资源。

2. 小学语文课外学习资源的开发利用

（1）图书馆、广告栏等课外阅读学习资源的开发利用

叶圣陶先生说过："天地阅览室，万物皆书卷"，表明语文学习资源的获得具有广阔的空间。学生可以通过阅读报纸、杂志，去图书馆阅读图书，浏览布告栏、标牌广告上的文字等加强情感体验，使语文教学和时代社会生活紧密地联系起来。通过对网络有益资源的阅读，培养学生的阅读兴趣，提升其搜集处理信息的能力。

（2）参观、游览等实践活动资源的开发利用

《全日制义务教育语文课程标准（实验版修订稿）》指出："沟通课堂内外，充分利用学校、家庭和社区等教学资源，开展综合性学习活动，拓宽学生

的学习空间，增加学生语文学习的实践机会。"如组织学生参加社区文化场所举办的一系列文体活动等，在活动中发掘语文课程资源；组织学生围绕一定的主题进行调查、访问活动；组织学生参加社会实践活动，体验生活，使学生在生活中获取灵感。

二、小学语文编写教案技能

（一）小学语文教案的编写

1. 教案的含义及内容

教案，即教学方案，又称课题或者课时计划，是教师备课活动的总结，是备课的进一步深化，是书面化的课堂教学计划。

教案的内容通常包括以下几方面。

（1）授课题目

本节课的题目。

（2）授课时间

按教学进度规定的教学时数。

（3）课型

本节新授课、复习课、讲评课等。

（4）教学目标

教师根据课标和考纲要求，结合教材内容以及学生实际情况来确定一节课的教学目标。教学目标应包括三方面内容：一是基础知识和技能应达到的程度；二是有关学生学习能力方面培养的过程方法；三是学生思想情感价值观的培养。

（5）教学重点和难点

根据课标和考纲要求，以及具体的教学内容、学情分析，确定一节课的重点和难点。

（6）学情分析

根据学生认知水平，分析学生的知识与技能掌握情况。根据学生心理发展情况，分析学生情感、态度与价值观等方面需要的情况。

（7）教学方法

教师授课采用的方法与手段。

（8）教学过程

教学过程是教案的主体部分，是教师开展教学活动的具体步骤，是教师教学设计的体现，也是教师教学思想的展示过程，包括教学步骤与环节、每一个环节的教学内容、教学方式与方法，以及时间的分配等。教师在写教学过程时，通常要写出整个教学过程的总体结构；写出教学内容展开的逻辑顺序、主要环节及过渡的形式；写出教学重点、难点的突破方法以及所采用的教学手段、教学方法等。

（9）板书设计

教案中要单列出板书设计，板书的内容是纲领性的，因此要直观精练，易归纳小结，起到一种引导性的作用。

（10）课后反思

新的课程标准要求教师不仅是课堂的实施者，更是反思性的实践者。对每一堂课进行反思有利于教师的快速成长。因此，教师应围绕教材的创造性使用情况、教学的不足之处、学生的独到见解、学生的学习是否与教案设计相协调等方面写好课后反思。

2. 教案编写的原则

教师在编写教案时要注意以下几点。

（1）符合科学性

以教材内容为准，广泛查阅资料，避免出现知识上的错误。

（2）立足人文性

教案要坚持"为学生的学习而设计"的原则，因此，教案应满足学生的学习需求，力求科学合理。

（3）加强创新性

教案的编写要做到构思巧妙，彰显教师的教学个性，避免千篇一律。教师应根据本班具体情况以及教材内容，写出最适合自己的教学方案。

（4）强调可操作性

教案应做到以简驭繁，避免为追求新颖而难以实施，教师在编写教案时应考虑其可操作性。

（5）应做到灵活变化

教师在设计教案时要做到灵活运用教学方式，体现出独特性，有活力的教案会引导教师组织出有活力的课堂，尤其对于老教师，应避免固守成规，应做到大胆创新，编制出灵活的教案形式。

（二）小学语文教案编写的基本模式

教案的表现形式可以灵活多样，但是，教案有自己通用的模式。

在实际的教案编写中，教师应根据具体的情况决定教案的详略。一般而言，新教师的教案通常编写得更详备，尤其是教学过程部分编写得更为细密。它要求教师把课堂上所说的每一句话、每一个问题，实施的每一教学行为，运用的每一教学方法等，都按时间顺序在教案中有所体现；教师还应预设出学生对问题的回答情况。这样能够增强课堂教学的预见性和针对性。然而，青年教师更应该注重课堂的生成性，不断提高自己的应变能力，部分教案可以打成腹稿，在编写教案时会有更加灵活的形式。

（三）微格教案设计技能

微格教学也称微观教学、小型教学，是以教育学、心理学理论为基础，运用现代教育技术，训练学员掌握某种技能、技巧的一种小规模教学活动。1963年，美国斯坦福大学爱伦教授首先提出"微格教学"，并将其定义为"一个有控制的实习系统，以集中解决某一特定的教学行为技能为目的，对教师教学技能进行系统训练的方法，或在有控制的条件下进行学习"。

微格教案的内容与一般教案有所不同。按照一般微格教案的要求，微格教学的教案设计主要包括：教学内容、培养技能、教学设计（包括教学目的、教学重难点、教学时间分配、教学过程）。"教学过程"中应详细写出"教师行为"以及预设的"学生行为"，并注明每个环节的时间分配，以严格控制教学过程中的每一个环节的时间安排。

三、小学语文教学学情分析与预习指导技能

（一）学情分析技能

1. 学情分析的含义

学情分析通常包括两方面的内容，一方面是"学前学情"，即在上课前教师对学生知识掌握情况的把握，包括学生的整体情况和个性差异、知识水平和能力状况、语文学习的习惯和兴趣等。另一方面是"学时学情"，即在课堂上教师对每一位学生听课状态的观察以及"推进学习"。这样，教师就能对学生的学习状况有一个清楚的认识从而及时改进教学。

2. 学情分析的意义

"要提高语文教学的实效，须在拨动学生心弦上下功夫。"这句话阐述了在语文教学中做好学情分析的重要意义。教师通过对学情进行分析可以在教学过程中更具有针对性，选择合适的教学内容和教学方式，可以有效地利用课堂教学时间，建立和谐的师生关系。因此，进行学情分析能够有效促进教学质量的提升。

3. 进行学情分析的方法

第一，提高学生的读写能力是小学语文教学的重要目标，通过分析学生的作业和试卷能直观了解到语文教学目标的实现程度。根据学生的语言表达能力和对情境的感知能力，对学生写作功底有一个准确的把握。

第二，在课堂观察学生。教师通过观察学生在课堂上对问题的思考、回答情况，对问题讨论的广度和深度情况，听课时的神情、动作以及学生做笔记的习惯等，能够了解到学生的知识、能力水平以及语文学习习惯和兴趣。

第三，向其他教师进行了解。如向以前任教过的语文教师或向班主任或者其他学科教师了解学生的情况。

第四，直接通过与学生交谈对其学习情况进行了解。

第五，根据自己以往的教学经验，设置相关问题，进行问卷调查，对学生的学习需求进行了解。

（二）预习指导技能

做好预习指导通常要做到以下三点。

1. 提出预习要求

教师应具体结合课标、教材及学生学情、心理发展水平的差异，有目的、有计划地提出不同的具体要求。如针对低年级的学生，重点预习生字词的认读，流利地读课文；而针对高年级的学生则要求其在读顺课文的基础上，把握文章的结构，体会作者的思想感情。

2. 传授预习的方法

想要学生做好课前预习，教师需要在预习方法上对学生进行指导。对于低年级的学生，主要把预习放在课堂上，对学生进行有针对性的指导，如教给学生查字典的方法，教给学生写字的方法，教给学生做记号的方法，等等。而对于高年级的学生来说，已经具备了自主学习的能力，学生的预习能力增强，因此，可把预习放在课前课外进行。例如，让学生在认读生字词的基础上画出好词佳句，标出不理解的地方，抓住课文大意，体会文中的感情，等等。

3. 检查、深化预习

检查的形式分为口头的和书面的，通常围绕学生的质疑问题和讲解新课中的课堂提问来进行。对低年级学生进行检查，可以当场让学生用工具书查阅字词，让学生读语段，用特殊符号标注文段重点词句等。对高年级学生进行检查，读课文仍是重点，教师可以通过提问，了解学生的理解情况；通过检查学生的课本、预习笔记本，了解学生动手情况；通过让学生提疑难问题、进行讨论，了解思维能力等。总之，检查预习要结合学生的实际情况，通过"真检查"，促使学生"真预习"，进而提升学生的自主学习能力。

第二节　小学语文课堂教学技能

　　语文课堂活动是由多因素、多层次构成的师生双边活动的动态系统。只有教师具备了多方面的课堂教学技能，才能有效地增强语文教学成果。小学语文教师掌握一定的教学技能可以帮助其有效开展教育教学活动，向学生传授语文基础知识，并提升其语文素养。本节主要对小学语文课堂教学的语言表达技能、课堂教学组织技能以及演示、练习、检测技能进行介绍。

一、小学语文课堂教学语言表达技能

（一）导入技能

　　导入是指在课堂的起始阶段，教师围绕教学内容精心设计一定的方法，集中学生注意力，引起学生对本节课的学习兴趣，并明确学习重点的教学活动。恰当的导入设计可以快速将学生带入到课堂的氛围中，调动学生参与课堂的积极性，为整堂课的顺利开展奠定坚实的基础。

　　一般来说，小学语文课堂教学的导入设计要紧扣教学目标和要求，引导学生抓住学习重点，激发学生的学习兴趣，培养其自主学习的能力。教师要根据不同的教学内容，灵活变化导入方式，避免学生产生审美疲劳。另外，导入是课堂的序曲，要力求简明扼要，短小精悍，应控制在3—5分钟，以便使教学重点充分展开。

　　导入新课没有固定不变的模式，可以朗读、正音、辨字、复述，也可以解题释义、回顾旧知、交代背景、介绍作者等，教师应根据学生的实际情况及具体教学内容，采用适当的方法。小学语文教学中常见的导入方法主要有以下几类。

1. 设置悬念法

设置悬念法是指在教学导入时设置带有悬念性的问题以集中学生注意力，引起学生的兴趣，并为寻求答案进行积极思考的导入方法，这种方法能够有效地启迪学生思维。

2. 故事讲授法

故事讲授法是指教师通过讲述与新课有关的哲理性故事、寓言、传说等，帮助学生展开想象、丰富联想，进而引出新课的导入方法。这种方法从讲故事入手过渡到教学内容，能够有效激发学生的学习兴趣。

3. 新旧联系法

新旧联系法是指教师从对旧知识的回顾入手引出新知识的导入方法。运用这种导入方法要注意找到新旧知识之间的关联性，使旧知识成为学习新知识的基础，做到"温故而知新"。教师采用新旧联系法导入新课，能够帮助学生系统地进行学习。

4. 情境创设法

情境创设法是指教师通过语言描述、音乐、图片、录像等手段创设生动的教学情境，调动学生的学习积极性、陶冶学生性情的导入方法。教师通过创设与教学内容相关的情境，引导学生进入学习的氛围中，学生在教师的引导下进行轻松愉快的学习。

5. 谜语诗词法

谜语诗词法是指教师根据课文内容引用相关的诗词，巧设谜语进而引出新课的导入方法。这种方法可以丰富教学内容，增强语文知识性与趣味性，拓展学生思维，并有效活跃课堂气氛，往往能够达到事半功倍的效果。

6. 解题释义法

解题释义法是指教师通过对题目的分析，探究课文内容和中心的导入方法。题目是文章的眼睛，这种方法能够抓住课题的疑问处，有效地点明文章的要旨。教师可以挖掘题目中蕴含的"有机成分"，在导入中巧妙地设置悬念，引起学生的好奇心和求知欲。

另外，导入新课的语言形式也是多种多样的，如有讲故事的形式、散文的形式、戏剧的形式等，教师可以加上相关的动作、手势，使教师的有声语言情趣盎然。总之，导入的选择可以灵活多变。

（二）讲解技能

讲解技能是指教师利用口头语言及教学媒体，通过描写、解释、说明等方式来传授知识、消除疑难的教学行为，是教学活动中最重要的课堂教学技能。

高质量的讲解对教学效果有着多方面的作用，能充分发挥教师的主导作用，有效系统地传授知识；使深奥、抽象的知识变得具体形象，能够提高学生的学习效率；能拓展学生思路，开发学生的智能；激发学生情感，培养学生的情操，对其产生潜移默化的影响。

讲解通常是单向传输信息，即老师讲学生听。这种方式容易导致学生处于被动地位，并影响其智力的发展，因此讲解要注意启发学生，激发学生的学习兴趣，引导学生积极思考，避免"注入式"教学。讲解的目的是使学生更好、更快地接受知识，因此讲解时要考虑到学生的知识水平以及理解能力，讲解的内容应适合学生年龄特点、知识水平等，力求生动有趣、深入浅出。为达到更好的教学效果，教学讲解可以与其他教学方法结合使用，如可以在讲解时提出启发性问题，激发学生探究意识；在讲解时配合讨论法，培养学生交流合作观念；在讲解时配合朗读、表演等方法，增强教学内容的形象感、趣味化。

课堂教学应根据具体内容、学生的学情等实际情况采用适当的讲解方法。语文课堂讲解技能具体可分为以下几种类型。

1. 叙述性讲解

叙述性讲解技能是指教师用简洁的语言对学习内容进行简明扼要的介绍。在叙述过程中，要做到条理分明，内容清晰。叙述性讲解多用于导入新课、介绍背景知识、复述课文内容、补充相关事实等教学环节。

2. 描述性讲解

描述性讲解是指教师在讲解中通过形象可感的语言，把客观事物的外部形象生动形象地描述出来。在诗歌学习中，教师可以描述诗歌内容的画面，展现诗歌的意境，使学生受到感染，便于其对诗歌的理解。

3. 抒情性讲解

抒情性讲解是指教师声情并茂地对文章蕴涵的情感进行分析，进而感染学生，激发学生内心的情感，让其获得美好的情感体验。

4. 说明性讲解

说明性讲解是指教师采用简明严谨的语言对人物或客观事物的性质、特点、成因、功能、意义等进行解说，让学生对事物有一个明白、完整的了解和认识。教师在说明时可采用多种说明方法，如比喻、比较、数字、图表等，以帮助和强化学生理解教学内容。

（三）过渡技能

过渡技能是指教师在语文课堂教学的讲授过程中，连接不同问题或不同教学内容之间采用的承上启下的教学活动方式。主要包括两个方面的内容：一是不同教学内容之间的过渡；二是不同讲课方式之间的过渡。

适当的过渡能够有效引起学生注意，激发学生学习兴趣，调动其学习的主动性与积极性；能够让学生明确教师的教学思路以及教学逻辑，或体会教师知识转换的路径与方法等。

一堂语文课的教学内容是一个由若干部分组成的整体，教师通过抓住每部分之间的逻辑关系，运用富于变化的语句使各部分之间自然衔接起来。教师的过渡性话语除了起到连接作用外，还应做到富有启发性，从而引起学生的思考，为下面的学习打下良好的基础。另外，过渡方法并不是一成不变的，不同类型的课、不同教学内容的课、不同教学对象的课应根据具体情况选取有效的过渡方法。

小学语文教学中主要的过渡方法有以下几类。

1. 自然过渡

自然过渡是指一个问题结束自然进入下一个问题的讲授方式，主要利用知识本身的内在逻辑关系进行的一种过渡，这种过渡简单易行，是小学语文课堂教学中常用的过渡方法。

2. 提问过渡

提问过渡是指教师通过提问学生问题，从一部分内容过渡到另一部分内容。这种过渡以学生已接受的知识为基础，激发其对新问题的兴趣，同时，为展开新的研究和解决新问题提供了保证。

3. 小结过渡

小结过渡是指教师在一部分教学内容结束后进行概括式的总结，并引出新的问题，使学生积极进入下一部分内容的学习。

除了以上介绍外，还有其他许多过渡的方法，如转折过渡法、比喻过渡法、故事过渡法等。教师可以根据不同的教学内容，采用适当的过渡方法。

（四）结束技能

良好的开端是课堂教学成功的一半，完美的结局则使课堂教学耐人寻味。写文章有"凤头、猪肚、豹尾"的说法，语文教学也应做到善始善终，首尾呼应。好的结课形式不仅可以帮助学生巩固当堂课的内容，理清学习思路，而且能够延伸拓展课堂教学内容，使学生保持浓厚的学习兴趣，延伸到课外的学习中。

课堂教学小结不是对教学内容的重新讲述，而是对一堂课内容进行概括性总结。应做到紧扣文本，突出重点，言简意赅。另外，教师要根据教学内容的特点、学生学习的实际情况采用生动有趣的形式进行收束，而不至于枯燥呆板使学生失去学习的兴趣。

结课有一定的方法，但并不是固定的。在小学语文教学中常用的结课方式主要有以下几种。

1. 归纳式结课

归纳式结课是在课堂教学结束时教师用准确简练的语言，对本节课的知识进行梳理和概括，从而结束课堂教学的一种方式。它是最常用的语文结课方式，能够对所学知识起到强化和深化的作用。

2. 拓展式结课

拓展式结课是指教学结束时，教师因势利导将课内学习延伸到课外及其他学科的学习，将书本知识拓展到社会实践活动的教学方式。需要注意的是，教师应考虑学生课外资源的利用程度，避免提出的教学要求落空。

3. 悬念式结课

悬念式结课是指设置悬念，进而引发学生积极思考的课堂教学结束方式。这种方法能激发学生的学习兴趣和继续思考的热情。需要注意的是，设置的悬念要具有启发性，给学生留下思考的空间，激起学生的求知欲。

除此之外，还有训练式结课、活动式结课等其他形式。

二、小学语文课堂教学组织技能

（一）情境创设

语文教学情境的创设，是指在教学过程中创设与教学内容相关联的具体场景或氛围，进而激发学生学习的兴趣，引导学生进行情感体验，促进其心理机能全面和谐地发展，它是提高教学效率的一种教学行为方式。

创设教学情境是为了使学生更好地进入课堂教学活动，提高其学习效率，因此，情境的创设应具有针对性，符合教学目标，克服随意性和盲目性。教师要善于从生活中捕捉那些生动形象的事例，创设贴近学生生活的教学情境，使学生在学习中产生共鸣，从而使学生产生熟悉感、亲切感，有效地促进学习。

1. 言语描绘

言语描绘是指教师在课堂上通过语言描绘创设情境的教学方式。教师运用带有情感的语言，营造一种与教学内容相关的氛围，让文本中的人物或事件得以生动形象地体现，便于学生的理解；教师运用形象化的言语对文本进行描绘时，常伴以手势、动作，从而激发学生的想象，使学生身临其境，达到言有尽而意无穷的效果。

2. 直观展示

通过言语描绘创设的情境缺乏直观性，对于低年级的学生来说，可能并不能很好地理解，这就需要在课堂上运用直观的方式进行展示。直观展示主要有两种形式：一是借助现代教育技术实现情境的直观性；二是通过实物及教学活动来营造情境。直观展示情境，能够较好地营造课堂气氛，开阔学生视野，调动学生学习的积极性。

3. 音乐渲染

音乐的语言能够快速激发起学生的情感，教师可通过选用恰当的音乐，服务于文本的学习，在课堂内营造出特定的情境氛围，拓展学生联想和想象的空间。

（二）提问

教师通过向学生提出问题，能够有效地集中学生学习注意力，引发学生思考，了解学生的学习状态。课堂提问方法主要有以下几种类型。

1. 直问与曲问

直问是指教师针对教学内容进行开门见山的提问，学生对问题的思考是直线式的，能够直接说出答案。直问是主要的课堂提问方式。曲问则是指教师不直接提问，而是设置其他相关联的问题，使学生逐步解决特定问题。

2. 正问与反问

正问就是教师针对教学内容从正面提出问题。反问则是教师从反面提出假设，让学生通过思考，自己得出结论。反问能够有效地促使学生进行深入思考，训练学生的逆向思维能力。正问与反问从问题不同的角度出发，加深学生对知识的理解，能培养学生思考的全面性，这两种提问方式应结合使用。

3. 追问与连问

追问是指教师针对某个问题，在一问之后再次提问，进而使学生对学习内容有一个循序渐进的理解。连问是指把几个问题按照一定的逻辑关系结合起来，连续向学生进行提问。

4. 快问与慢问

快问是指教师进行快速提问，学生抢答，锻炼学生思维的敏捷性和灵活性，这种提问适合简单的内容；慢问则是指教师提出问题后给学生以充分的时间进行周密思考，组织答案，对问题做出圆满的回答。这种提问能够有效训练学生思维的深刻性和批判性，适合较难的内容。

（三）教学评价

科学、合理的课堂教学评价，能够有效激发学生的学习兴趣、指引其学习方向、提升其学习能力，并有利于学生养成良好的学习习惯。

不同于传统的语文教学评价，《全日制义务教育语文课程标准（实验版修订稿）》中的"评价建议"部分，对评价的目的、内容、方式及评价主体等方面都做出了新的引领与要求。在方式方法和评价主体上也力求做到多样化、多元化。

教学评价方式根据不同的角度和分类标准可以进行不同的划分。按照评价功能可以分为诊断性评价、形成性评价、总结性评价；按照不同的主题可以分为他评和自评，他评又可以分为教师评、学生评和家长评；按照评价采用的方法可以分为书面测试、访谈记录、问卷调查、表现型测试等。

教师应针对学生的回答及时做出评价，科学合理的评价能够激发起学生的兴趣，提升学生学习的自信心，同时强化了学生对知识的理解，有利于促进学生成长和发展。

（四）课堂调控

小学语文课堂教学是一个动态过程，教师面对的是一群知识结构、智力水平、学习兴趣、实践能力等各方面都存在差异的学生，因此小学语文课堂具有复杂性与变化性。课堂教学中出现的一些突发情况，实际上是对语文教师课堂调控能力的考验。因此课堂调控能力主要是指教师通过一定的手段和方式对课堂上的意外情况进行调节、控制的教学行为方式。一些具有较强课堂调控能力的教师，他们善于调节气氛、控制局面，使教学的流程以及内容富于变化、思维状态张弛有度，使教学过程生动活泼、富有成效。

在不同的课堂情境下，应采取不同的课堂调控方法，具体有以下几种。

1. 因势利导法

因势利导法是指教师对学生的思路、情绪进行引导，把消极因素转化为积极因素，开阔学生的思维，并使其朝着正确的方向发展。

2. 将错就错法

课堂上教师或学生难免会有一些失误。面对这些失误，教师可以将错就错，把它转化为有效的资源，进行适当的利用。

3. 借题发挥法

针对课堂上出现的一些错误，调控能力强的教师并不急于改正，而是借题发挥，引起学生的重视，并强化学生对知识的理解，达到一种预先设计的教学效果。

4. 暗示批评法

在课堂上，针对学生出现的一些"越轨"行为，教师可以借助暗示的方法对其进行指导，间接让学生明白自己的错误，教育效果比直接批评教育更加明显。

三、演示、练习与检测技能

（一）演示技能

演示技能是指教师授课时用实物、图片、录音、录像等辅助手段使学生对学习内容进行充分感知的一种教学技能。由于小学生形象思维强于抽象思维，通过直观的演示能够帮助学生感知学习对象。教师通过演示技能，向学生展示一些课外的学习资料，往往能够激发学生的学习兴趣，集中学生注意力，使其既有经验和感性认识得到极大的丰富。

随着科学技术的进步与发展，演示手段和种类不断丰富。根据演示材料的不同，可分为实物、标本、模型的演示，图片、照片、图画、图表的演示，幻灯、录像、录音、教学电影的演示，等等。在小学语文课堂教学中常用到的演示方式主要有以下几种。

1. 表演演示

表演演示是指借助有效的表演形式，使学生获得直观的体验，通过形象生动的动作神态，对学习内容的含义进行理解，如学习盯、仰等内容时，可借助手势、动作、表情等来表演演示。

2. 电教演示

电教演示是指教师使用多媒体帮助学生理解教学内容的教学技能。通过多媒体可以将教学内容直观地呈现在学生眼前，变静态为动态，化抽象为形象，使学生对所学内容进行准确生动的理解。

3. 实验演示

实验演示是指在教学中教师通过实验的方法来帮助学生对课文内容进行理解的教学技能。

（二）练习与检测技能

练习与检测是教学过程中非常重要的环节，主要是指学生在教师的引导和督促下，利用刚刚学到的知识进行练习和检测的教学行为。练习与检测技能的运用可以使学生对课堂知识的学习有更深入的理解，使学生能够灵活运用知识；同时便于教师对教学效果以及学生的学习质量有一个清楚的认识，及时改进教学方法。

教师在练习与检测过程中，应有计划、有系统地开展，难易要适度，既能反映出学生的真实水平，又能让学生树立起信心。另外也要确保练习与检测的形式多样化，单一的检测形式容易使学生产生厌倦情绪。

教师可以根据班级学生的差异，设计适合不同层次水平的学生的练习，供学生自主选择。另外，可以适当布置一些调查、访问、观察、实验等活动性练习。

第三节 小学语文课后实践指导技能

小学语文教师仅仅具备教学准备技能和课堂教学技能是远远不够的，还应具备课后实践指导技能。课后实践指导包括课后的复习指导、课外实践活动的指导、课外作业的设计与指导等，本节主要对小学语文复习指导技能和课外实践指导技能进行分析。

一、小学语文复习指导技能

小学语文复习主要包括平时复习、阶段复习和总复习。而小学语文复习指导主要是指平时课内的复习指导、复习课上的复习指导、课外的复习指导等。学生通过复习，能够将学过的知识进行回顾、整理、归纳、总结，能够对知识理解得更加深入，并达到查漏补缺、灵活运用的目的。

（一）树立小学语文复习的新理念

传统的小学语文复习模式，通常是教师讲、改、评，学生听、记、做、背。教师将过去学过的知识再重复一遍，或者是习题课上，学生不断地进行模拟练习，甚至将做过的习题再重做一遍。这样的复习模式，教师十分辛苦，而学生往往感到无趣，并不能达到理想的复习效果。教师应认识到复习并不是简单地对以前学过的知识进行重复，也并不是让学生停留在对知识的记忆层面上，而应在已有知识的基础上进行更加深入的学习，并拓展其学习范围，进而提升和完成知识的发展和转化。复习是归纳与总结，也是思考与运用。复习的过程，是对知识进行整合与延伸的过程，是能力的提升过程。在复习过程中，教师应对学生学习进行引导，让学生积极、主动、全程参与到知识的探究过程中来，帮助学生将已有的知识进行归纳与梳理，让学生的思维得以深化，能力得以提高。

（二）明确小学语文复习的要求

为提高小学语文复习的效率，提升复习的质量，教师在指导学生复习时应满足以下要求。

1. 概括

复习的时间不可能与上新课的时间相同，而要在短时间内，复习大量的内容，要求教师在指导复习时要抓关键、抓重点、抓要点，对学过的知识进行概括和浓缩。对于教学过程中的重点、难点、热点等内容要重点突破，加大训练力度。

2. 系统

在复习阶段，教师要充分运用分析、综合、概括、归纳等手段，帮助学生构建知识整体的结构框架，要坚持由点入手，串点成线，连线成面，合面成体，梳理知识点之间的关系，使学生形成系统、完整的知识体系。

3. 发展

复习的过程就是巩固已学知识进而提升能力的过程。小学语文复习不仅要注意发展学生的语文能力，培养学生良好的学习态度，还要注意开发学生的智力。不仅要充分发展学生的记忆力，还要使学生的注意力、想象力和思维力等得到提高，进而使学生语文素养得到全面提升。

4. 新颖

复习并不是对原有内容进行简单、机械的重复。教师在帮助学生全面巩固原有知识的基础上，应对原有知识进行查漏补缺，进行拓展、深化。在复习课上要注意采用新的方式方法，使复习课有"新"味，有"新"意，激发学生的学习兴趣，充分调动其学习的积极性，在复习过程中起到事半功倍的效果。

5. 适度

在复习阶段，无论教师讲解还是学生练习，都要坚持适度的原则。复习并不是知识的堆砌，因此应改变教师"一言堂"的现象，使学生成为学习的主导，可以让学生根据自己对知识的掌握程度，自主选择复习的内容和形式，总结复习的方法，并确定课外复习计划，教师在这个过程中对学生进行适当的引导和点拨。练习是复习中重要的环节，但练习不能过多或盲目，而要做到精练、巧练。教师应精心选择典型的习题，让学生进行适时、适度的练习，避免题海战术。

（三）指导小学语文复习的方法

学生是复习的主体，"授之以鱼，不如授之以渔"，复习方法在复习过程中尤为重要。

1. 分类复习法

分类就是对语文知识和能力按照不同的类别进行归类。一册教材学完，教师应指导学生进行系统的归类、整理、综合，从整体上对教材进行把握。在期末复习时，学生可以在教师的引导下把全册教材中的基础知识按照拼音、字、词、句等不同的内容进行分类，并对教材中的练习题进行分类整理，将作文训练的不同内容等也分门别类地列出来。这样，能够使学生从整体上对全册教材的内容进行把握，做到查漏补缺。以阅读为例，按照文章的文体可以分为写景状物文章专题、写人记事文章专题、科学小品专题等；按照阅读设题形式，复习时可以分为词语理解专题、感知内容专题和文本解读专题等，并对一些方法技巧进行总结。

2. 列要点复习法

抓住重点，列出提纲，纲举目张，是读书的好方法，同时也适用于语文复习，运用这种方法可以提升学生的概括能力。例如句子的复习，按照句子的语气来分，可以分为陈述句、疑问句、祈使句和感叹句。按照句子的修辞手法的运用，可以分为比喻、拟人、夸张、排比、反问、设问等，每一种修辞手法又可以概括出其要点。再如说明文的复习，可以从说明文的定义、说明文的特点、说明文的说明顺序、常用说明方法等方面总结出要点。而在作文复习中，掌握审题的方法是重点，可以教给学生"审题三字经"：要作文，先审题；明范围，知题意；扣题眼，重点记；知数量，不离题；明人称，好下笔；附加语，须重视；写真情，出新意。这样，既便于学生记忆，又能在作文中发挥实效。

3. 做比较复习法

比较主要是寻找事物之间的区别和联系，从中发现新的规律。语文复习运用这种方法可以使学生在知识点的比较中强化记忆、加深理解。例如，复习修辞手法时，设问和反问有何区别，比喻和拟人有何不同等，就可以通过做比较的方法来进行区分。

4. 纠错复习法

纠错复习法是指教师在组织复习时，针对学生出现的一些错误，引导其进行更正，进而帮助学生巩固知识、发展能力的一种复习方式。例如在复习生字时，教师通过对学生常犯的错误进行分析，发现学生常见的错别字有减少笔画、增加笔画、结构错乱等现象，通过对这些常见错别字进行纠错，帮助学生更加深刻地掌握生字。学生可以准备一本"错题集"，针对自己的学习情况，按照不同的习题类别，及时整理错题，并时常温习巩固。

5. 应用复习法

通过应用进行复习，既可以使学生对所学知识进行巩固，又具有检测的功能。例如复习古诗词时，可以创设情境：中秋佳节，月上中天，清冷的光辉洒向大地。此时此刻，如果你在外地，你会用古人的哪两句诗来进行抒怀。另外，常见的看拼音写词语、找同义词与反义词、组词造句、根据句子的意思写成语等题型，都是应用复习法的具体表现。

6. 积累背诵法

根据新课标的要求，语文课程应注重学生的语言积累。小学语文复习要多记多背，语言材料的积累是指导学生复习的重点。学生可以对字词、古诗文、名言警句、精彩句段、名著阅读、语文常识等进行总结。除此之外，教师还应鼓励学生善于观察生活，从生活实践中积累语言材料。不少教师让学生准备一个积累本，把积累、背诵的内容按日期写到积累本上，并与同学进行交流与分享，这种方法能够很好地帮助学生巩固基础知识、积累素材。

7. 画图表复习法

著名特级教师魏书生曾用画语文知识树的方法帮助学生对初中语文知识进行复习。同样，小学语文复习时，也可以将语文知识用画图表的方法进行总结记忆，例如在文学常识的复习中，可以将姓名、时代、代表作、出处、评价等内容列一表格，这样既简洁明了，又方便记忆。

（四）灵活运用多种复习形式

复习不仅要指导学生掌握知识、巩固知识，还要解决新授课未完成的一些问题，因此，复习应避免单调、乏味。要让学生在复习过程中感受到与新授课不同的魅力，在小学语文复习中就必须综合利用多种复习的形式。除了传统的讲解法、测试法、练习法外，教师还可以灵活运用以下几种复习形式。

1. 游戏式

根据语文学科性质、学生的年龄特征以及心理发展特点等方面的因素，教师可以运用有趣的画面，创设生动的情境，设计一些精彩的小游戏来帮助学生复习。例如可以创设"拼音王国大探险""汉字迷宫""你说我猜"等游戏情境，将复习的内容寓于其中，让学生们在有趣的游戏中快乐地复习，在轻松之中对知识进行深化。

2. 竞赛式

小学生一般情况下，具有较强的好胜心与竞争意识，营造一种竞赛的氛围，能够有效地激发学生的参与热情，提高复习效果。在小学语文复习中，教师可以通过设置成语竞赛、速记默词竞赛、名言警句默写竞赛、仿句竞赛等形式，让学生积极主动地去学习探究，培养其学习的兴趣。

3. 小组合作式

合作复习主要是指以小组为单位，相互协作进行查漏补缺的复习形式。合作复习的内容可以是单元课文回顾、单元课本延伸、阅读复习、句子练习、词语积累等。在合作复习时，组内选举一名小组长进行组织，组员进行不同的分工，互相出检测题进行验收。例如在词语的复习上，先给学生一定的时间复习，然后同桌之间相互听写，听写的是自己认为容易写错的字词，然后对检验的成果进行比较，进而达到良好的复习效果。

4. 互助式

互助式复习主要是指学生通过找到自己在学习中存在的问题，对其进行分析，然后在班级中开展"师徒结对"。这一过程实际上也是学生主动学习的过程，能够有效地提高复习效率，增进同学之间的感情。

二、课外小学语文实践指导技能

课外小学语文实践主要是指根据学校情况、小学语文学科自身的特点以及小学生的实际，开展课外实践活动，进而使学生主体地位得以充分体现，充分发挥学生的创造性，促使学生个性发展，并提升其语文素养。课外小学语文实践是对小学语文课堂教学的有效促进和有益补充，能够使师生关系更加融洽、同学间的关系更加和谐。另外，课外小学语文实践还是发展学生个性、培养学生多方面能力的重要渠道。小学语文教师是课外小学语文实践活动的组织者和实施者，因此，小学语文教师应具备专业知识和课外实践指导技能。

训练小学语文教师的课外实践指导技能，可以从以下几方面入手。

（一）做到课堂内外相联系，校园内外相联系

"以教师为中心、以课堂为中心、以教材为中心"的传统课堂教学模式，一方面使教师的思维和手脚受到束缚，另一方面又极大地阻碍了学生的创新精神与个性发展，因此，传统的课堂模式已不能适应时代发展的需要。只有把课外小学语文实践放在语文教育的整体中，使课内外相辅相成、和谐发展，才能全面提高学生的语文素养。因此，教师不应局限于教科书，而应在课内语文教学中不断扩大语文教育阵地，做到让语文教育以课堂教学为轴心向学生生活的各个领域开拓、延展，全方位地与他们的学校生活、家庭生活和社会生活有机结合起来。

（二）开发多种多样的语文课程资源，开展多种多样的语文实践活动

当前，随着科技的进步，小学生获取信息、培养能力的渠道日益多元化，语文课本所传递的知识量，已不能满足小学生的需要。作为一名小学语文老师，应开发多种多样的课外语文课程资源，引导学生在生活中积极地对语言进行积累、感悟、运用。教师应注意发现当地的自然、社会、人文等多种语文课程资源，带领学生进行参观、访问，鼓励学生跟随家长出去走走，开拓视野，增长见识，进而拓宽语文学习的渠道。语文教育得到了拓展与延伸，与学生生活和社会生活的各个领域相互交融，使社区、家庭乃至外部世界为语文教育提

供了大量的资源或场所，使学生能够广泛受到语文教育，同时也让学校的语文教育在不同的环境中发挥作用。

课外语文实践活动内容十分广泛，形式也灵活多样，主要包括课外阅读活动、写作活动、口语交际活动和参观访问活动等。教师应指导学生掌握各种活动的特点与要求，结合当地实际情况以及学生的具体情况，适时安排课外语文实践活动。可以组织参观、访问、做社会调查；可以开展知识竞赛、组织读书交流会、朗诵会、演讲会等；还可以表演课本剧、进行剧本创作等。教师应协助学生建立文学兴趣小组及语文兴趣小组，通过多样而有趣的课外语文实践活动，弥补课内教学的不足，充分展现学生的个性才能，并拓宽视野、增长知识、陶冶性情，有效地提高学生的语文素养。

（三）充分发挥学生的自主性、合作性、创造性、体验性

课外小学语文实践主要是为了让学生在课外实践活动中获取更多的课内学不到的语文知识。课外小学语文实践应尊重学生的主体地位，但教师的指导同样起着重要的作用。教师通过对活动进行组织、推动、协调、评价等，使课外实践活动得以顺利开展。例如演讲比赛，教师应指导学生如何运用语言，举止、表情要注意什么；进行社会调查时，教师应指导学生了解调查报告的基本写法、调查的重点等。在整个实践活动过程中，教师要注意引导学生充分发挥"四性"，即自主性、合作性、创造性、体验性。

1. 自主性

相对于课堂教学而言，学生在课外小学语文实践中具有更强的自主性。课外小学语文实践能够拓宽学生的知识面、开发学生的智力、陶冶学生情操、提升学生的能力，这些都是通过学生的思考和实践发挥作用的。如果学生在课外实践活动没有自主性，失去了主体性位置，课外语文实践活动也就失去了意义。课外小学语文实践活动大多是学生在教师的指导下独立组织、开展的。学生是活动的主人，教师在这个过程中只是一个引导者，引导学生在各种语文实践活动中培养语文的情怀，养成自主学习、主动学习的习惯，让学生参加活动的设计、实施、管理、评价、总结等整个过程。例如在课外采访活动中，可让学生自由结组、自由选择采访对象、自己设计采访内容以及采访程序、自己撰文总结，等等。

2. 合作性

课外语文实践活动不是一个人完成的，而是需要学生之间的相互合作。教师应指导学生在活动中学会合作，与人建立和谐统一的关系，树立为实现共同目标而团结互助的态度，努力培养学生的合作意识和合作精神，使课外语文实践活动在学生的学习与成长中发挥更大的作用。例如在开展"我办手抄报"的活动中，教师可引导学生自由创建小组，每组推荐出一名组长担任主编，其他成员根据各自的特长进行分工担任文编、美编、采访记者、摄影、校对等，然后在主编的协调下分工合作，自拟题目，自己进行写稿、编辑、排版、设计等。小组成员通过充分合作与讨论，确定手抄报的主题、名称、设计方式以及具体的操作等，力求做到内容充实、图文并茂。因此，在实践活动中，小组成员之间既要做到合理分工，又要相互配合、通力合作。

3. 创造性

课外语文实践活动，不仅能够提高学生对事物的判断力和语文的运用能力，而且能够让学生获得大量从书本中无法学到的知识，能够极大地提高学生的自主创新能力。因此，在课外语文实践中，教师要注意营造民主、开放的活动氛围，引导学生在活动中积极思考，善于发现问题，勇于探索新的事物，发表自己的见解，进而激发学生的创造潜能。针对学生在实践活动中存在的疑难问题，要鼓励学生通过合作讨论，进行自主解决。教师应鼓励学生在活动中表现出创新思维，使学生感受到创造的乐趣。

4. 体验性

体验是课外小学语文实践的重要方式。学生在课外小学语文实践中通过自身独特的经验，形成个性化的知识。朱光潜先生说"慢慢走，欣赏啊！"，同样地，在课外小学语文实践中，应该让学生学会慢慢体验。课外小学语文实践的过程往往比结果更重要，学生在实践中的感受、体验通常会引发他们进行思考，拓展他们的思维。在活动的体验中，学生经常会对已有的知识进行重新组合，而知识重组的过程，既可以提升学生的认识能力，也可以丰富学生的精神生活。

第四节　小学语文教师的信息素养研究

在信息时代环境下，小学语文教师要做好教学工作，必须要具备一定的信息素养。具体来说，小学语文教师的信息素养具有丰富的内涵，不仅要求教师会使用计算机，掌握计算机技术，还要求其具备信息意识与情感、信息知识、信息能力、信息伦理道德及信息创新能力等。在这里，本书将从这几个方面来对小学语文教师的信息素养进行系统的探讨。

一、信息意识

真正决定一个人成功与否的关键是情商能力而不是智商能力。据情商理论而言，一个人的情商能力在他的工作学习中起着至关重要的作用。由此看来，信息意识与情感则是教师信息素养结构的基础。

信息意识是人们在信息活动中产生的认识、观念和需求的总和。总的来说，我们可以把信息意识的具体内容总结为以下三点。

第一，对信息有积极的内在要求，会将对信息需要自觉地转化为信息的获取行为，以适应社会的发展。

第二，能够认识到信息在信息化时代的重要性，并且确立重视知识、终身学习和勇于创新的理念。

第三，对信息具有较强的敏感性和洞察力，能够及时有效地掌握有价值的信息并发现其隐含意义，善于利用信息解决现实问题。

对于小学语文教师来说，高水平的信息意识能够使其更好地明确自己的信息需求并指示其获取信息、利用信息等一系列行为的方向。小学语文教师如果想要具备较高的信息素养，首先必须培养和树立起较强的信息意识。教师的信息意识与情感主要表现在教师对信息的敏感度，教师捕捉、分析、判断、吸收和利用信息的自觉程度，尤其是对有关教育教学信息的敏感度。这里的敏感度主要是指感觉、知觉、情感和意志等心理品质。教师的信息意识还表现在"想不想"和"敢不敢"方面，即教师是否想到在教育教学过程中使用信息技术和虽然想使用信息技术，但由于年龄、知识、能力等因素的限制，是否敢用信息技术。

小学语文教师每天都会面对成千上万的信息。在这种情况下，能否从大量信息流中捕捉有用信息，尤其是对新的或有重大价值信息的感悟是至关重要的。因此，小学语文教师只有具备强烈的信息意识，敏感于信息，才会积极主动地挖掘信息，从而分析、利用信息，以便丰富自身的知识。

对于具有强烈信息意识的小学语文教师来说，能够自觉敏感地察觉各种与自己所关心的问题、所要解决的问题可能存在联系的各类信息，能够时刻想到信息技术，及时运用信息技术，这正是新世纪小学语文教师所需要具备的一种素养。当小学语文教师始终以一种积极的态度来面对信息技术时，便能够更好地开展教育教学实践活动，完成素质教育的改革，培养出同样具有信息意识的新型人才。

二、信息知识

从本质上来说，信息知识是指与信息有关的信息的本质和特性、信息运动的规律、信息系统的构成及其原则、信息技术和信息方法等方面的基本知识。小学语文教师的工作具有一定的特殊性，因此也就决定了他们所需要理解和掌握的信息知识具有一定的特殊性和具体性。对于信息时代的小学语文教师来说，其应当理解主流的信息学理论，掌握一定的信息源和信息工具知识，如教育信息理论、教育信息的特点、具体表现形式及传递教育信息的工具的知识。

三、信息能力

所谓信息能力，就是指人们有效地利用信息设备和信息资源获取信息、加工处理信息以及创造新信息的能力。在信息化社会，人们每时每刻都接收着海量的信息，面对这些各式各样的信息，该如何选择信息，使这些信息发挥真正的作用和价值，这就需要具备一定的信息能力。

小学语文教师的服务对象是广大小学生。小学生在学习的过程中要应用计算机的各项功能对信息进行归纳概括、分析处理，小学语文教师对教学信息的选择和使用直接影响着小学生的发展。从这个角度来看，为了做好教学工作，小学语文教师必须具备一定的信息能力。

教师职业的性质决定其具有教育性和示范性的基本特征。小学语文教师的信息能力主要包括两个部分，即基本信息能力和教育信息能力，具体如下所述。

（一）基本信息能力

小学语文教师的基本信息能力主要包括四个方面，即信息系统的应用能力、信息搜索获取能力、信息的加工能力和信息的应用能力。

1. 信息系统的应用能力

信息系统的应用能力主要包括对信息系统软件系统的使用能力和硬件系统的操作能力。例如能使用Word、Excel、Flash等软件熟练地操作多媒体计算机，能轻松自如地进行网上通信、发邮件、查询、浏览等。

2. 信息搜索获取能力

信息搜索获取能力是指搜集获取信息的效率和质量。从客观角度来看，小学语文教师的信息搜索获取能力在很大程度上取决于其对信息源的了解程度以及对信息检索工具、检索方法的掌握程度。

3. 信息的加工能力

信息的加工能力是指对所搜集获取的信息进行分析鉴别，对筛选出的信息进行再分析，再综合，最后整合、升华为自己的思想观点的能力。从本质上来说，信息加工是在原有信息的基础上创造新信息的过程。在这一过程中，一般都要对信息进行分类、理解、综合和评价。分类就是根据自己的需求对信息进行分门别类、重新组织；理解就是指能够识别与判断不同信息的含义，了解信息内在的价值和意义；综合就是指在分类、理解的基础之上，对有价值的信息进行重新组合，以期获得新发展；评价则是指对信息的科学性、时效性等进行价值判断。

4. 信息的应用能力

信息的应用能力是指个体在搜集获取信息、加工信息的基础上对信息进行优化、表达和再生的能力。小学语文教师的信息能力在很大程度上是由其信息应用能力所决定的。

除了上述四个方面的能力以外，小学语文教师的信息能力还包括从事与信息相关联的其他各项活动的一般能力，如语言能力、观察能力、判断能力及思维能力等。

（二）教育信息能力

从整体上来看，我们可以把小学语文教师的教育信息能力分为四个部分，即教育知识管理能力、信息化教学能力、信息教育能力、信息技术与学科教学整合能力，具体如下所述。

1. 教育知识管理能力

教育知识管理能力是指在面对海量网络信息资源时，能够有效地获取、加工、处理这些信息资源，能够将各种教学资源转化为网络式的规范知识集合，并对其提供开放式管理，以实现知识的生成、利用和共享。

这一信息能力要求小学语文教师要了解知识管理的积累、交流和共享的基本原则。积累就是指知识资源要达到一定的数量和质量，它是管理的基础；交流是指组织内成员之间要进行互动和沟通；共享是指学习组织内各成员之间的知识要公开，共同享有。

此外，教育知识管理能力还要求小学语文教师能够使用知识管理的工具，即知识的生成工具、编码工具和转移工具。具体来说，要求小学语文教师能够利用知识的生成工具实现知识的获取、合成和创新；利用编码工具通过标准的形式表现知识，实现知识的共享和交流；利用转移工具实现知识的传播和流动，使知识发挥其最大效用。

2. 信息化教学能力

信息化教学是伴随着现代信息技术在教育中的广泛应用而产生的一种新的教育形态。与传统的教学活动相比，信息化教学具有其自身的特点，其是以计算机多媒体技术、网络技术、仿真技术、人工智能、虚拟现实等现代信息技术为技术支持，以先进的教学理论为指导的新型的教学形有利于创新型人才的培养。因此，小学语文教师应当具备进行信息化教学的能力。

信息化教学能力要求小学语文教师能够深刻理解现代教育教学理论和能够熟练掌握各种现代信息技术，并且能将二者有机结合。小学语文教师常用的信息化教学形式有情境模拟、问题解决、教学游戏、虚拟实验室、网络化教学、基于资源的学习等。在以这些形式进行教学活动时，小学语文教师应当充分发挥其信息化教学能力。

3. 信息教育能力

在信息时代环境下，小学语文教师必须要具备一定的信息教育能力，才能顺利地完成教学任务。具体来说，这要求小学语文教师既能在自己的教学过程中自觉地融入信息教育的内容，还能在自己的工作、生活中自觉地运用信息技术，营造出浓厚的信息文化氛围，使学生能够从教师身上感受到信息的魅力，进而产生学习信息技术、应用信息技术和自觉提升信息素养的兴趣。

4. 信息技术与学科教学整合能力

这里所说的信息技术与学科教学整合能力，是指小学语文教师能够在对信息技术熟练应用、对学科课程深刻理解的基础上，进行基于整合的教学设计。从客观角度来说，这里所说的整合并不是指简单地把信息技术作为辅助小学语文教师教学的演示工具，而是要实现学科教学与信息技术之间的融合。

教育教学的改革必然要求教师具备信息技术与学科教学整合的能力。在当前阶段下，我国的基础教育改革必须要重视提高小学语文教师的信息技术与学科教学整合能力。

四、信息伦理道德

进入信息时代以后，信息技术充斥于我们生活的各个方面。客观来说，信息技术在为教育教学信息的获取、加工、传输提供了极大便利的同时，也带来了许多违背伦理道德的问题，如网络安全、电脑黑客、电子欺骗、个人隐私问题、版权问题、色情暴力等现象越来越普遍。这些问题的存在要求人们具备良好的信息伦理道德。教育以德为先，小学语文教师作为传播人类文明的社会成员，其信息伦理道德水平就显得更为重要。在信息时代环境下，小学语文教师不仅自身要具有崇高的道德修养，还要具有进行信息道德教育的能力。

五、信息创新能力

从本质上来说，创新是一种以新思维、新发明和新描述为特征的概念化过程，它能够为人类社会的文明与进步创造出有价值的、前所未有的精神或物质产品。创新型人才就是指具有创新意识、创新思维和创新能力的人才。小学语文教师必须具有较强的创新意识、创新性思维和创新能力，才能较好地完成培养创新型人才的任务。

在创新型人才的教育活动中，小学语文教师的信息创新素养非常重要。小学语文教师的信息创新包括创新意识、创造性思维和创新能力这三方面的内容。其中，小学语文教师的信息创新能力不仅仅包括自身的创新能力，还包括对小学生创新能力的培养。

第五章

新时期小学语文教学模式的运用策略研究 | 05

第一节 小学语文主流的教学模式

小学语文教学模式是指在小学语文课程理论指导下，根据语文课程标准的要求，遵循教学的基本原理，对语文课程和教学过程做出的有利于学生发展的安排。构建小学语文教学模式要特别注意知识与能力、过程与方法，使学生得到全面的培养。

小学语文教学模式的形成首先需要一定的理论基础，其次还要有必要的操作程序。在我国小学语文教学的长期实践中，已经形成了各种不同的小学语文教学模式，其中主要的教学模式有以下几个。

一、主题教学模式

主题教学模式是依据西方统整课程理论，联想比较文学中的母题研究，从儿童自身特点和学习现状、课程单元以及从教材自身出发，提炼教材的"主题词"（即与生命体验有关的属于"人生意义"的"词语"），以"积累、感悟、创造"为形式，并由这一主题"牵一发"，"动"教材知识能力体系的"全身"，由个及类，由类及理，个性与共性相融，从而实现课程主题意义建构的立体开放的课堂教学模式。这一模式具有密度高、容量大、综合性强等特点。

（一）主题教学模式的理论基础

1. 吸收了西方统整课程的基本理论

美国的James A. Beane在他的《课程统整》一书中认为统整课程应以生活为中心确立主题，进行知识整合。具体来说，在知识领域，统整课程提倡各科之间应该进行综合和联系；在课程目标方面，统整课程强调抽象而较难评核的概念；在教学策略方面，统整课程强调建构主义的教学等。

学生阅读同一主题下或者发散主题下的系列话题，可以多角度获取信息，从而获得情感教育和审美教育。

2. 运用了思维科学的相似论原理

思维科学的相似论认为，在人们的日常生活、工作中，人的大脑会积累和存储一定的知识、经验的单元（"相似块"），而学生学习热情的投入程度在很大程度上取决于大脑中"相似块"的储量和激活程度。主体教学模式就可以利用其优势，即通过具有关联的同一主题材料的不断呈现，得以不断对其进行相似激活、相似选择、相似匹配，从而充分调动学生主动学习的热情，获得学习的高效率。

3. 融合了比较文学中的母题研究

母题在文学研究中具有十分重要的功用。对于文学作品中文化母题的研究，其是否深入成功大致可从三个方面来看：第一，应该通过文化母题的研究来揭示出民族文化的某些意象原型。第二，对母题中的意象原型的寻找、归纳与分析，不仅仅是对一些具有独异性的形象的艺术把握，实际上也是对民族的集体无意识的揭示。第三，解读、分析叙事模式的形成、结构、演变等。围绕一个母题，进行比较性阅读与评论，有助于开拓视野、灵活思维。同样，在语文教学中，对文本中的母题进行比较性的研究，可以使教学呈现出更加丰富的信息，这些信息对于提高学生的阅读理解能力具有非常重要的作用。

（二）主题教学模式的操作程序

主题教学的基本操作框架是：生活切入—探究文本—比较拓展—升华自我，以最终让学生自身言语与精神取得发展为要旨。

1. 生活切入，探究文本

在主题教学模式中，敏锐地捕捉学生们身边的相关资源，如那些连接着孩子精神世界、现实生活或者与历史典故、风土人情等有关的"触发点""共振点"，如家乡、朋友，以及对自然的关爱、对未来的希冀、对黑暗的恐惧等。在教学中加入这些精神主题，可以使学生对学习感兴趣。在学生感觉到兴趣的情况下，再进行语言方面的学习。这就相当于为学生指出了一个路径，让学生主动地、有兴趣地进入问题，进行更丰富的语文实践，获得更大的收获。

2. 比较拓展，升华自我

对于一个命题，学生可以从不同的角度去分析，从而立体地认识主题。而语文活动必须通过言语实践活动来实现，主题抓好了，就更好地抓住了"言语"。通过一个主题延伸开去，引发开去——大量的言语实践活动提高语言素养——是螺旋发展的过程。

要注意的是，有些文章或书籍不能用单一的主题加以限制，强调的是对其的整体感悟。在主题教学中，对不同文章体裁要有不同处理，不是什么都可以进行任意发挥的。

（三）主题教学模式的重要意义

1. 丰富了小学语文的教学策略

主题教学模式通过"主题教学"中大量的听说读实践，去带动吸收知识、能力培养。它明显区别于主题单元课程或者单元整体教学，具体表现在：第一是转换了语文教学的"课程标准目标要求—教材具体化—教学实施"这一自上而下的思维方式，从现实学生发展与教材文本出发逐步达成或超越课程标准要求。主题教学中的"主题"都不来自语文课程标准，而首先在研读教材的基础上考虑这是否是学生生命发展中的重要命题，然后才是语文学科加工走向或超越语文课程标准的问题。第二是创造了新的教学与文本的关系。主题教学往往在尊重文本的同时，师生还会就主题创造另一个与原文立意思路完全不同的新的文本。这完全突破了原来的教学与文本的关系，尽管是教学文本、用文本教学的发展，但发生了质的变化—教学即创造另一个文本。

2. 使小学语文教学走向了关注文化、亲近母语的高境界

主题教学以促进学生语言和精神共同成长为目标，以"立人"为核心，整合教材中的各种阅读资源、文化资源，进行一种开放而活泼的母语学习。在主体教学模式中，语文学习既注重学生个体的发展，又着眼于民族的未来，通过引导学生亲近母语、关注文化，运用体验、理解、鉴赏与反思等手段，从而提升学生的语文素养。

二、情境教学模式

（一）情境教学模式的理论基础

1. 融合了我国古代"境界学说"中的"心物交融"思想

人的情感的运用会触发人的语言的表达，而语言与思维是密不可分的，这样"物"必激"情"，"情"必发"辞"，"辞"必促"思"，反过来"思"又肯定会加深对"物"的认识和理解。这样就形成了"物"激"情"，"情"发"辞"，"辞"促"思"，"思"识"物"的相互作用与联动关系。

因此，在教学过程中创设或选择富有美感的教学情境，可以激发学生情绪，使学生在情感的驱动下，展开积极的思维和想象，从而激起表达的动机，达到"情动而辞发"的境界。

2. 充分运用了人的直观认识原理

在心理学上，情境被看成是"一组刺激"，有了"刺激"才会产生"反应"。从反映论来看，人的感觉、概念和全部认识过程都是客观存在的反映，客观存在通过形象进入人的意识，儿童的意识也同样是客观存在的反映，而直观正好能刺激儿童的感知觉，加深对客观存在形象的认识。因此，直观性原理是教学的一条重要法则。

3. 发挥了大脑两半球的互补协同作用

左脑是言语的中枢，而言语又与人类思维密切相关，人们一直认为左脑在大脑中占据支配、统治地位。因此，小学语文教学十分重视逻辑思维的发展，将学习变成了单纯知识的累积，却忽略了学生学习语文的兴趣以及他们的想象力、创造力等。而情境教学模式则通过鲜明的形象强化学生对教材的亲切感，充分调动学生的主动性和积极性，从而形成想象契机，发挥其想象力。情境教学模式使主管抽象思维的左脑和主管形象思维的右脑，交替兴奋、抑制，使大脑两半球互补协同。

（二）情境教学模式的操作程序

一般来说，情境教学要经过"感知—理解—深入"这几个过程，在小学语文教学中，识字教学、阅读教学、作文教学、诗歌教学、童话教学、寓言教学等都可以运用情境教学模式。由于识字、阅读和写作是小学语文教学中的三个重要领域，现以识字教学、阅读教学和作文教学为例来说明情境教学的操作程序。

1. 识字教学序列

（1）利用汉字造字原理创设情境，使独体字形象化

汉字是从象形字演变而来的，而学生识字是从认识独体字开始的。情境教学模式可以根据汉字造字原理来创设情境，将抽象的汉字符号形象化，从而使学生更加具体地理解汉字。

（2）利用汉字结构创设情境，认识形声字的构字特点

学生在认识一定数量的独体字后，便开始学习形声字。形声字是汉字的主体，根据形旁表意，声旁表音的构字法来创设情境，突出形旁，对形声字的特点就会有具体的认识，并加以巩固。

（3）凭借情境丰富词汇，在整体中认读运用

在情境教学中，可以通过情境结合进行学生的语言训练，这使学生不仅会写字，而且会用字，能够扩充词汇量，达到促进学生语言发展的目的。

（4）利用汉字的同音、形近的特点，进行归类识字

学生在进入高年级后，已经积累了一定的识字量，就可以进行阅读教学之前的分类识字。先把全册生字进行分类，一般可分为三类：第一类是按偏旁归类；第二类是用熟字结构带出的；第三类是尚不能归类的。在教学时，注意一边教学一边巩固，教了几个词之后，再回过头来复习一下，"以熟带生"，这样学生识得快，记得牢。

2. 阅读教学序列

（1）初读——创设情境抓全篇，重在激发动机

在阅读开始时，可以根据阅读内容的特点，或者创设问题情境，或者描述画面，或者补充介绍阅读内容的背景、人物等，以此激发学生阅读的兴趣。在初读阶段，导入新课，激发学生阅读的兴趣是非常重要的。

（2）细读——强化情境，理解关键词、句、段

在细读阶段，可以通过结合阅读内容本身描绘的具体情境，利用实例点

拨、对比、设疑等方法，去引导学生理解中心段落、关键词句。因为课文作者总是通过一定的语言文字来表达某一情境，而学生进入那个情境，就可以从整体上理解和把握那个情境。

（3）精读——欣赏课文精华，凭借情境品尝语感

精读是指学生在读通全文的基础上，再去理解课文的精华之处。多读精华之处有助于学生领域作者的思想情感，提高阅读能力和文字表达能力。而在精读过程中，语感发挥着重要的作用。语感是指对言语的敏感程度，在情境教学模式中，可以引导学生对课文语言的感情色彩、节奏、气势等进行反复推敲和品位，使学生逐渐体会、学会语感，从而提高鉴赏能力。

3. 作文教学序列

（1）观察情境，提供源泉

观察情境是指让学生去观察客体的意境，主要包括自然环境和生活场景。自然环境是低年级学生的主要观察对象，学生在大自然中可以观察大自然的动态、静态情况，并产生相关的联想。而观察生活场景则可以使学生逐渐认识社会，对周围的生活空间中的人和事进行表述，作文中的很多题材就来自社会生活。

（2）进入情境，激发动机

在进入情境后，激发学生写作动机，使其产生主动表达的欲望就显得很重要。

激发学生写作动机主要包括阅读、观察、写作三个环节。首先在教师的引导下，学生阅读相关作品，掌握作品的写作方法、技巧，初步懂得写作的要领。然后把观察与想象结合起来，启发学生展开联想和想象，产生积极的情绪体验和写作的欲望。在阅读、观察之后，就为写作打好了基础，做好了铺垫。

（3）拓宽情境，打开思路

作文教学是一种思维训练，教师要注意学生创造性思维的发展，只有这样才能使学生的作文水平得到较快的提高。教师在情境教学模式中，可以从丰富情境、深化情境、拓宽情境以及文题选择范围的宽泛、表达方式的多样性等方面打开学生的思路。

（4）提早起步，螺旋上升

为了克服传统作文教学中"字—词—句—段—篇"的单一训练模式，情境教学模式从整体出发，安排螺旋式上升的训练序列，让各年级的作文训练有所侧重。从写"一句话"开始，鼓励学生积极表达；从观察日记着手，打下认识与表达的基础；以"情境作文"为训练的主要方式，辅以各种应用性语言训练。

（三）情境教学模式的重要意义

情境教学模式明确提出了情境的理论框架，着重阐述了情境教学"形真、情切、意远、理蕴"的特点，成为我国当代教学理论中的一个经典教学模式。

1. 创立了小学语文教学的新模式

情境教学不仅具有正确的教学思想指导，而且具有一套可以操作的规范，它可以运用在小学语文任何题材课题的教学中。尤其是情境教学中建立了一种以重视情感培养和发展智能为目的的新课型，这有助于师生之间充满积极的情感交流，有助于我们摆脱过分依赖主智主义教学和教师权威主义。

2. 为学生的发展提供了心理场

（1）缩短了教师与学生之间的心理距离

在情境教学模式中，师生之间共同组织、参加活动，形成了更广泛的人际关系，有利于创造师生之间良好的人际氛围，拉近师生之间的心理距离，从而使学生在教师的关心下树立成功的自信心。

（2）为开发学生的创造潜能创设了良好的条件

情境教学模式可以利用情境中鲜明的形象、热烈的情绪，促使学生右脑不断兴奋的同时，还可以使左脑得到激活。

（3）创设了美、趣、智的教学情境

情境教学模式将学生的认知活动和情感活动有机结合起来，在教学中有选择地以真实生活场景的展现、音乐的渲染、图画的再现、语言的描绘等手段，再现了教材所描绘的情境，使学生真切地感受到了情境之美。

三、愉快教学模式

愉快教学模式以"爱、美、兴趣、创造"为基本要素，以"实、广、活、新"为教学原则，并运用"三多、三鼓励"的教学方法和"讲、练、评"的课堂教学结构。提倡和发展愉快教学模式，是我国未来小学语文教学方法发展的必然选择。

（一）愉快教学模式的理论基础

1. 符合我国教学史上源远流长的"乐学"教学思想

早在春秋时期，我国伟大的教育家孔子就阐发了他的愉快教学的思想。例如，《论语》开篇就载有孔子对愉快教学的认识："学而时习之，不亦乐乎？"孔子的愉快教学思想，被后来的许多教育家继承和发扬。明代教育家王阳明倡导："今教童子，必使其趋向鼓舞，中心喜悦，则其进自不能已；譬之时雨春风，沾被卉木，莫不萌动发越，自然日长月化。"清朝王筠在《教童子法》中写道："人皆寻乐，谁肯寻苦？读书虽不如嬉戏乐，然书中得有乐趣，亦相从矣。"到了近现代，梁启超、蔡元培、陶行知等人提出的教育思想使愉快教学思想得到了进一步的深化和发展。

愉快教学模式，可以说就是对中国传统教育中"乐学"思想的继承，只有让学生感觉到学习是件有趣的事情，他们才会主动、积极地去学。

2. 符合情感教学心理学中的情知交互作用的原理

根据心理科学的情感理论，可知人的情绪、情感具有启动功能、维持功能、定向功能和强化功能等。事实也证明，如果学生拥有积极、愉快的情感，那么其知觉、记忆、思维等方面也能够发挥积极的作用。而愉快教学模式就是利用情知交互作用的原理，在注重发挥愉快、兴趣、美感、爱等多种情感的积极作用的同时，重视认知，提倡"实、广、活、新"，形成"从情感入手，矢口、情、意并重"的教学格局。强调通过以愉快为核心的各种积极情感与认知的相互促进，带动意志的发展，达到知、情、意并茂。

3. 符合马克思主义关于人的全面发展的学说

人以一种全面的方式，也就是说，作为一个完整的人，占有自己全面的本质。愉快教学模式的本质就是要尊重人的情感、尊重人的主体性和创造性，否定传统的将学生仅仅当作知识的容器，将教与学的关系仅仅当作传输器与接收器的关系。该模式主张建立师生之间真正的"人的关系"，尊重学生，爱护学生，全面调动学生的主动性，以促进学生的全面发展。

（二）愉快教学模式的操作程序

愉快教学模式的操作程度如下。

1. 一般操作程序

由五个环节组成：

状态→诱因→深化→激励→发散

这一操作系列强调以"愉快"为核心的各种积极情感在学习过程中的作用，因此，每一个环节都包含认知、情感两个方面的内涵。

纵观愉快教学模式中的各个环节以及环节内部的情知组织结构，可知其最大的特点是"情知双线并举，以情促知，以知增情，相互作用，前后呼应"。这一操作程序为教师在各种教学情境模式中进行愉快教学提供了一个最基本的活动模式。

2. 阅读教学操作程序

阅读教学操作程序为：

创设情境导入→制定目标激趣→自学导读深化→积累存疑拓展

这一操作模式体现了愉快教学的基本原则，即将学生看作学习的主体，教师则发挥指导、点拨和激励的作用，使学生在学习过程中得到全面发展。

（三）愉快教学模式的重要意义

愉快教学模式，不仅是一种方法问题，而且是一种在先进教育思想指导下的教学艺术。教师充分利用教材中的愉快因素，遵循学生的心理发展规律，采用学生喜爱的教学方法，从而提高学生兴趣，使学生在愉快的学习中获得知识、锻炼能力。

1. 追求"愉快发展"

愉快教学模式的目的不仅仅是为了使学生感到快乐，其最终目的是改变传统教学中死板、固定、一成不变的教学模式，促进全面培养学生的素质教育的发展，将"应试教育"改变为"素质教育"。愉快教学模式可以使学生从沉重、繁杂的学习压力下解脱出来，从而使他们在愉快的教学环境中，提高自身的全面素质，从而提高全民族的整体素质。

2. 引发"审美体验"

审美体验是愉快教学的一种主要手段。这种美体现了合规律性与合目的性，体现在教师与学生的审美创造活动之中。愉快教学模式能够引起学生良好的审美体验，让学生学会感受美、鉴赏美以及表达美。

3. 着眼"主体创造"

主体创造是愉快教学的重要特征。愉快教学模式就是将学生作为主体，培养学生的主动精神。需要注意的是，愉快并不等于对学生放松要求，让学生克服力所能及的困难也能给学生带来某种情感上的满足，使他们体验到快乐。

四、读写结合教学模式

（一）读写结合教学模式的理论基础

我们可以归纳出几条读写对应规律，使读写之间的学习迁移更具稳定性。同时设计读写转化模式及其训练步骤。

1. 符合学习迁移原理

（1）句与句的读写转化

这是一种由读到写的横向对应的转化训练。

学读四要素（时间、地点、人物、事件）俱全的句子→学写四要素俱全的句子。

（2）由句到文的扩展

具体过程为：第一步：读—写四要素俱全的句子；第二步：读—写四要素俱全的一段话；第三步：读—写四要素俱全的文章开头；第四步：读—写四要素俱全的文章；第五步：读—写四要素（时间，地点，人物，事件的起因、经过、结果）俱全的文章。

上述两个方面的训练，就构成了整个语文的技能训练系统。

2. 符合阅读心理过程

阅读和写作是两个不同的心理过程，前者是自外而内吸收意义，后者是由内而外的表达思想，这两个心理过程是可以相互沟通的。就阅读过程的心理机制而言，存在这样两个心理"回合"：一是从感知语言文字入手，由句到段，由段到篇，逐步弄清，从而把握课文的中心思想，这是一个从语言到思想，从形式到内容，从外部到内部，从部分到整体的心理过程；是从上"回合"。探索到的中心思想出发，研究作者是如何选材组材、布局谋篇、遣词造句的。

3. 符合工程学中的"时动"原理

工程学中的"时动"原理研究的是如何使工程省时高效以及时间和动作之间的相互关系。如果时间和动作成正比，那么就能省时高效；反之，则事倍功半。

因此，教师在读写结合教学模式的设计中，从学段、学年、学期、单元、组文、课文、练习等方面，都根据"时动"原理进行研究，力求达到省时高效的目的。根据"时动"原理，改变过去课堂提问题"一问一答"的单一模式，变为多种提问题的方式。具体来说：低年级的提问，一般是"一题一问一次答"或"一题两问两次答"；中年级的提问，一般是"一题两问一次答"或"一题三问三次答"；高年级的提问，一般是"一题多问一次答"。另外，教师在指导练习的过程中要注意适度问题。

4. 符合儿童的心理特点

根据儿童模仿性、发表欲和习作心理障碍的心理特点，进行读写结合教材教法的设计和实施。

（1）模仿性

模仿是儿童的天性，儿童在最初的学习阶段基本都要借助模仿。根据这一心理特点，可以将阅读与写作结合起来，并且提供一些范文，范文可以形象地向学生展示应该怎么写、写什么。

（2）发表欲

儿童入学后，积累了一定的汉字量，获得了一些语言材料和写作知识后，就出现书面的发表欲，他们很想将自己的所见所闻通过文字表达出来，读写结合教学模式通过阅读获取知识，并借组大量写作的形式，极大地满足了儿童的这一心理。

（3）习作心理障碍

对小学生来说，写比读难，有的小学生甚至还有害怕写作的心理。而读写结合模式则通过让儿童在自己的写作活动中获取成功的体验，从而消除这种心理障碍，以达到提高其写作兴趣、激发其写作动机、提高其写作水平的目的。

（二）读写结合教学模式的操作程序

读写结合教学共有六个模式：一是"阅读、观察、思考、表达一体化"模式；二是"读写同步，读、仿、写三步转换"模式；三是"单元分组导练教学"模式；四是"读写结合五（六）步系列训练"模式；五是"课堂教学为主，课内外结合"模式；六是"三类课文课堂教学过程"模式。这里着重介绍读写结合单元分组导练教学模式。根据教材的编排采用单元分组组合，分步训练，综合提高。具体来说，这个过程分为以下几个步骤。

1. 指导读写提示，了解读写方法

"读写提示"是单元的导练篇。它先交代了单元的重点，提出了训练的要点。教学时，要引导学生去了解单元的"读写提示"，从而建立学习单元内容的整体概念。

2. 指导精读课文，掌握读写方法

"精读课文"是单元的讲练篇。它是整个单元的重点。课文重点部分要求学生达到五会——会理解、会品评、会复述、会背诵、会仿作或积累。在教学过程中，要教导学生精读课文重点，掌握读写的方法。

3. 指导略读课文，试用读写方法

"略读课文"是单元的学步篇。在教学过程中，要教导学生将从"精读课文"中学过来的读写方法用在略读课文上，这样反复训练，逐渐使知识转化为技能。

4. 指导自学课文，运用读写方法

"自学课文"是单元的放手篇。要让学生能够利用已经学到的知识和方法，自学课文，在这个过程中，自己发现问题、解决问题，使学生从"学会"

转变为"会学"。

5. 指导综合练习，强化读写方法

"综合练习"是单元的综合篇。在教学过程中，要指导学生独立练习，帮助学生整合各部分知识的内在联系，使局部的知识纳入完整的知识系统中。

6. 指导课外活动，实践学习方法

"课外活动"是单元的开放篇。要根据单元的训练重点要求和学生的不同生理、心理特点，指导学生制定合适的活动计划。活动要充分发挥学生的自主精神以及主动性、积极性、创造性等。另外，活动形式还要及时更新，促进学生的身心健康发展。

（三）读写结合教学模式的重要意义

读和写之间既相对独立，又密切联系。读写结合教学模式主张"读为基础，从读学写，写中促读，读写结合，突出重点，多读多写"。针对小学语文教学中存在着"杂、乱、华、死"的问题，把着力点放在学生的读写训练上，做到有的、有序、有点、有法。

1. 有底——杂中求精，打好基础

小学语文教学大纲规定，"语文教学的主要任务是要学生初步能读会写，小学生读写应以记叙文为主（教材中的记叙文约占80%）"。据此，我们将语文教学重点放在记叙文上。

在记叙文中，对其语言结构方法、文章结构方法、思维逻辑等方面进行研究，归纳出记叙文读写的规律性知识。在具体实践过程中，他将语文基础知识教学与语文基础技能训练紧密结合起来，让学生结结实实打好基础，提高读写能力。

2. 有序——乱中求序，分步训练

语文读写结合的序，是读写结合模式的关键。该模式以读为基础，从读学写，写中促读，读写结合，突出重点，多读多写为基本途径，以"教师为主导，学生为主体，训练为主线"为教学原则，在教学中力求做到训练目标明确、要求实、重点准、时间省、容量大、效率高等。

3. 有点——华中求实，突出重点

教学一定要从学生的实际出发，突出重点，讲求实效。在具体教学方法上，该模式主要通过三种方法来突出重点：第一，一文突出一个重点。对课文重点部分要求当堂做到"五会"（会理解、会品评、会复述、会背诵、会运用）。第二，对一些典范课文，采取一文多次教，多次练，每教一次，重点就转换一次，力求领会和掌握文章的特色。第三，在学生有了一定的自学能力的基础上，采取一篇带几篇的组文教学法，把读与写，小作文与大作文紧密结合起来。

4. 有法——死中求活，教给方法

在教学过程中，应该注重将方法教给学生，让学生自己学会分析问题和解决问题的能力。

第二节　小学语文教学模式的运用

当前，在小学语文教学实践中，如何让儿童发挥自身的主观能动性积极地参与到课堂学习中成为教学改革的热点。随着教学模式多元化的发展，在改革的过程中，教师必须根据教学模式的优缺点和适用范围来选择适合学生发展的教学模式。因此，教学模式的运用策略就成为教师必须要关注的问题。

一、小学语文教学模式运用原则

小学语文教学模式的运用原则主要有五个方面，包括整体性原则、主体性原则、差异性原则、发展性原则、基础性原则。下面将对这五个原则进行具体的阐述。

（一）整体性原则

语文学科的最大特点就是带有很强的整体性、综合性。它不像数学、化学、地理等学科那样，每个知识点都相对独立，以基本知识为纲就可以编写教材。语文学科必须以整篇文章为纲编写教材，各种知识点都串联在一篇文章之中。语文学科的这种特点，要求语文教学模式的运用必须坚持整体性原则。坚持整体性原则需要注意以下几个方面。

首先，要注意全面培养学生听、说、读、写等方面的能力。

其次，要对教材的知识点和教材的内容进行一个整体的把握。

最后，在教学过程中引导学生分析课文形象，体会课文中优美的语言文字，提高学生在语言环境中的语文素质。

（二）主体性原则

教师在教学过程中要始终明确学生的主体地位，坚持主体性的原则。教师要明确自己在教学中的辅助作用，对学生的学习只负责启发、点拨，不能本末倒置，把自己放在教学的主体地位。学生在学习的过程中只有独立思考、实际操作，才能把知识真正地转化为能力。因此，要想调动学生的积极性，必须坚持"教师为主导、学生为主体"的指导思想。

（三）差异性原则

因为不同地区的教学侧重点可能不一样，教材的版本也不尽相同，同一文体的文章在写法上也存在很大的差异，再加上学生智力条件、心理发展水平、文化基础的不同，以至于很难有一种教学模式可以满足不同条件下的教学要求。如果教师对这些差异不能区别对待，单纯生搬硬套某一种教学模式，很难取得理想的教学效果。俗话说"教无定法，万变不离其宗"。因此，我们应该在制定合理教学目标的基础上，从儿童的实际出发，尊重儿童的个性差异，实现多层次的教学方法。

（四）发展性原则

语文教学模式运用的最终目的是要提高学生的语文素养，促进学生的发展。坚持这一原则，教师就必须做好以下几个方面。

第一，要使教学步骤的各个环节紧密联系，做到层层推进。这样学生才能在教师的引导下深入思考问题。

第二，时代是不断变化发展的，教师应该根据教学理念的更新，与时俱进，调整相应的教学模式。

（五）基础性原则

学生在这一阶段主要是通过实践活动来学习知识经验。在语文教学的过程中，教师应该充分考虑学生的语言经验，尊重学生的语言理解和语言个性，在遵循语言习得规律的基础上，运用相关的教学方法。

二、小学语文主要教学模式运用策略

教师要想选用正确的教学模式就必须具备一定的策略。教学模式策略的选择也要遵循"教师为主导,学生为主体"的原则。下面我们将重点阐述小学语文教学模式的运用策略。

（一）主题教学模式的运用策略

主题教学模式的运用策略主要有三种,即主题讲读策略、主题作文策略、主题阅读策略。

1. 主题讲读策略

主题讲读是指教师对文本进行解读,使学生理解文本的意思,之后让学生把文本和现实生活联系起来,使学生对自身形成一定的思考。具体来说,主题讲读的基本策略包括以下几个方面的内容。

（1）抓住三个"维度":温度、广度、深度

① 温度

温度,即恒定性。教师应该始终保持对教材的情感。不论什么样的教材内容,教师都可以根据其主题的需要来调动自己的情感,使学生在其喜怒哀乐的感染下,更好地把握教材的主题。

② 广度

广度,即开放性。语文课程教学本身就是一个复杂的系统,它对语文教师的教学素养具有很高的要求。教师要善于运用发散思维把书本上的知识延伸到现实生活中去,达到拓宽学生知识面的目的。

③ 深度

深度,即发展性。教师要始终明确学生在课堂上的主体地位,让学生说出自己的阅读感受,不能把自己的阅读经验强加给学生。只有这样,文本才能进入学生的内心深处。教师对学生的经验感受要给予一定的指导,使他们能够发掘内心更加深入的感受。值得注意的是,教师在引导学生的过程中,要注意对"度"的把握。

（2）把握三个层次:文字、文学、文化

① 文字

教师应该对文本中的重点字词、句子进行解读,帮助学生形成良好的语言积累的习惯。

② 文学

文学，这个抽象的概念对小学生来说还有一定的难度。但是教师对此也并不是无从下手的。教师可以通过对文本字词、句的解读，让学生反复感受一句话或者一段话要表达的思想感情。

③ 文化

语文教育的最大目的就是提高人的文化素养。有人说，哲学是一种生活方式，文化是生活方式不断变迁而却恒定的力量。如窦老师的《晏子使楚》这堂课，把"尊重"这个抽象的文化变成具体的，并成为生活经验的积累。时空变了、人变了、环境变了，不能变的是人性中自觉而恒定的力量——尊重。

（3）涵盖三个层面：整合、积累、自省

语文主题教学包括三个层面：第一层是文本承载的语言特色、知识内容等；第二层是母语系统所特有的民族精神；第三层是个体人格的形成与发展。要想达到这三个层面，就必须做到以下三个方面。

① 整合

教师在教学的过程中应该对各部分的知识进行梳理，使之形成一个完整的体系。这样学生在学习时才能由此及彼、由表及里，并在相同的主题下，获取更多的知识信息。

② 积累

小学阶段是对社会文化知识初步认识的阶段，因此，教师一定要引领学生多角度、全方位从书本中积累文化知识，间接获得情感体验、生活经验等，丰富人生的涵养。

③ 自省

自省，这里是指对自我的确立。自省对学生人格的形成具有重要的作用。因此，教师要特别注意对学生自省能力的培养，注重学生个体人格的建构。教师在确定教学的主题之后，能够搜集相关的资料，设计教学流程，使学生深深体会到某一主题所带来的情感力量。学生能够将这种情感力量内化于心，成为自我人格中不可缺少的一部分。

2. 主题作文策略

主题作文是学生围绕一定的主题，充分释放情感的过程。包括以下几个方面的内容。

第一，确定大单元主题，包括学期总目标、各个小主题等。

第二，尝试积累。收集与主题有关的图片、古诗、名言警句等。

第三，全面指导。教师应从多个方面指导学生，减少对他们的写作地点、写作内容等方面的限制。

第四，确定重点。教师每节课都应该有一个侧重点，让学生重点学会某一种修辞或成语，这样日积月累也能提高学生的写作水平。

第五，多种习作。教师应该挖掘主题的深度，力求从不同的角度指导学生进行写作。

3. 主题阅读策略

主题阅读主要指读书课。这里的"主题"既指一本书的主题，也指书中某一篇章的主题。主题阅读的最大好处就是学生可以读到许多相同主题的作品。因此，主题阅读教学在语文教学中也起到了重要的作用。具体来说，主题阅读教学的基本策略主要有以下几个方面。

（1）推荐读书目录

教师在每学期之初都要为学生推荐一定的书目，并把这些书分为"必读"和"选读"两部分。同时，教师要把课外阅读纳入教学规划之中，把必读书目作为期末考试的内容。

（2）开展阅读研讨课

教师除了制定课外阅读的规划之外，还要对各种阅读主题进行研讨，围绕着同类型的主题开展阅读教学。关于阅读课的教学方式主要有"绘本导读""文学导读""名著导读"等方式。

总之，教师应该根据教学主题确定阅读的内容，根据不同的阅读内容选用不同的教学方法，以此达到激发小学生阅读兴趣，培养他们阅读能力的目的。

（二）情境教学模式的运用策略

情境教学模式的运用策略包括三个方面的内容，即情境创设策略、角色扮演策略和教学设计策略。

1. 情境创设策略

（1）展现生活情境

展现生活情境，就是把学生带入到自然、社会中去，让学生亲自体验生活中的某个场景，必要的时候，教师可以进行语言的点缀，使儿童对眼前的场景有一个深入的了解。具体来说，教师应该做到以下几个方面。

首先，观察目标要明确。教师应该为学生选取那些形象鲜明的观察对象，使他们容易识别，加深印象。例如，教师让学生区分春夏秋冬四季，可以分别选取每个季节的代表性场景，如春天的草地、夏天的荷花、秋天的枫叶、冬天的白雪等。

其次，观察顺序合理。学生按照一定的顺序观察就不会凌乱，也有助于学生记忆力及思维能力的发展。观察的顺序可以是从远到近，从小到大，从局部到整体。

最后，观察中要有启发。儿童在观察事物时常常伴随着想象的活动。因此，教师在展示生活情境的同时，必须要有意识地启发学生展开想象，提高思维的能力。

（2）实物演示情境

小学生的思维以形象思维占主导，所以他们在观察的时候，教师可以适当地进行实物演示，使他们对对象的感知更为深刻。儿童对事物的感知会因为事物所处的环境不同而有变化。所以教师在进行实物演示时，应该注意考虑环境因素。

（3）音乐渲染情境

教师在选择音乐时，应该注意所选的曲调与教材语言具有一致性或相似性，音乐的感情基调也应该与文字相协调。

（4）图画再现情境

图画具有形象性的特点，教师把图画和文字结合，有利于再现课文的情境，同时也适合儿童身心发展的特点。图画再现情境的形式主要有以下几种，包括放大挂图、剪贴画、简笔画、多媒体画面等。

（5）表演体会情境

情境教学中的表演有两种：一种是进入角色；一种是扮演角色。学生不论是进入角色，还是扮演角色，都能站在对方的立场上体会他们的思想感情，从而加深自己对课文的理解。

（6）语言描绘情境

教师在情境教学中可以利用描绘性的、主导性的、启发性的语言来引导学生的学习活动。

2. 角色扮演策略

儿童易于接受形象化的事物，根据儿童的这一特点，教师在教学的过程中可以采用角色扮演的策略来激发学生的学习兴趣。学生通过扮演角色，讲述"我"的所见、所闻、所感，加深了对课文的理解，增强了对文中角色的情感体验。

3. 教学设计策略

教师的教学要想获得成功，除了借助一定的情境之外，还必须对教学过程进行精心的设计。具体来说，教学过程的设计包括以下几个方面。

（1）钻研教材，把握教材

教师应该对教材进行一个全面的了解，揣摩教材所蕴含的中心思想，把握其教学目标和教学重难点。

（2）精心设计，优化情境

教师在优化情境的过程中必须做到以下两点：一是耗费低，二是效率高。这样一来，教师所创造的情境才能在充分体现教材内容、教材重点的前提下，促进学生知识、能力、智力、情感等方面的发展。

（3）利用视像，进入角色

由于小学生的认知能力有限，学生对教材中的许多内容并不能完全理解。因此，教师必须进入角色，把学生带入到课文所描绘的情境中去，缩短学生与教材之间的时空距离。

（三）读写导练教学模式的运用策略

读写导练教学模式在"教师为主导，学生为主体"思想的指导下来培养小学生听、说、读、写的能力。具体来说，读写导练教学模式的运用策略分为以下几种。

1. 系列训练

它是指对小学生读写能力的某个方面进行系列训练。每个年级训练的侧重点都不相同：一年级，侧重对一句话中时间、地点、人物的描述；二年级，侧重对简单句群的训练；三年级，侧重对句子结构的训练；四年级，侧重对文章立意、选题能力的训练；五年级，侧重对学生自学自得、自作自改能力的训练。

2. 读写同步

它是指教师在教学实践中，把作文课和阅读课融为一体，使学生能够做到读写结合。要做到读写同步，必须从以下两个方面着手。

（1）一年级起步

小学一年级的学生就有必要进行读写的同步训练了。这一时期的小学生语言和思维都在快速地发展，是训练他们读写能力的最佳时期。因此，教师应该做好教学计划，选好教学内容，为学生的听说读写能力打好基础。

（2）提早起步，打好句子基础

教师应该让学生了解四种常用的基本句式，即陈述句、判断句、疑问句和描写句。这四种句型在教学的过程中也要进行合理的安排，教师等把陈述句作为讲解的重点，把疑问句作为讲解的突破口。

3. 综合训练

综合训练侧重对学生语言感受能力的培养。综合训练总共分为七个层次：第一层，把培养学生听、说、读、写的能力作为语文教学的目标；第二层，把握好学年之间目标的衔接过渡；第三层，把握学年中每个学期的侧重点；第四层，处理好重点与非重点的关系；第五层，对单元进行分组训练，把握好训练要点；第六层，把课型按照精读、略读、自学进行分类；第七层，要突出习题的训练点。

4. 整体结合

整体结合要从以下三个方面来进行。

首先，教师要在读写为基础的前提下，重视培养学生的听说能力，以促进学生各项能力的全面发展。

其次，课内与课外紧密结合。学生在课内学到的知识、技能，应该在实践中得到应用，从而进一步强化知识。

最后，与其他学科改革同步发展。教师在设计课程内容的时候，要把握不同学科之间的联系，做到统筹安排、协调发展。

（四）愉快教学模式的运用策略

愉快教学模式其实是对教学模式的灵活运用。具体来说，它是对教学内容、教学方法、教学工具、教学手段等方面的创新。实现愉快教学模式，应从以下几个方面着手。

1. 创造愉快的学习环境

愉快的学习环境是愉快教学模式得以实现的前提条件。创造愉快的教学模式应该做到以下三个方面。

首先，教学气氛要轻松活泼。创设轻松活泼的教学气氛，应该做到以下几点：第一，教师要保持微笑进课堂；第二，教师在教学的过程中应该富有激情；第三，教师要善于运用表扬、激励、鼓动等手段来发掘学生潜在的优点。

其次，教学情境要生动形象。教学情境对教学方法的运用具有重要的作用。教师可运用教学语言、多媒体等教学手段来创设教学情境。

最后，师生关系要民主和谐。师生关系和谐，是教学成功的关键。爱学生，这是一个教师最重要的品质。不管在什么场合，教师都必须尊重学生的人格，学生只有意识到被尊重，才能愉快地接受教育。

2. 激发学生想学、要学的心理

教师要善于从以下三个方面入手来激发学生的学习愿望，使他们从"要我学"的被动状态转到"我要学"的主动状态。

第一，设置悬念。教师应当在教学的过程中设置一定的悬念，对学生的思考进行引导，使他们跟着教师的引导一步一步地挖掘内心的情感体验。

第二，创设氛围。教师要善于营造良好的学习氛围，引发学生的学习兴趣。例如，要学《春天的歌》一课，先播放学生熟悉的歌曲《春天在哪

里》，把学生带入到春天活泼生气的意境中去，使学生做好迎接"春天"的准备。

第三，尝试吸引。例如，学习《鹬蚌相争》这则寓言时，教师可以在黑板上画一幅画，让学生来讲述画中的故事。学生看了黑板上的画之后都想试试。他们一边读一边画，画的过程也就成了学习语言的过程。

除此之外，还有一些激发学生想要学习的方法，如做实验，播放录像，表演课文内容等，这里就不一一介绍了。

3. 拓展学生"乐学"的层面

教师不仅要让学生愉快地接受课堂内的知识，还要让学生乐于接受语文课堂之外的知识，也就是说，要让学生把课内知识与实际生活联系起来，力求学以致用。具体做法主要有以下几个方面。

第一，学中求广。它是指学生在学习时具有举一反三的能力。

第二，学后迁移。它是指学生掌握课文内容之后，灵活而创新地运用所学知识，去品尝触类旁通的乐趣。

第三，学后设疑。它是指在学生学习后，教师提出具有一定难度的问题，促使学生进行深入探索。

4. 培养学生能学、会学的能力

愉快教学的核心就是让学生能学、会学。要做到这一点，教师必须从以下几个方面入手。

（1）让学生能学，就要使学习过程形象、生动

例如，低年级《蔬菜与水果》一课的教学，教师为了让学生更好地理解课文内容，可以带一些蔬菜和水果到课堂上，让学生进行观察。学生通过嗅觉、听觉、触觉对不同的蔬菜和水果进行辨别，甚至可以通过味觉来区分不同的蔬菜和水果的味道。这样学生在介绍蔬菜和水果的时候就能够以切身的体验来叙述，达到印象深刻的效果。

（2）让学生会学，就要使学习过程有路可循

例如，四年级《田忌赛马》一课，教师就可以按照一定的顺序来讲解：首先，给学生提出疑问，让他们在阅读课文的过程中寻找答案；其次，让学生小

组讨论解决难度较大的问题；最后，让学生用画好的马在桌上摆一摆，以加深对课文的理解。

不同的课文必须采用不同的学习方法，教师应该具体问题具体分析。值得注意的是，即使是同一篇课文，在不同的教学情境中也应该根据具体情况灵活地变换教学方法，千万不可以墨守成规，千篇一律。

第三节　小学语文教学模式的创新

一、小学语文教学模式创新的内涵

小学语文教学模式的创新是指在素质教育理论指导下，在教学实践中充分激发学生的创新意识，并通过教学诸因素的优化组合，实现学生自学能力、创新能力和整体素质的提高。

小学语文教学模式创新的前提是教师思想的转变，途径是培养学生兴趣，目的在于培养小学生的创新思维能力，充分发挥小学生的主体地位，实现小学生主动参与和不断质疑的探究式学习。

也可以说，小学语文教学模式的创新不仅能够引领小学生构建扎实的语文知识基础和一定的人文思想，发展学生分析问题、解决问题的能力，培养小学生的创新思维与创造能力，还能够直接推动语文教学改革和教学理论及实践研究的深入开展。

需要注意的是，小学语文教学模式创新的突破口必须是改革旧的小学语文教学模式，培养小学生的创新思维和批判性思维，全面提高小学生的语言素养。小学语文教师在教学中应树立"以学设教"的现代教学观念，科学、合理处理教师、教材、学生三者之间的关系，让学生拥有学习自主权、自己去探究知识，充分体现学生自学辅导和以学生为主体的特点，培养学生的创新素质和实践能力，从真正意义上提高教学效果。

二、小学语文教学模式的创新原则

为培养适应未来社会发展所需的高素质、创新型人才，小学语文教学模式的创新应充分贯彻体现小学语文课程的基本理念，着眼于课程目标，尤其是情感态度与价值观、过程与方法、知识与能力的三个维度目标的达成，致力于小学生语文素养和创造性思维的养成以及利于终身发展的知识能力建构。其基本原则如下。

（一）方向性原则

小学语文教学模式的创新必须把握历史的潮流与教学方法的发展方向。从教学模式的角度看，近些年教学法研究的方向和热点，即小学语文教学模式创新的方向性原则，大体包括以下几方面。

第一，研究单元教学问题。研究单元教学问题的目的是力图变单篇教学为具有一定整体性的单元教学，提高小学语文教学效率与整体效果。

第二，研究"愉快教学"问题。研究"愉快教学"问题的目的是致力于充分发挥游戏化教学的优势。

第三，研究自学问题。研究自学问题的目的是致力于培养学生自己获取知识的能力，实现叶圣陶先生以"教是为了不教"的思想。

第四，研究程序教学问题。研究程序教学问题的目的是力图使教学标准化、科学化，并为机器教学打基础。

第五，研究探索能力、发现能力的培养问题。

第六，研究借助于一定的特设情境进行教学的问题。

第七，研究电化教学问题。

（二）民主性原则

环境对创造力发展的影响相当大，正如陶行知先生所说"创造力最能发挥的条件是民主"。在我国历史上，一直强调师道尊严，课堂里严重地存在着学生绝对服从教师等阻碍学生学习进步的因素。因此，小学语文教学模式的创新应以改变教师思想、培养学生的创新思维和创造能力为重要目标，并努力为小学生学习语文创设宽松、和谐、平等、开放、自由、民主的氛围。

具体来说，小学语文教学模式创新的民主性原则主要包括以下几方面。

第一，民主性要求教师放弃扮演绝对权威的角色和长者的种种威压，不再求全责备。

第二，民主性意味着全体学生都是课堂的主人，都可以充分享受到人格的尊重，都可以得到鼓励与赞许，都有进一步提高自己、完善自己的机会。

第三，民主性还指充分发现、培植、张扬和发展学生的个性。

（三）培植性原则

新的小学语文教学模式，应结合具体的教学内容、学生的实际情况，有意识地在听、说、读、写的各个环节中设计具体的训练点，从而系统地、有序地培植学生的创新思维和创造能力。

具体来说，小学语文教学模式创新的培植性原则包括以下几方面。

第一，培养学生收集和处理信息的能力、团结协作的能力、分析和解决问题的能力、获取新知识的能力。

第二，创设学生自主参与、探究发现、合作交流的教学情境。

第三，让学生感受和理解知识产生与发展的过程。

（四）实效性原则

培养小学生的创新思维与创造能力不是小学语文教学的唯一目标，而是其中的一个方面。小学语文教学模式的创新与教学中听说读写能力的培养，非智力因素和人文因素的挖掘密不可分、相互联系、相互促进。因此，可以说，小学语文教学模式的创新是以培养创新思维与创造能力为突破口，致力于全面提高小学生语文素养，带有很强的实效性。

具体来说，小学语文教学模式创新的实效性原则主要包括以下几方面。

第一，小学语文教学模式的创新必须从小学语文教学的实际出发，尊重语文学科的特点，进行科学、合理设计。

第二，小学语文教学模式的创新要有适合语文特点的评估标准，才能体现恰当肯定、有益激励的精神。

第三，小学语文教学模式的创新必须注重因地制宜，根据本地区的实际，设计出能解决小学语文教学的实际问题，能促进小学语文教育发展的思路和模式。

（五）借鉴性原则

借鉴指吸收并运用古今中外已有教学方法的可取之处。

具体来说，小学语文教学模式创新的借鉴性原则主要包括以下几方面。

第一，对于我国历史上的小学语文教学模式，应继承下来，"古为今用"。

第二，对于外国的小学语文教学模式，应"拿来"与中国的实际情况相结合，"洋为中用"。

第三，对于我国当代已有的小学语文教学模式，应扬长避短，"为我所用"。

（六）变通性原则

小学语文教学模式的创新，需要灵活和变通。

具体来说，小学语文教学模式创新的变通性原则主要包括以下几方面。

1. 使用教材的变通

在小学语文教学中，一方面，教师要吃透大纲精神，研究教材编写的意图；另一方面，教师要对教材进行合理取舍，从培养学生能力的实际需要出发，确定处理教材的力度、深度。

2. 教学流程的变通

传统语文教学在很大程度上为抱守讲析的流程，这种流程容易导致教学的单调重复、高耗低效，还容易让学生产生厌倦心理。而新的小学语文教学模式，应从发展学生创造力来确立突破口，合理地切入每节课，同时灵活地安排和控制教学的流程，有梯度、有侧重地实施课程教学，留一些余地与空白给学生。

3. 教学方法的灵活变通

想要启发学生思维、培养创造力，小学语文教学模式的创新必须区别于传统讲授法的新教学方法，最大限度地调动学生的积极主动性，挖掘学生的创造潜能，激活学生的创造思维。

三、当前小学语文教学模式存在的问题

（一）教学发展不平衡

虽然当前小学语文教学的改革和发展不断深入，从理论探讨到应用研究都

取得了一定成效，并培养了一些创新型人才。但从总体上看，当前小学语文教学的发展并不平衡，有相当一部分教师的教学思想观念陈旧落后，教学仍然只是以陈述相关的知识为目的，学生处于被动接受的地位，在一定程度上还未能摆脱因循守旧、相沿因袭形成的传统教育模式的束缚，这些明显背离了素质教育的要求，亟须改革。

（二）忽视学生的主观能动性

传统课堂教学模式以教师为中心的教学指导思想，忽视了学生的主观能动性，使得学生在语文教学的课堂中成为被动者、服从者。尽管人们一直呼吁以创新能力培养为核心的素质教育，然而许多教师依然是课堂教学的主角，在课堂上是主动者、支配者。有些教师一直在潜意识里认为听老师话的学生才是好学生，不能管住学生的老师不是好老师。教学过分强调预设和封闭，以教师的陈述代替学生的学习，学生成了被动接受知识的机器，毫无个性和主动性，失去了自我和发展表现的机会，这种教学方式最终扼杀了他们的创造力。

事实上，虽然一些教师知道小学语文教学的目的是使学生得到更大的发展，提高学生的语文素养，培养学生的创造力，也明白学生是学习的主体，有一定的教育改革欲望。但是，他们总是不能把学习的主动权还给学生，在教学中仍然是依靠传统的教学方法，这样的教学模式已越来越背离现代社会的发展要求，并无形当中阻碍了当前的教学改革。

（三）忽视人文教育的作用

目前小学语文教学模式的一个很大的弊端就是忽视了人文教育的作用。需要注意的是，人文教育不等同于语文教育，语文教育在人文教育中占有一个特殊甚至是核心的位置，因为语文的文学性对学生富有感染的力量，实际上对学生的成长将会产生很大的影响。由于在小学语文教学实践中缺少人文教育，致使一些小学生缺乏远大的理想和崇高的信念，对未来没有足够的信心，甚至过早地学会世故，变得狭窄、软弱，在通往人生成功的道路上缺少强有力的精神支柱。

四、小学语文教学模式创新的有效途径

当前，稳步推进小学语文教学模式的创新主要有以下几条有效途径。

（一）转变观念，树立素质教育思想

所谓素质教育思想就是指面向全体、全面发展、主动发展的思想，是让每一个学生在思想道德、科学文化、身体心理、实践和动手能力以及个性等方面都得到主动的、健康的发展，也就是一切为了学生，为了一切学生，为了学生的一切的思想。教育不仅给学生传授现有的文化知识，更重要的是引导学生能动地获取所需知识。创新教育模式，就是要求教师构建与素质教育相适应的教学观，即在教学过程中，"以学生发展为本"，树立教师的服务意识，把学习的主动权还给学生，增强学生的主体意识。

（二）立足整体，注重模式群系构建

小学语文教学模式的建构要有整体意识，应看到和了解各学段语文教学的个性和共性。同时，在强调整体的前提下，还要适应教学实际的需要，尽量做到多样化。因此，在教学实践中，不能简单地以教学模式能否大面积推广作为评判其优劣的标准，任何教学模式都不能对所有具体的教学过程起到良好的效果。

可以说，教学模式的建构还应特别强调模式群系的建设，即主体模式与其相关的子式和变式构成模式组，多个模式组成模式群。只有针对不同的教学实际，多组甚至多群教学模式协同合作，立足于小学课堂，形成大语文的教学模式，才能有效地推动小学语文的课程改革。

（三）理论先导，避免模式过于细化

众所周知，教学模式是教学理论和教学实践的中介，但随着其在教学过程中的展开，必然表现为相应的教学步骤或教学环节，这是对教学模式的活性诠释。但如果在教学过程中，把精力集中在这些具体化的教学环节和教学步骤上，单纯追求细节的趋同，过于具体化、机械化，势必对具体的教学带来负面影响。

因此，在创新小学语文教学模式时，要从理论的高度着眼，尽量淡化机械的教育环节和教育步骤，只有这样，教学模式才会起点高，适应面广。

（四）推陈出新，促使模式与时俱进

教学模式仅仅是教学规律探索过程中的一个站点，而不是终点。纵观我国

的小学语文教学，会发现科学的教学模式只能在一定时期内促进语文教学的发展，随着教学理念、教学课程、教学手段的更新发展，这些教学模式将无法适应时代的需求。

因此，可以说，教学模式应是开放的、与时俱进的。只有从教学实际出发，适时、合理地调整小学语文的教学模式，推陈出新，才能顺应当今的教育潮流，使教学模式稳中有变，并进入一个崭新的层面。

（五）批判继承，实现模式整合优化

在构建新的教学模式时，对于已有的教学模式，应采取批判继承的治学态度，肯定其合理的成分。同时，应用"整合优化"的治学方法，来构建新的小学语文教学模式，"整合"的前提是学习，借鉴原有的先进教学经验和方法，转变自己的教学观念和思想；"整合"的"整合"的目标是超越，用一种开放的态度对待已有的模式，注意模式之间的渗透与组合，为我所用，创造富有个性的教学模式。

五、小学语文教学模式的创新方法

小学语文教学模式的创新方法主要有以下四类。

（一）归纳法

归纳法，要求从教育教学的实际出发，将自己在教学实践中积累的关于教学方法的实际经验和探索、研究的成果进行加工、提炼，将其升华为教学模式，供他人借鉴和推广。从教学实际经验出发，小学语文教学模式的创新过程大体为经验—理论实践—完善—推广。

需要注意的是，采用归纳法同样需要较高的理论水平和较好的理论素养，适应于广大基层教师。

（二）设计法

这一模式的逻辑程序大致与归纳法相反，也就是从一定的教学思想或理论假设出发，设计出相应的教学方法模式，再将所设计的模式付诸实践，进行实验，通过反复的实验，对原先的设计进行验证、发展和完善，最后形成相对稳定的可供借鉴和推广的教学模式，其过程大体为设计—试验—修改—试验完

善—推广。

（三）嫁接法

嫁接法指将某一学科的教学方法模式，移用到另一学科的教学中去，在移用过程中，要在与该学科的实际相结合的基础上形成新的教学方法体系，其过程与植物学上的嫁接类似。

（四）杂交法

杂交法中的"杂交"指吸收两种甚至两种以上已有教学方法模式中的某些思想、策略、结构方式，从而产生出一种新的教学方法模式。新的教学模式产生后，同样要经过实践的检验。

需要注意的是，动、植物的杂交是为了培育出新的优良品种，而教学模式的"杂交"同样是为了扬长避短、推陈出新。因此，在"杂交"时，必须从特定的目的出发，在清楚、正确地了解已有教学模式的优缺点和特征的基础上进行创新。

第六章

识字写字

06

第一节　识字的原则

识字教学是语文教学的有机组成部分，理应遵循语文教学的一般原则，如理论联系实际、科学性与思想性统一、直观性、启发性、循序渐进、因材施教及语文教学与思想教育相结合、发展语言与发展思维相结合等原则。识字教学与拼音教学、阅读教学、作文教学（低年级为写话教学）相比，教学内容迥异。

一、以字形为突破口，音形义相结合的原则

汉字是音形义相结合的统一体，识字时首先入目入心的是字形，而汉字又是以象形为基础，以表意为主体，据此就产生汉字识字教学的核心原则——以字形为突破口，音形义相结合的原则，即识字教学不仅要识记汉字的音形义，而且要建立三者之间的联系，主要是见形而知音义，兼及闻音而知义形，表义能辨准字音，写出字形。

二、字、词、句相连，学用结合的原则

以字形为突破口，加强音义联系的识字教学原则，能解决大多数汉字的识记，且能通过比较找出许多识字规律，但它往往只能解决该字的本音本义与一字一音一义问题，而一字多音多义和非形声的同音字则难以区分。这就需要按照学习语文的特点，加强字词句的联系，学用结合，在具体的语言环境中去识字，所谓"字不离词，词不离句"，在学习积淀语言的同时发展思维，加强对汉字的识记掌握。符号学告诉我们，语言本身有指示义与隐含义，隐含义由语言环境所决定，就是所谓言外之意。

三、形象思维与抽象思维结合，识字与认识事物相结合的原则

应该说汉字与形象或具体事物有天然的联系：象形字见字而知形象事物；指事字以象形字为主体，只加了一个指示性符号，识字时由象形字的形象联想到指事字的形象，如识"刃"字先想到刀，再想到刀口"刃"；会意字常由两个（或多个）意符的形象而联想创造出新的形象，如"明"由日由月的形象联想到日月当空的光明；形声字虽以表音为目的，但亦有一意符可表形象或与形象有关，有一类形声兼会意的字与形象关系更密切，如"妙"，既是左形右声的形声字，又是会意字表"女少（shǎo年轻）为妙"。另据国内外一些专家学者研究，表音文字与表意文字在思维形式上起着不同的制约作用。日本心理学家认为，人脑对拼音文学与非拼音文字的处理分别由两个不同的部位来执掌，汉字具有"左视野优越性"。而左视野传入的信息主要由右脑处理，右脑又主要储存"图像"，所谓形象思维主要由右脑完成。这又说明汉字的表意与形象思维具有天然的联系。

儿童对客观事物的认识，是从具体到抽象，从事物的外表到事物的本质，从事物的简单联系到事物的复杂变化，其思维特征是从形象思维多于抽象思维而逐渐过渡到以抽象思维为主。识字，尤其是识记字形，理解字义，就要按照儿童这一认识事物的心理思维特点来进行。

这一原则的贯彻首先是识字要从字形联系到具体事物，进而理解词（字）义，再进而从具体到一般全面掌握该字。教学中要采用实物、模型、标本、幻灯录像展示事物，或用动作表示语言描绘等手段，引导学生联想概括思考，进行形象思维与抽象思想。

其次，对抽象字（词）的认识要重视由词到具体事物的联系，再到事物之间的复杂联系。如教"上、下"，先从字形上看，让学生明白"上"表示尖头向上，"下"表示尖头向下；再以"鼻在上，口在下"，"眼在上，鼻在下"的歌谣让学生形象地体会到上下是相比较而存在的。小学教材中的反义词归类识字常可采用这种方法。

那么，作为低年级的语文教师，如何灵活运用这三条原则，将识字教学有声有色地进行下去，以达到《语文课程标准》的要求呢？

第二节　识字教学的方法

在教学中努力改变传统的老师教、学生学的枯燥的识字方法，努力引导学生积极参与识字、主动识字、体验识字过程的乐，感悟汉字本身的人文性、艺术性，是认识教学的重中之重。下面谈谈教学中常用的几种识字方法：

一、集中识字法

集中识字法是以汉字构形规律为基础，采用"基本字带字"的方法教学，让学生大量识字、大量阅读，打好扎实的语文基础。集中识字教学法可以让学生有兴趣识字，并且掌握一定的识字方法；可以使学生较轻松地完成课标提出的识字要求，为阅读和作文奠定良好的基础；可以潜移默化地培养学生的自主识字的能力，使学生掌握归类、对比、分析、综合运用的识字方法。

集中识字具有以下特点：

第一，集中识字利用了汉字自身的规律，重视一组字当中的形、义、音的联系。因此，这种教学方式能够化难为易，也能够增强对汉字的科学认识。

第二，它可以培养孩子的归纳演绎的思维能力，有利于学生今后独立识字。

第三，基本字不一定就是容易写的字、容易识的字，所以它的教学程序可能难以设计。

第四，集中识字容易脱离语言环境孤立识字。因此，集中识字需要及时巩固。

我们的教学对象是六七岁的孩子，他们的特点是好玩、爱动。注意的持久性不强，喜欢新异、形象的刺激和有趣的事物，机械记忆力较强等等。在识字教学中我们首先要充分注意小学生的这些特点，在教学内容安排上要由易到难，由浅入深，从基本字入手。教学的形式要生动活泼，要富有趣味性和直观性。教学语言及辅助教学的形式也要灵活多样，要善于调动学生的多种感官参与，讲练结合，特别要注意把"规律"教给学生。

集中识字时，每一组生字的出现，学生总是要经过多次观察、分析、综合、比较，从而抽象概括出它们的规律来。学生的观察、记忆、分析、综合以及类比推理等能力，就是在这有条不紊的思维活动中形成并发展起来的。生字集中识字的方式是多种多样的，便于引起学生兴趣，乐于参与。学生在独立思考的基础上，自由交流识字经验，总结识字方法，促进学生识字能力的提高。

二、随文识字法

随文识字不只是我们通常理解的在课文中，在语言环境中读准字音，它包含以下几方面。

（一）随文正音

读准字音是识字的第一要素，在低年级教学中，让孩子利用各种办法读准字音，听读，借助拼音是常用方法。怎样随文正音呢？就是在学生初读课文的时候，随机抽出读错或者读得不准的字音进行纠正，把容易读不准的音提出来，加以提示或反复读几遍，例如平翘舌音，边鼻音，前后鼻音。而对于一些容易读准的音，就没有必要强调，这样节省课堂时间。

（二）随文记字形

新教材的最大特点是识字量大，如果集中识记字形会增加难度，也不科学。最好的解决办法是在学习课文的时候分散识字。一年级下学期，已经出现熟字带生字、部首字归类、同音字、多音字、形近字。在学习课文的时候，就要逐步渗透利用字的特点进行识记教学。例如形近字、同音字对比教学；同一个部首扩展汉字进行教学；通过理解字义帮助记住字形的教学。总之，让孩子对生字字形的记忆深刻，达到记住字形的教学是一个重点，也是一个难点。我认为识字教学，尤其是要求会认识的字，不要过重对字形的分析，应强调整体上记忆，个别有规律的可以分析，但适可而止。

（三）随文解义

"随文识字"教学法的基本程序：

第一，初读课文，找出生字，借助拼音，读准生字。

第二，精读课文，结合语言环境，理解字义。

第三，采取多种形式，复习巩固识字。

克服缺点，优化随文识字。针对随文识字"忽略汉字本身的构字规律和科学系统，对识字的难点字形的理解、认知、记忆缺乏科学性"的问题，要注意在讲读之后，分析字形，指导写字。

针对其"不能成批识字，影响识字效率"的特点，我们可定期对所学汉字进行归纳，如多音字、形近字、同音字、同偏旁字、同义词、反义词的归纳等，引导孩子学会定期归纳复习，提高识字效率。

三、字理识字法

根据孩子的造字规律和理据进行识字教学。从字源入手对象形字、指事字、会意字，形声字等进行有针对性的分析，把握其形体结构的内在理据，建立音形义的必然联系，使人见行察义，因声辨音，易懂易记。

汉字是方块字，每个汉字都是一幅画。因此，看图识字就是将识字同图画联系起来，恰恰是回归于造字的源头。

1. 由字理图识字

汉字是六书造字，造字时，或象形，或指事，或会意，大都与某些具体事物密切相关，因此采用字理图识字，不光晓字形，更能明字义。同时，采用这种字理图识字，学生会感到十分有趣。

（1）象形文字的字理图帮助记忆汉字

低年级的教材中有很大一部分象形文字，所以我们可以充分利用这一点，追寻象形字对应的字理图形。把本册中的能够对应汉字的图形整理出来。上课的时候出示给孩子们看。即先出示字的原始图形，分析图形与字义的联系；再讲解由图到字的演变过程，分析图形与字形的联系；然后综合分析图形、字形与字义的联系。如"日"字教学，先出示"日"字的甲骨文形体，像太阳形，像太阳的圆形，里面的一点像太阳里的黑斑（有的说像太阳里的光）；再讲解由图到日的演变过程，分析图形与字形的联系：演变为"点"拉长为"一"；然后综合分析图形、字形、字义三者之间的联系。学生理解了"日"字的形义联系，便会掌握"日"字的构形原理。

指事、会意字的字理图，帮助理解汉字。如教"本"字就展示指明树木根本的图，教"休"字就展示农夫靠树休息图。图文并茂，具有直观形象的特点，它既有助于学生了解汉字据形知义的特点，掌握象形字的形、义、音，又有利于教师培养学生的观察能力和思维能力。老师出示相对应的图画，把抽象的汉字形象化，让学生把生字和图画对比记忆，学生很快就能记住这些字。并且我们知道低年级的孩子是形象思维占优势的，色彩鲜艳的图画可以深深地吸引学生的注意力。这样也极大地激发了学生学习汉字的兴趣。在很好地记忆汉字的过程中，更大地收获是对于课文的理解。

（2）结合简笔画识字

低年级儿童以形象思维为主。在识字教学中，如果教师能够寥寥几笔，勾勒画面，就能激发学生识字兴趣，提高学生识字效果。更能激发学生的想象力，培养学生形象思维，在低年级的教学中非常适用。

2. 演示识字

新课程儿童的识字量有所增加。但是如果不注重开掘儿童的活动，儿童的识字往往会感到机械枯燥。因此，采用演示识字，往往会使儿童感到惊奇，从而焕发儿童的识字热情。

（1）借助手势识字

如"手、又、友、有"这四个字的字理都是和"手"有关的，教学时，教者用手做动作，让学生来猜：五指分开的右手是"手"；右手五指并拢，微微弯曲做拿东西状，是"又"；右手里面真的有东西是"有"；两只手重叠在一起，引申为友好，是"友"。

（2）借助表演识字

为了区分"走"和"人"的字理，教师让一名同学到前面表演。当他用"人"字的姿势（两腿并拢）做"走"的动作时，孩子们哄堂大笑，说他像僵尸，不是"人"。正是这种表演，激发了儿童识字的积极性。

（3）借助实验识字

一位老师在教学"日"字时，别出心裁，将一个鸡蛋打碎在盘子里，当孩子们通过投影仪看到盘子里那个圆圆的金黄的"太阳"时，一下子就明白了"日"就是日头、太阳的意思，可谓妙趣横生。

3. 会意识字

会意字是用两个或两个以上的独体字根根据意义之间的关系合成一个字，综合表示这些构字成分合成的意义。

四、部件识字法

所谓部件识字法，即是利用已学过的熟字部件，通过"加一加、减一减、换一换"换掉字的偏旁，帮助学生识字的一种方法。此方法主要适用于形声字和部件相同的字，如记忆请、情、清，利用已学过的"青"字加上"氵"就成了"清"，再联系"清澈的河水"就知道了"清"与"水"有关，又理解了字义；"请"，人要用嘴，所以就有一个言字旁；情，与心情有关，所以加上"竖心旁"。

五、字族识字法

采用"字形类连，字音类聚，字义类推"的方法，把汉字分成"族"，也叫"串"字。

识字要从一笔一画起，识字要先独体后合体，先易后难。换言之，识字要一个一个地进行，马虎不得。但是如果一个带一串，以一当十，就会事半功倍。因此，我们在教学中要特别关注这些带有规律的"串"字。

比如："木"字大家族：杨、柳、松、枫、榕、桃、榆，都是一种树。字典里"木"字旁的字近500个，随便查几个字，大都与"木"有关，这里就有规律。"目"字大家族：眺、瞟、瞅、瞄，都是眼睛的动作。字典里"目"字旁的字有100多个，随便查几个，字义多与眼睛有关。

再如母体字"青"：繁衍派生出"情、请、清、晴"等字，"江水清清天气晴，小小青蛙大眼睛。保护青蛙吃害虫，做了不少好事情"。

六、趣味识字法

激发儿童的识字兴趣，既能作为方法，又能作为一种指导思想，就是让学生"动"起来，即儿童在活动中识字。"活动性识字"，符合语文学习实践性原则，符合儿童学习主体性原则，它也是识字教学的基本模式。

（一）创设情景识字

趣味识字的形式也可以灵活多变，比如将枯燥的识字设计成"走迷宫""分苹果""插红旗""你来比划我来猜"等形式，孩子就会兴趣盎然。这些都是孩子喜闻乐见的形式。同样的几个字，每次运用了这样的识字方法，孩子们的注意力就会特别集中，课堂效果就会比较好。

（二）游戏识字

游戏识字，体现了活动识字的丰富性，同时也充满着创造性。方法可以多种多样。

1. 比一比，想一想

以往的识字教学都是教师念学生跟读，学生感到疲倦，学习兴趣不大，而且出错率高。为此，在识字教学中，教师可尝试在平凡中求奇，推陈出新。例如，教学"目"字时，教师问学生："这个字与我们学过的哪个字很相似？"学生很快就说出"日"字，教师又接着问："它们之间有什么不同的地方？"一位学生很快地回答："'日'字里面只有一横，'目'字里面有两横。"还有学生回答："太阳只有一个，所以'日'字里面是一横，而眼睛有两只，所以'目'字里面有两横。"这样学生印象深刻，出错率就低了。

2. 瞧一瞧，摸一摸

字的特点是音形义结合紧密。在教学生字过程中，应特别注意联系实际，进行趣味教学。例如"笔"字通过观察，联系生活实际就得出：一根竹子下面扎了毛，就是"笔"。又学习大（人、一）让一位学生双手双脚张开，其他同学瞧瞧像什么？学生很快就得出：人把双手双脚都张开就是"大"字。学习生字不仅要动口还要动手，例如学习"头"字，可让学生摸摸自己的脑袋。学习

"口"字，可以让学生摸摸自己的嘴巴。

3. 编一编，猜一猜

猜谜语是学生喜闻乐见的活动，在识字教学中进行猜字谜、编字谜，不仅调动了学生识字的兴趣，而且巩固了生字。一开始老师先示范出字谜。例如：一扇小窗细又长，两只眼睛明又亮（目）；一张大嘴四方方，里面空空无家当（口）；什么圆圆像盘子（日）？什么弯弯像小船（月）？什么清清哗哗流（水）？等，当学生从中发现了乐趣时，教师就趁势发动学生开动脑筋自编谜语。教师经常在课堂上渗透这种做法后，学生就会自己去发现，自己去编字谜。字谜编得好者，可获得"编谜大王"。于是，一个个精彩的字谜如雨后春笋般地浮现出来：上小下大（尖）；两人土上蹲（坐）；一人门里躲（闪）；一只手放在眼睛上向远处（看）；翻过两座山就有（出）路；"弯"字上面是一个人，有头、有肩、两竖是脚，两点是手；"蓝"字就是一盆草，草字头表示一棵草，中间是草的根，下面"皿"是一个花盆，我不得不佩服孩子的想象力……每当这时，我总是喜上眉梢，因为学生的识字兴趣提高了。

"兴趣是最好的老师"，任何一种学习，儿童如果不能感受学习之妙，那么最终儿童对于他们日复一日、年复一年的学习就会厌倦。因此，要使我们的识字课堂充满智慧，就必须引导儿童在识字的同时，发现规律，把握规律，提高效率。

七、生活与识字

小学生识字，并不是从零开始的，研究表明，6岁以前的儿童就已知1000多个与汉字相应的事物。如果教师能善于调动学生头脑中已有的生活体验、知识经验，使识字教学与学生的生活实际巧妙地结合起来，就能唤起学生大脑皮层中沉睡的信息，产生亲切感，提高识字效率。

语文是一门具有开放性的学科，识字不应只局限于课堂，要注意课堂内外、校园内外的沟通，充分利用学校、社区、家庭的课程资源，开展综合性学习活动，拓宽学生识字的渠道。

第三节　识字教学的要点

一、识字教学中，不要"嚼得过碎，讲得过细"

低年级的阅读课文，大约需要学习十几个生字。教师很重视识字过程，一般的处理过程是：先让学生边读课文，边找生字，然后自学生字，再全班交流。但是生字教学究竟要达到怎样的程度，是值得关注和探讨的问题。有些老师检测生字的过程非常的"精细"。先出示生字，学生认读，然后启发学生识记生字（主要从字形入手，让学生说说是怎么记住的，有的还要求辨析相近字），理解字义，接着要学生依字组词，拓展词语。个别词语还要求造句。一节课下来，大约用30分钟，还不包括写字指导。虽然，这样的教学方式尊重了"字不离词，词不离句"的原则。但是识字教学真的需要这样的烦琐吗？别忘了，阅读教学还有另一个任务——学文。如果识字教学用了那么长时间，什么时候去训练学生的阅读能力呢？平心而论，这样识字教学，确实扎实，识字教学密度大，可是也造成顾此失彼的弊端。

会认的字仅仅要求认识，也就是说在这里认识，换个语言环境也认识。认识是为了扫清读文的障碍，是为学文打基础的。那么是否有必要对生字"细致"的分析呢？我认为大部分生字是靠整体认读，如果，非得要把生字嚼细，必然加重识字教学负担。其实也没有必要，识字不是靠一时集中的效率，是在不断反复认读中记忆和理解的，课文读多了，自然也就加深了生字的印象。有的老师见生字就分析字形，然后组词造句，是在浪费课堂的资源。比较好的做法是对每个生字各有侧重，有的字音是重点，有的字形是重点，有的字义是重点，在教学的时候，要对学生的认知有个充分的估计，不能眉毛胡子一起抓。这样力求优化识字过程，提高了课堂效率。

二、及时巩固，防止学生识字回生

低年级学生识字的主要问题是学得快，忘得也快。识字回生的现象相当普遍。其实这也是一种正常的心理过程。因为遗忘的进程是在多种因素下产生的。如识记材料的性质和数量，学习程度等。为了避免学生识字回生现象大量发生后难于补救，要适当控制识字速度，不要过分贪多求快，适当控制学习程度，尽量避免低度学习和过度学习，学后及时复习巩固。

第四节　写字教学

一、写字教学的重要性

写字教学在中国古代教育中有着极其重要的地位，习字是古代启蒙教学的一门重要的必修课，蒙童的书写水平更是其学业的重要标志之一。书法好，人们常常称其学业也好。蒙学期间没有扎实的书写基本功，蒙童的学业是没有多大前途的。最为典型的例子是明代董其昌："董其昌十七岁时参加松江会考，学问虽佳，却因字写得差，而被知府衷贞吉降为二等。"可见，写字在古代的教育中占有多么重要的地位。

现在我们也把写字教学放在重要的地位，《语文课程标准》非常重视写字教学，要求学生扎实掌握汉字的基本笔画、笔顺规则以及汉字的间架结构，扎实地把字写规范、端正、整洁、美观，写字姿势要正确，养成良好的写字习惯，从而打下坚实的写字基础。因此，在小学阶段，把写字作为低年级一项十分重要的教学任务，并且把写字要求贯穿于整个小学阶段。

（一）写好汉字是继承和弘扬中华民族优秀文化，提高文化品位的重要途径

《小学语文新课程标准》总目标第二条是这样要求的：认识中华文化的丰厚博大，吸收民族文化智慧。关心当代文化生活，尊重多样文化，吸取人类优秀文化的营养，提高文化品位。这一条和原来的目标要求相比，增加了"提高文化的品位"这一句话。提高文化品位，必须是立足于本土的文化，只有继承传统的文化精髓，在与传统文化一脉相承的基础上才能够真正地提高文化品位。汉字最大的优点是能够通古今，通四方。中国历经几千年的历史变迁，本

身就是一个文明史、文化史。因此，写汉字的过程就是一个文化学习和继承的过程，所以写字教学是继承和弘扬中华民族优秀文化，提高文化品位的重要途径。

（二）规范、端正、美观地书写汉字是中国公民应有的基本素养和语文修养

俗话说，字如其人，使他人读后如见其人。虽然写字并不代表着一个人的知识文化水平和道德品质修养，但是直接体现着个人的才情性格、传递着个人的思想情感。养成良好的写字习惯，具备熟练的写字技能，是学生学习语文和其他课程形成终身学习能力的基础。

（三）书写汉字能培养学生的意志品质和审美能力

写字本身就是一件枯燥的事情，在练字的过程中，能锻炼学生沉着、耐心、坚毅等优秀的品格。汉字本身就是一种美的艺术，学生通过对汉字的笔画、笔顺以及汉字的间架结构的理解，同时对一些优秀作品的欣赏，切身感受到中国汉字的美。学生写字的过程，也是发现美和创造美的过程，这样耳濡目染，久而久之会形成自己的审美品质和审美的能力。同时，在练字的过程中，学生的观察能力、表达能力、注意力、记忆力都能得到锻炼和提高。

二、写字教学的现状

如上可以看出汉字的书写多么的重要，尤其是小学阶段更应该重视写字教学。《小学语文新课程标准》（最新修订版）在阶段目标中对写字教学做出了明确而详细的规定。

《小学语文新课程标准》非常重视写字教学，把认识汉字和正确书写汉字作为小学语文教学的首要任务，把锻炼小学生的书写能力作为语文教师的首要任务，但是从目前小学生的写字状况来看，还是存在着以下问题：

第一，语文课堂教学中，写字环节被轻描淡写。低年级写字教学的时间大部分被阅读教学所占用，到了高年级，特别是教学时间紧，学习任务重，教师就自作主张地把写字这一重要的环节给省掉了。尤其是在一些具有导向性的展示课和示范课中，学生写字的这段时间是枯燥无味的，为了课堂的整体效果和出彩，赢得听课老师的好评，写字教学的环节能省则省，这样学生写字的时间就在大家的眼底下被挤掉了，我认为这是写字教学问题的罪魁祸首。

第二，学生没有养成良好的写字习惯。首先是坐姿和握笔姿势。在写字时，要说到"三个一"：手离笔尖一寸；胸离桌一拳；眼离书一尺。这话说起来简单，但在我们的课堂中，不难发现：一些学生的坐姿和握笔姿势在老师的强调下，立马就好，但过不了多久又恢复了千姿百态。执笔方法不正确的大有人在，其中以拇指关节卡笔杆，食指末关节向里凹进者居多，还有部分学生所握笔杆的倾斜角度与方向不对。坐姿不正确的也比比皆是。有的学生两腿交叉，还不时地摇晃；有的学生脸离桌面很近，有的学生胸口紧紧靠着桌子。这样，严重影响着写字的效果。其次是写字态度不认真，字迹潦草。田字格的汉字间架结构不正确，字的各个部分比例失调，起笔不是地方，收笔不到位，基本笔画写得不规范，该直的不直，该弯的不弯，撇无锋，捺无脚等。最后是写字本不整洁，错字较多。汉字中的形声字特别多，由此形近字和音近字也就特别多，由于小学生观察的精确性较差，很多学生对此容易混淆，虽然利用各种方法帮助学生减少写错字，但是学生写错字的现象还是有增无减。

第三，学生缺少写字兴趣。现在的学生写字兴趣不浓，集中表现在心理上不愿意去写字；写字时注意力不集中，态度不认真，积极性不高；意志不坚定等等。尤其是一年级的小朋友很难对某一现象产生浓厚而长久的兴趣，在每次写字训练的前5分钟也许会坚持，但此后就坐不住了。

出现上述情况从大的方面来说，小学语文教学目标没有很好地完成，从根本上说学生的语文素养没有培养出来，学生的写字能力没有得到锻炼，良好的写字习惯没有养成，从而影响学生整体素质的发展。究其原因，大致有以下几个方面：

第一，应试教育是羁绊。虽然现在呼唤素质教育，无论是家长，还是老师的教育思想都受到应试教育的左右。学习还是看分数，对写字的质量要求不高，只是做对了得到分数就可以，写字的目的只是让学生会做练习。练字的时间都是一些间隙时间，大多数的时间都用在了做大量的练习，或者是去学习一些课外兴趣、参加一些特长班，学生没有时间练字。

第二，课堂教学写字环节设计的忽视，导致学生对写字不是失去了兴趣，而是根本上没有产生兴趣。一些公开课、示范课对写字教学引领的方向不正确，指导写字时，只把写字作为一个必要的环节去演示，指导写字时，蜻蜓点水，老师讲不出什么，学生学不到什么。于是，导致一些常态课对写字教学也跟着不重视，写字课变成自习课，学生没有机会去规范地写字。在这种情况下，学生有什么兴趣而言。同时，在大多数的课堂上，往往是重识字，轻写字，识字与写字相分离。把写字当作学完课文后的任务去完成。

第三，教师的书写没有给学生树立一个良好的榜样。老师写字基本功在很大程度上影响着孩子。比如说汉字的基本笔画，"横""竖""撇""捺"等，老师首先要写好，才能给学生示范，学生才能写好。现实是老师在指导学生写字的时候方法单一，没有写字的技巧和方法指导，只是练写。其次是家长没有对孩子的写字习惯进行及时有效的指导。

第四，教育部门以及学校对于写字教学没有评价的方法与措施。对学生写字的评价现在只是存在于语文课堂上，或者是举行一两次活动来鼓励学生写好字，这些只是肤浅、小范围的，我们的教育目的是每一个学生。没有了评价，学生写字就失去了动力。我们考卷上书写分数，几乎都是白白的送给学生，老师狠不下心减掉。同时，与阅读教学相比，写字教学在课堂教学中缺少有力的理论依托，缺少写字教学理论研究。比如说我们一些教育性的刊物，写字教学一般只是作为一个环节而出现，很少有专门的篇章来论述写字问题。理论上的缺失，直接导致写字教学实践上没有理论的依据。

三、写字教学的策略

写字教学面对这些纷杂的现象和问题，该何去何从呢？我们该怎样进行写字教学？要想从这复杂的境地中走出来，必须明确我们写字教学的目的是做什么？如果每个学生都按照《语文课程标准》的要求，扎实掌握汉字的基本笔画、笔顺规则以及汉字的间架结构，扎实地把字写规范、端正、整洁、美观，养成正确的写字姿势和良好的写字习惯，那么我们写字教学的目的就达到了。要按照写字规律来教写字，加强书写指导：要引导学生注意每笔的占位、结构比例，各部件的穿、插、避、让；一次练习，书写不超过3个，要写得一个比一个好；要在每天的语文课中安排10分钟练写，做到天天练。另外，随着词汇量的增多，要求学生写词语，以帮助学生积累词汇。

（一）写字教学的方法

一直以来，我们对写字教学重视程度不够，到现在我们应该给予写字教学足够的重视了。

1. 课程标准是写字教学的依据，教材是写字教学的凭借

严格依照课程标准进行写字教学。不管是在示范课还是常态课中，教学过程中要落实课程标准提出的写字要求，并在教学时间、教学环节、教师指导、学生认记写等方面予以保证，尤其是在低年级的阅读课上要防止只抓课文的阅读、理解，而蜻蜓点水式地处理识字、写字。在我国古代有书法教育的教材，古代蒙学教材在唐代以前，以字书为主，宋代始，蒙学教材才出现专门化的倾向。"字书"是一个很重要的概念。

"字"指识字，"书"指书写。"字书"兼有识字与练习书写。如果在低年级专门有一套写字的教材会给写字教学带来很大的帮助。这种教材不同于我们的字帖，而是比我们现在的字帖内容更详细，包括字的笔画、笔顺，词语等，并且能够把汉字文化融入其中，比如说某一个字在古代的写法，它的发展演变过程等，学生在对中国汉字文化了解的基础上，带着兴趣去写字，而不是为了练字而练字。

2. 寻找、遵循汉字的规律，是写好汉字的根本

每一个汉字都有其特定的形态，笔画的长短疏密，偏旁的大小高低，都有一定的安排位置。在写字教学过程中，我们不仅要引导学生了解一些汉字基本笔画的书写规律，更要掌握汉字的一些结体规律，只有遵循汉字的规律才是写好汉字的根本，才能把字写得漂亮、美观。

3. 关注学生身心的特点，科学指导是养成良好写字习惯的关键

低年级的学生，手指和手腕都还没有力度，因此握笔姿势很多都不够正确，笔画写得不到位。他们的身体也很柔软，也还没达到长时端坐，他们的身体还在发育，所以学生坐得不端正。但是我们却忽视这些，一味地要求学生坐端正、握正确、写端正，这样反而会适得其反，这时就需要我们针对孩子的身心特点，采取科学的写字指导方法。

4. 良好的写字环境是写字教学的前提条件

这需要社会、学校和家庭三者结合起来，制造一个良好的写字环境。随着电脑的普及，打字在逐渐地代替写字，写字在当代已经不重要了，这种观念在影响着学生的写字态度，希望社会能呼吁国民尽量进行多写字，少打字，给学生制造一个良好外在写字环境。"学高为师，身正为范"，教师的书写水平直接影响到写字教学质量。学校可以帮助老师提高书写理论和技能从而提高写字教学的质量。发挥教师的示范作用，提高写字教学的质量。同时学校也对学生的写字进行考核，就像其他的考核课一样，这样的考核机制，有助于增强学生写字的动力。我们考卷上的书写分数，要让它实实在在地发挥作用，消除部分学生写好写不好都一样的侥幸心理。同时加强学生在家时的写字习惯的监督，因为家长对学生写字习惯的监督可以对老师的教育起到巩固的重要作用，也就是有人说的"5+2=7"的理论，否则的话就变成了"5+2=0"的效果。

5. 识字和写字相结合，激发学生的兴趣，是写字教学动力

识字是写字的前提，只有学生在识字的过程中有了浓厚的兴趣，那么对于写汉字也会有浓厚的兴趣。所以有效、有趣的识字方法对于写字教学也起着重要的作用。例如识字方法中的字理识字，对于激发学生的写字兴趣起到很大的作用。汉字是中国文化、历史的载体，从象形字到形声字，几乎每个汉字都有故事。如果在识字教学时把具有代表性的汉字的故事给学生们讲出来，初学写字的孩子们一下子就被这些有趣的故事吸引住了，他们会认真观察这些字的特点，有了学习的兴趣，学生不仅仅喜欢记住这个字，还会对写这个字产生兴趣。例如《三十六个字》的故事，学生们都非常喜欢书里的故事，并且也喜欢写这种类型的字。识字教学中其他的一些识字方法，比如说"加一加""换一换"，对写字教学也起着积极的作用。汉字作为形、音、义的结合体，虽然复杂，但是有它自己的结构与规律。掌握了汉字的基本结构与规律，我们就有了可操作的依据和方法。

6. 要搭建平台让学生展示书写才能

随着学生书写次数的增多，练习的新鲜感一旦退去，势必会产生懈怠心

理，这时候老师就有必要组织一些活动让孩子们展示书写才能，确保学习热情不减。可以在班级内部开展书写"擂台赛"，评选班级书写"小能人"，将他们的优秀作品张贴在教室里，鼓励孩子们参加一些书写大赛和书法考级活动，在更高的平台上展示孩子们的书写才能，让他们从中体验成功的喜悦。

（二）第一学段写字教学的方法

1. 抓住低年级孩子的特点，培养学生的写字兴趣

兴趣是最好的教师。想方设法激趣，提高写字质量。教师在教学中要根据低年级学生固有的心理特点，千方百计地激发学生的写字兴趣。开展各种活动，激发学生兴趣。

讲故事是激发小学生兴趣最好的办法。低年级的学生最喜欢听故事，在小学生开始写字之时，首先通过给学生们讲述一些书法家的故事，把孩子们带入到写字的情境中去。如王羲之"临池学书"的故事、王献之"依缸习字"的故事等等。小学生年龄小、自控能力差、注意力不易集中的特点，给写字教学造成了很大的障碍。在枯燥乏味的写字过程中，如果加入一些榜样激励性的故事，效果会更佳。如柳公权勤奋练字的故事，郑板桥"卖字助穷人"的故事等等。用这些故事激励学生，学生就会被这些故事中的主人公刻苦练字的精神所感染，为他们高尚的人格所打动，从而以他们为榜样激励自己写好字。

把识字和写字相结合，激发学生的写字兴趣。小学生刚刚入学，还处于一个对周围事物好奇、感兴趣的阶段。对于汉字，学生只是从外形上认识，但是汉字本身的内涵和文化是学生不了解的，结合他们好奇的心理，在识字的过程中，揭示出每个汉字背后的文化故事，这时候学生就会激发识字、写字的兴趣。

比赛激发学生兴趣。根据小孩喜欢被表扬，好胜的心理，经常去表扬一些在写字课上表现好的学生，也会对一些学生造成影响，写字教学时可安排一系列的比赛活动。

在活动中，对表现好的给予一定的奖励，对比原来有进步的学生也给予肯定。比赛活动结束后，还进行学生作品展览。这些活动会极大地激发学生兴趣，提高写字的主动性与积极性。

佳作欣赏与模仿。为提高学生审美能力，让学生欣赏佳作，从作品结构的疏密、点画的轻重、墨色的浓淡、行笔的疾缓中得到美的享受，从而达到激发学生写字的兴趣。小学生的很多学习本身就是通过模仿而来，一些名人的作品字迹工整、规范，以此来刺激学生写字的欲望。

2. 自始至终重视学生良好习惯的培养

写字是一项集中注意力、全身心投入的肌体活动，有很强的养心性和文化性，因此，在写字教学的过程中，教师要自始至终重视学生良好习惯的培养。首先要培养学生良好的书写习惯。小学生处于生长发育的关键时期，坚持正确的姿势书写，不仅有利于书写的规范，也有利于学生的健康成长。在课中练字时，笔者除了在语言上提示学生正确的习字姿势外，还出示正确习字姿势的图片以示范。在轻松优美的音乐背景下，学生一改写字时草草了事的习惯，细心看字帖，书写时有轻重、速度的变化。而且良好的写字习惯还有利于学生身体的正常发育，有利于保护学生的视力。

老师在言语上的提示在实际的写字过程中要把握好尺度，说多了学生会烦。教师要引导学生认真看教学挂图，揣摩图上正确的执笔方法和写字姿势，并做细致的讲解和示范。正确的坐姿是：身体坐正，两脚放平、稍分开；两肩齐平，两手自然弯曲放桌上；挺胸，胸口离桌边一拳左右，眼离本子一尺左右。正确的执笔方法是：大拇指、食指和中指三指执笔，无名指和小指垫下做底座，笔杆向后倾斜，靠在食指根部与虎口之间；手掌与手臂呈一直线；捏笔时手指尖与笔尖的距离为三厘米。对此，教师应当课课抓、天天抓，持之以恒，务必使每个学生养成良好的写字习惯。每次写字课，都以挂图为背景，久而久之，学生书写的习惯就会慢慢形成。

3. 写好基本笔画，掌握笔顺规则，把握间架结构，打下写字的基础

写好笔画必须掌握基本笔画，用联想法引导学生掌握基本笔画。因为低年级的学生主要的学习来自模仿，而且他们对任何事物都好奇，先让他们观察基础笔画的主要特征，然后加以引导，问他们是不是看到基础笔画就有一定的联想呢？例如"横"像单杠、而"竖"像旗杆、而"撇"和"捺"更像八字胡，通过让他们观察，每个人都在心中对基础笔画都有一个形象的认识。这种识记笔画的方法符合小学生的思维特点，能够形象而牢固地记住基本的笔画。指导书写笔画时，要一笔一笔地教，学生一笔一笔地练，如在教写"横""竖""撇""捺"基本笔画后，应严格要求学生做到横平、竖直、撇尖、捺有力。例如刚开始学习写字时，对于笔画较少的汉字"一、二、三、白、禾、中"等，这时教师可以指导在这些字中出现比较明显的笔画"横"和"竖"的写法，再学习生字。

笔顺是老师和学生最头疼的事情，但是汉字的笔顺也是有规律的。汉字的笔顺规律一般是从左到右、从上到下、先内后外、先里边后封口等。一年级的小学生倒插笔画的现象非常严重，后来发现原因就在于只是给他们泛泛地总结汉字的笔顺规则，只是在范写，等到他们自己写的时候，只是凭着自己对汉字的初步印象依葫芦画瓢。教会学生掌握汉字的笔顺规则，每一个汉字必须按其笔顺进行书写，对于处在人生起步阶段的孩子来说是至关重要的。

熟悉汉字的写法特点，逐渐掌握字的间架结构，才能把字写正确、写端正，并逐步达到美观。学会"看"字是写好字的基础，首先必须要"看"清楚这个字。每个字都由不同的笔画组成，这些笔画都有自己的位置。书写前，就要指导学生认真观察，准确地掌握字的结构和关键笔画，做到心中有"字"。

4. 坚持识写分开，多认少写的原则，提高写字的质量和速度

要坚持识、写分开的原则，鼓励多认，体现少写。减少写字是为了打好写字基础，减轻学生的学习负担。课堂上，要讲究质量。严格要求，常抓不懈。这样既是对识字教学要求的变化，而且也是写字教学观念的变化，目的是提高写字的质量和速度。

5. 以身示范，榜样带动

小学生都非常崇拜自己的老师，也会有意无意地模仿老师写字。语文教师要以身示范，写一手好字，为学生树立一个好的榜样。老师写得一手好字，必然会催生学生练习书写的热情。小学生的模仿能力特别强，他们一定会受到熏陶，耳濡目染，写字水平也会得到提升。

识字、写字是小学低年级的重头戏，识字教学是阅读和作文的基础，而写字是对识字的巩固，是一项十分重要的基本功训练。

所以写字教学要从小学低年级抓起、抓细。

（三）第二学段写字教学的方法

关于写字这一点，课标修订版，从第一学段一直讲到第四学段。也就是从一年级抓到初中。所以在小学中高年级也要继续加强写字教学。

1. 老生常谈，继续规范写字习惯

学生到了三年级，学生的写字工具由铅笔变成了钢笔，三年级是改用钢笔的初期，是纠正不良写字姿势又一重要契机。这就要求我们继续规范学生的写字姿势，我们都知道正确的写字姿势，必须做到"三个一"：手离笔尖一寸；胸离桌一拳；眼离书一尺。

2. 教给学生写字方法

中年级接触的汉字量明显增多，汉字量增大，这要求我们教给学生写字方法。引导学生举一反三，触类旁通。我觉得下面郑成双老师的做法就比较好，比较适合我们中年级的老师去实践，我们可以借鉴一下。

在课堂教学中，他尝试的是"五环节教学法"即读、摹、临、校、写，其中最重视"读"和"摹"这两个环节。

读帖，就是细致地观察和透彻地分析帖中字的特点和书写时的注意事项，这是具体练字的第一步，也是最关键的一环。只有分析透了，才能掌握好这个字的要领，才能在几环的训练时有的放矢。这一环，我谓之须分析入骨，如"力"字，要分析出：①横与横的比例和倾斜度；②折处顿笔和出钩前的方向；③撇的角度和力度等。

摹帖，钢笔字采用透明纸蒙在字帖上摹，毛笔字采用双钩填墨。这一环与第一环紧密结合，把"读"时分析的书写要领在"摹"中细细地品味、感悟。

临帖，在小楷本上照着字帖写前面"摹"过的字，毛笔字采用单线扩墨。

校字，临几遍后与原帖细细比较，找出差距，分析原因，然后再摹、再临。

脱帖写，这时，学生已掌握了一个或几个字的书写要领，可结合完成作品。通过这样的教学方法，学生在写字方面受到了比较系统的训练，受益匪浅。

3. 重视写字教学，保证写字时间

目前课堂上经常是识字之后，把写字的任务放在课后，由学生自己完成，小学生受其认知水平及自制力较差的限制，课后在无老师监督、辅导的情况下，小学生往往只是为了完成任务而写字，只以写完为目的，而不是写好字为目的，如果这样，写字质量就无法保证，更不用说什么培养能力了。有些学生在课堂上可以认认真真地写字，但是一回到家，总想着去干其他事情，没有心思去认真写家庭作业，只是追求快速地写完了事。

（四）第三学段写字教学的方法

小学高年级阶段的学生的写字风格基本形成，同时也有了一定写字能力，同时根据《小学语文新课程标准》第三学段（5—6年级）要求：2500个左右的字会写；硬笔书写楷书，行款整齐，有一定的速度；能用毛笔书写楷书，在书写中体会汉字的优美。这时候教师更应该注重欣赏能力，使写字技能进一步得到提高。

在小学高段语文课中，教师比较重视的是培养学生的朗读能力、文本感悟能力和言语表达能力，往往忽视了最基础的书写能力。写字教学中的"重对轻好""重识轻写"导致一部分学生为求作业的速度，书写随意，字迹潦草，有的甚至笔顺颠倒，随心所欲。到了高段，也要把培养良好的书写习惯持之以恒地夯实到底。

1. 提高学生的欣赏能力，写出优美的汉字

高年级的学生已经具备了一定的欣赏能力，所以在这个阶段让学生欣赏一些名家名作是有必要的。让学生去欣赏从名家大师身上流露出的气质和感染力，使学生受到这种优秀品质的熏陶，从内心深处萌生对于写字的喜爱。通过锻炼学生的欣赏能力，让学生进一步认识到写字的重要性，进一步增强提高写字水平的意识。

学生从掌握汉字的基本规律到汉字的结体规律，能够更好地把握汉字的构字规律，从而写字的水平又上了一个台阶。

2. 提高写字的速度

日常训练，有一定的速度。高段学生作业相对低段要多一些，因此对他们进行写字速度的培养很有必要。到了高年级，科目增多，作业多，要想在保证字的质量的基础上，写字"要有一定的速度"，必须加强日常的写字训练，学生要保证每次作业的质量，要有提笔即练字的意识。

3. 发现书法特长生

　　"写字"与"书法"的关系，事实上就是"普及与提高""基础与研究""运用与欣赏"的关系。"写字"与"书法"都是学习与研究中国汉字的一门学科。书法艺术必须在写字教育的基础上发展，要经过多年的练习才能升华为书法艺术。对于一些写字兴趣浓厚，写字技能较好的学生，我们积极引导其向书法方面发展，并千方百计地让他们有一展才能的机会，极大地发挥他们的潜能。

第五节　心语课堂之识字教学

——一字一词总关情

　　识字与写字作为阅读和写作的基础，也是贯穿整个义务教育阶段的重要教学内容，培养学生对汉字和汉字学习的态度与情感，意义深远，让学生逐步感受到汉字在中华民族文化中的价值与意义，培育学生热爱祖国语文的思想感情。在认识中国汉字的过程中，如何将识字教学和学生的思想道德教育融合在一起呢?

一、与兴趣相融合

　　兴趣是最好的启蒙者，有了兴趣，就能拓宽学生的思维，并不断地向前探索识字知识。学生的识字教学要从学生天真活泼、合群、爱交朋友这个特点出发，可以把生字拟人化，让学生觉得我们在认识生字这个朋友，朋友相处自然产生亲切感，识字的兴趣就越来越浓，加上低年级学生最容易受感悟因素的感染，设计的识字内容还要符合学生心理，从学生实际出发，在丰富有趣的情境中引导，学生多一份体验，这样学生学得轻松，掌握得扎实。

二、在情景中融合

　　美国教育家杜威说过：“每一个儿童来到学校的时候，除了怀有获得知识的欲望外，还带来了他自己的情感和感受的世界。”小学生在课堂上的专注力时间比较短，容易形成无意识注意力。这样一来，在教学中单单以读这一形式进行，估计会浇灭了学生的识字兴趣。所以，要正确转变教学模式，在课堂中加入识字游戏，把教学内容与情景教育有机结合，让学生乐于参与其中，例如在教部编版一年级上册识字（一）的《对韵歌》，可以先出示情景图，然后让学生进行猜字游戏，说一说云、雨、雪、风、花、树等生字的特点，在学生会认读后，再出示唱读式的对韵歌，学生读起来节奏感强，朗朗上口，读得特别有韵味。特别是对口令、猜字谜、找朋友、词语开花等各式各样的识字游戏，能让学生收获快乐，收获知识，不仅感受到大自然的美，还感受到了祖国文字的魅力。

三、在生活中融合

"语文课程是学生学习运用祖国语言文字的，学习资源和实践机会无处不在，无时不有。"广阔的生活都应该是学生识字的课堂。在汉字教学中数形声字是最重要的，占汉字的百分之七十以上。汉字由甲骨文向象形字演变成形声字这个有趣的过程，值得每一个学生学习，为了让学生在玩中学习，玩中思考，玩中创新，就要指导学生运用好学习汉字的方法和规律。形声字方法有：一是形声结合法，如：芳、花等，是上形下声的字。二是理解形声字形旁的意思，如："梅、桃、柳"等字，都与"木"字旁有关；"烽、灯、烟、烧"等字，都与"火"字旁有关。掌握方法后，学生可运用已学过的熟字部件，根据"加一加、减一减、换一换"的方式构成形声字与部件同样的字。指导学生进行了趣味的类比识记，既易于学生把握汉语的读法，又能把握汉语的字形并了解汉语的字意。学生要掌握汉字的形、音、义，学会独立识字，这也是识字教学重点中的重点。

四、与阅读相融合

《语文课程标准》中说：课文是有情境的，感受课文的情境，才是有效的阅读。如果在阅读课文时，针对识字的问题扯开去，也会把学生的注意力牵走，离开课文的情境，阅读的"气儿"就断了。在低年级阅读课文时，整节课、整半节课不关注识字无疑是不恰当的。要分步处理生字，力求把识字贯穿在语文学习的各个环节中。如一年级下册课文《升国旗》，引导学生满怀激情的朗读，通过创设情境，认识五星红旗，边读边贯穿生字的学习，唤起学生的爱国之情。

　　小学的识字教学，要发挥学生的自主性，引导学生学会课前预习，通过利用手上的资源、字典等，去识字认字，放飞学生的心灵，给学生探索汉字的自由，就能很好地提高学生的积极性，学习潜力就会充分发挥！学习质量和学生个体的经验结合起来，就会内化为他们的内心体验，这种内心体验会升华为一种学习新知识的动力。

第七章

阅读教学

07

第一节　阅读教学的意义和要求

　　人类社会，自有了文字以后，就有了阅读活动。对于现代社会的人来说，阅读如同衣食，是日常生活的需要。

一、阅读教学的意义

　　从教育、教学的角度讲，阅读教学具有多方面的意义。

（一）阅读教学识字的重要途径

　　汉字是音形义的统一体。所谓识字，就是在头脑中建立起音形义三者之间的联系，即看到一个字，就能读出它的音，知道它的意思。汉字的三个要素之中，字义是核心，因为离开字义，字就成了毫无意义的符号。从掌握字义的角度看，阅读是识字最有效的途径。识字的难点在于巩固，而在各种巩固的方式之中，把生字放在语句里，通过阅读去巩固，是效果最好的一种方式。例如，"要取得好成绩就得努力学习"中的"得"，语言环境不同，字的读音也不同。

（二）阅读教学有助于提高听话、说话、作文能力

　　阅读教学重在培养学生理解书面语言的能力。现代汉语的书面语和口语尽管有一些区别，但语音、词汇、语法系统基本上是一致的。因此，阅读能力的提高必然会促进听的能力的发展。阅读是吸收的过程，说话和作文是表达的过程。提高表达能力，有赖于多方面的条件，不过最重要的是认识能力和语言修养。

（三）阅读教学是开阔学生视野、发展学生智力的重要手段

　　小学阅读教材的内容十分丰富，上至天文，下至地理，几乎无所不包，

再加上作为阅读教学重要组成部分的课外阅读，学生阅读中所涉及的知识面就更为广泛。当然，阅读教学不以传授社会和自然知识为其主要任务，但是，根据"内容和形式"不可分割的原理，学生在阅读中不可能脱离文章承载的知识去单纯地吸收它的语言文字。阅读的过程，既是一个理解和吸收语言文字的过程，也是一个理解和吸收知识的过程。学生在阅读中开阔了眼界，丰富了知识，必将激活思维，促进智力的发展。

（四）阅读教学可以使学生潜移默化地受到熏陶感染，陶冶道德情操

语文教材中的每一篇课文，都负载着一定的思想内容。小学语文教材中的课文，大多是文学作品或文学性较强的文章。这些作品以深刻的思想、生动的形象反映生活，揭示人生的真谛，赞颂真善美，鞭挞假恶丑。它们往往以一种无法抗拒的力量，潜移默化地影响学生的思想，陶冶学生的情操，净化学生的心灵，使学生受到美的熏陶。

二、阅读教学的要求

《义务教育语文课程标准（2011版）》对小学生阅读方面的要求是：对阅读有浓厚兴趣，能用普通话正确、流利、有感情地朗读课文。具有独立阅读的能力，学会运用多种阅读方法。能阅读日常的书报杂志，能初步鉴赏文学作品，丰富自己的精神世界。能借助工具书阅读浅易文言文。

上述要求，可以概括为四个方面：深厚的阅读兴趣，初步的阅读能力，良好的阅读习惯，较为丰富的语言积累。

（一）浓厚的阅读兴趣

无论是学习还是工作，无论是学习哪门学科，无论是语文学习中的阅读还是识字、作文，都需要有浓厚的兴趣。那么，大纲为什么要突出强调阅读兴趣呢？

第一，阅读是一个从文字作品中提取、加工和运用信息的过程，是一种最基本的学习活动。人类的学习活动有多种方式，如听讲、实践、实验、练习等等，但在各种方式之中，阅读是一种最经常最基本的活动。在现代社会，不会阅读，不会学习，就难以正常地生活；而学会了阅读，养成阅读的习惯，就为终生学习、发展奠定了一个必要的基础。要学会阅读，养成阅读的习惯，就必须对阅读有浓厚的兴趣。

第二，阅读教学中最主要的活动，是学生的读书活动。随着语文教学改革的深入发展，过去那种"教师讲，学生听""教师问，学生答"的教学模式必须也必然要发生质的变化，学生自主的读书活动将成为课堂教学中的主要活动。在这种情况下，学生如果没有读书的兴趣，阅读教学就无法正常进行，培养和提高学生的阅读能力就将成为一句空话。

（二）初步的阅读能力

初步的阅读能力有如下具体要求：

第一，把握文章的主要内容；能借助词典，理解词语在语言环境中的恰当意义，辨别词语的感情色彩；联系上下文和自己的积累，推想课文中相关词句的意思，体会其表达效果。

第二，体会作者的思想感情，并有自己的见解。

第三，在阅读中揣摩文章的表达顺序，初步领悟文章基本的表达方法。

第四，能用普通话正确、流利、有感情地朗读课文。

第五，学会默读，并有一定速度，默读一般读物每分钟不少于300字，并能边读边思考。

第六，学习浏览，能根据需要搜集有关材料。

低年级主要是"学习结合上下文和生活实际了解词句的意思""学习正确、流利、有感情地朗读课文""默读课文不出声，不指读，一边读一边想""阅读浅显的儿童读物，能大致了解内容"。

（三）良好的阅读习惯

学习习惯的培养，尤其是早期培养，对人一生的发展至关重要。一个好习惯，往往能造就一个人；一个坏习惯，甚至可以毁掉一个人。一般来说，一个人阅读能力的养成，大体要经历"兴趣—习惯—能力"这样一个过程。可以说，没有良好的阅读习惯，要培养较高阅读能力是不可能的。

良好的阅读习惯一般包括：爱好阅读的习惯；认真阅读的习惯，阅读时注意力高度集中，不囫囵吞枣，不马虎草率；一边读一边想的习惯，口诵心惟，眼到口到心到；不动笔墨不读书的习惯，阅读中随时圈、点、画、批，画出重点、难点，标出不理解的地方，批注自己的理解、体会等；使用工具书的习惯，遇到不认识的字、不理解的词语，随手翻检字典、词典；课外阅读的习惯，经常阅读有益的书籍、报刊。

（四）较为丰富的语言积累

一个人语文素质的高低，主要取决于他的语言积累和语文能力，而两相比较，语文能力固然是语文教学的主要目标，但如果没有语言积累，语言能力的提高就成了无源之水、无本之木。因此可以说，语言积累跟语文能力相比，是更基础的东西。那么，语言积累，积累什么？一般来说，主要包括：字的积累，即掌握读写必需的足够数量的字；词的积累，即掌握丰富的词汇；名言佳句的积累，即掌握大量的脍炙人口的名言佳句；典范诗文的积累，即会背一定数量的古今精美诗文。

第二节　阅读教学的过程

一、小学阶段阅读教学的过程

　　研究小学阶段阅读教学的过程，一要明确教学所要达到的目标；二要研究怎样一步一步达到目标。小学阅读教学的主要目标，一是培植阅读兴趣，二是培养初步的阅读能力，三是养成良好的阅读习惯，四是丰富语言积累。这四项目标应贯穿于整个小学阶段，又应循序渐进，螺旋上升。低年级学生刚开始学习阅读，要特别注重阅读兴趣的培养。在阅读能力的培养方面，要着眼于打好基础。理解词、句是理解文章的基础，加之低年级课文篇幅短小，内容浅显，学生理解了词和句，也就大体了解了课文内容。因此，低年级的阅读教学以理解词、句为重点。低年级习惯境况的重点是专心和认真。读书要聚精会神，认认真真。要开始练习用音序和部首查字法查字典，遇到不认识的字能够查字典。低年级学生机械记忆力较强，要充分利用学生的这一优势，通过各种生动有趣的形式，让学生背诵尽可能多的诗文，以丰富学生的语言积累。

　　中年级学生已经识了2000个左右常用汉字，阅读一般儿童读物不会碰到多少生字。因此，要继续重视培养学生读书的兴趣，鼓励学生大量阅读。在阅读能力的培养上，继续培养学生联系上下文理解词句的能力，还要学会通过查字典理解词句的意思，开始指导学生把握文章的主要内容，体会作者的思想感情。中年级要继续重视朗读，同时也要重视默读。中年级是习惯由不自觉向自觉转化的关键时期，要指导学生逐渐养成认真读书、认真思考的习惯，做到读书时一边读一边想；要逐渐养成不动笔墨不读书的习惯，主要是勾、画的习惯，也可以鼓励学生动笔批批、写写。

二、一篇课文教学的过程

（一）安排一篇课文教学过程的基本原则

安排任何一篇课文的教学过程，都要考虑教学目标、教学内容、教学程序、教学方法四个基本问题，在思考这几个方面时，应注意以下几点：

1. 在教学目标上，要突出自学能力的培养

叶圣陶先生讲过，学生须能读书，须能作文，故特设语文课以训练之。最终目标为：自能读书，不待老师讲；自能作文，不待老师改。这里所说的"自能读书"，就是阅读教学要培养的自学能力。可见，阅读教学的最终目标就是培养自学能力。自学能力的培养，不是一日之功，需要日积月累，循序渐进。因此，每一篇课文的教学都应该把培养自学能力视为主要目标。要培养自学能力，教师的教就要着眼于学生的学，教法服从学法，教法渗透学法，用教法指导学法。对目前比较流行的学法指导，既不应一概排斥，也不宜盲目搬用。具体的学习方法可以因人而异，应当在指导学生掌握基本的语文学习方法的同时，鼓励他们采用适合自己的方法学习。

2. 在教学内容上，要突出重点、难点

任何一篇课文，哪怕是只有几百字的短文，都是内容和形式的统一体。阅读教学往往面面俱到，这是阅读教学效率不高的重要原因。面面俱到的思想根源在于，老师总认为学生学习任何一篇课文都是从零开始的，而且学习任何一课书里的任何内容（字词句篇）都必须一次掌握；而事实上，任何一个学生学习任何一篇课文都不是从零开始的，学生真正掌握任何一种语言形式（比如一个字，一个词或一种句式），一般都不是在学习一篇课文中完成的。

3. 在教学程序上，要突出学生自主的语文实践活动

课标明确指出："学生是语文学习的主人。""在教学过程中，要加强学生自主的语文实践活动。"这里强调的一个是"自主"，一个是"实践"。教学，归根到底得学生自己学习，教只有通过学才能起作用。须知，学生知识技能的掌握、智力的发展、品德的形成与改变等，都是无法通过教师的教直接实现的，而是必须通过学生自己的学习才能实现。所谓自主学习，不是说学生可以随心所欲地想干什么就干什么，而是说，学生应该在教师的组织、指导下，主动地、积极地安排自己的学习活动。从教师的角度讲，要真正让学生自主学习，就应该做到：第一，给学生自主学习的时间，把教师的教，压缩到最低限度；教师占用大量的时间讲解、分析，就等于侵犯了学生自主学习的权利。第二，给学生自主读书、自主思考的权利。第三，鼓励学生发表见解，提出问题，敢于辩论，能发现并纠正别人的错误。从阅读教学的实际出发，学生的自主学习，主要是自主地进行语言实践活动，即读、听、背、说、写的活动。一篇课文的教学，不管怎么安排，都要把大量的时间用在学生读、听、背、说、写的实践活动上。特别是读，如果不让学生充分地读，阅读教学就失去了意义。

4. 在教学方法上，要突出启发诱导

运用启发诱导的方法，应该做到：第一，充分了解学生的实际，从学生的实际出发，确定教学的重点、深度和广度。常常听到老师们讲学生"启而不发"。其实，"启而不发"的原因主要是教师的教学内容、教学方法脱离了学生的实际。第二，教师的提问、讲解、点拨都要富有启发性，使学生愿意并能够积极思考、独立探索。

（二）低年级一篇课文教学的一般顺序

低年级是阅读教学的起始阶段。这个阶段课文内容浅显，篇幅短小。根据这样的认识，低年级一篇课文的教学，大体上可分三个阶段：初读、熟读、理解地读。

1. 初读

初读，作为一个教学环节，主要做以下几项工作：第一，激发学生读课文的兴趣。可用生动的导语、创设的情境等，激起学生阅读课文的愿望。第二，指导学生借助拼音把课文读上几遍，要求学生能正确地读出课文。第三，在学生读过几遍课文、基本上能读准生字的音的基础上，让学生自己看着课后的生字表读一读，然后教师通过各种方式检查学生认读生字的情况。第四，在学生充分准备的基础上，让几名学生（最好选中下等学生）分段读一读。如果通过检查，全班大部分学生都达到了读正确的要求，这个环节就可以结束了。

初读阶段，要不要分析字形，讲解字义？一般来说，初读阶段，学生刚刚感知字形和字义，这个阶段硬去分析字形，往往事倍功半。至于字义，学生只要能把课文读熟，大多数字的意思即可理解，无须讲解。个别较生僻的，可放在"理解地读"这个阶段解决。

2. 熟读

熟读的要求是读流利，即读得通顺流畅，比较熟练。

熟读阶段，一般应做以下几项工作：第一，借助各种教学方法和手段，使学生读课文的兴趣经久不衰。第二，可限定时间，让学生自己反复读课文，读的遍数越多越好。第三，通过多种方式，检查学生是否读熟了课文，如指名朗读、句段填空（不看课文）等。

3. 理解地读

一般应做以下几项工作：第一，提出问题。对这些问题，大多可让同学间相互讨论解决；少数问题可由教师加以点拨，让学生自己做出结论；个别问题可由教师做简明扼要而又富有启发性的讲解。第二，指导学生个人练读。着重要求进入课文描述的情境，体会作者表达的感情。第三，指导学生试读。可采取分段读、分角色读等方式。对学生读得不理想之处，教师应先让学生理解它的内容，体会它所表达的感情，然后辅之以教师或读得较好的学生的范读，适当做一些朗读技巧方面的提示，如重音、停顿的处理等，切不可在学生尚未体会到课文感情的时候，硬性要求学生用什么样的语气读，哪个词要读得重一点等。

目前不少教师在安排教学顺序时，是先指导学生理解地读，然后再让学生熟读，我们这里的安排为什么正好相反呢？这主要是从阅读过程的特点，特别是低年级学生阅读特点考虑的。一般来说，低年级学生开始读一篇课文时，着眼点主要放在把字读正确上，还很少去思考文字所表达的内容和感情。当他们能正确地读出课文以后，再读的时候，才会慢慢地把语言文字和表达的内容、感情联系起来，读的遍数越多，理解得也就越深入。因此，当学生能把课文流利地读出来的时候，应当说，课文里的词句和内容大部分就在自主阅读中理解了，在这个基础上进入"理解地读"，对学生来说，需要解决的就只是个别难点了，这就可以收到事半功倍的效果。如果在学生刚刚能读正确的时候，就指导学生有感情地朗读，可能不少问题都需要教师指点、讲解，岂不是事倍功半。当然，教学顺序不是一成不变的，可以从教材和学生的实际出发灵活安排，比如一些距离学生生活实际比较远的课文，即使读过多遍，有些内容学生还是不懂，类似这种情况，就不如先引导学生大体理解课文内容和文字之后，再让学生熟读。

（三）中、高年级一篇课文教学的一般顺序

1. 自读自悟

这个环节的基本要求是：学生能正确、流利地朗读课文，基本上读懂课文，并能提出通过自己阅读思考尚难以解决的问题。这个环节在全部课时中大约应占一半的时间。教师在这个环节应做的主要工作是：第一，激发学生阅读课文的兴趣。第二，提出自读的基本要求，提示阅读的步骤和方法。第三，指导学生把课文读正确、读流利，并在读得正确、流利的基础上，初步把握课文的主要内容，揣摩文章的思路和表达方法。

习惯了上课就是听老师讲课的学生，可能有些不习惯。他们习惯了跟着老师亦步亦趋，老师讲，他们听；老师问，他们答；老师让读某一段，他们就读某一段，读完了，就坐在那儿等待老师的下一个环节。

当学生自读时，老师干什么？有的老师不甘寂寞，总想把自己理解课文的结论讲给学生听，这当然不符合自读自悟的要求；也有的老师无所事事，就站在那儿，等着学生把课文读完，这是在浪费宝贵的时间。其实，这个环节，正是教师因材施教、帮助个别学生的良好机会，教师应该充分利用这个机会。

2. 交流讨论

这个环节的基本要求是：交流读书心得，突破重点、难点，进行语感训练。

为什么要组织学生讨论和交流呢？学生交流、讨论的内容往往涵盖了课文的重点和难点，而且，不同的学生从不同的角度阐明对某些问题的看法，综合起来可能比教师讲得更全面。这样，学生真正处于主体的位置，并在合作探究中共同得到提高。

学生的讨论和交流，一要在读书思考的基础上展开。不充分读书，或只

读不思考，就让学生讨论、交流，很可能是离开课文乱说一通，或谈不出任何有价值的东西。二要有教师的指点。讨论、交流的内容，教师要指点；学生讨论、交流中一些好的见解，教师要鼓励；学生讨论、交流中一些明显的错误，教师要指出。三要围绕重点、难点。

学生的讨论和交流，要兼顾内容和形式两个方面。可以在学生自读前就提出一些基本要求，如本课主要讲的是一件什么事，文章是怎样叙述这件事的，找出一处你觉得写得最好的地方（可以是语段，也可以是词句），想想好在哪里，提出一个你反复读反复思考还解决不了的问题等。教师在引导时，要特别注意那些可以强化学生语感的地方，指导学生去品味、欣赏。对学生在交流中提出的有关语感方面的感受，要给予充分肯定，以便把学生的读书引导到既注重内容又注重语感上。对学生在交流中提出的独立见解，特别是那些同教师、教材和其他同学不同的见解，除明显错误外，都应予以鼓励。学生的交流、讨论可先在小组进行。教师可在了解小组讨论情况的基础上，选择那些抓住文章精妙之处并确有自己见解的同学，在全班讨论时重点发言。

3. 读背说写

这个环节的基本要求是：积累、运用。

这个环节可做的工作，主要有：第一，指导学生有感情地朗读课文。可朗读全文，也可朗读片段，还可让学生朗读自己最喜欢的语段。第二，指导学生背诵。可背诵全文，可背诵片段，也可背诵语句。第三，让学生抄写、听写、默写段落或词语、句子。第四，指导学生复述。第五，结合课文，指导学生练笔。第六，字形分析和书写指导。第七，指导学生做一些有助于积累、运用的其他练习。上述工作中，有感情地朗读课文、生字的字形，其他各项从课文和学生的实际出发，选择一两项即可。

第三节　阅读教学的内容和方法

一、词语教学

一般说来，要读懂一篇文章，必须读懂构成文章的每一段、每一句；而读懂句子的前提是理解组成句子的每一个词语。每篇课文都会出现一些学生没学过的词语，因此，词语教学在整个小学阶段都要重视。

（一）词语教学的内容

词语教学包括三方面的内容：一是正确地读出和写出学过的词语；二是懂得词语的意思；三是注意积累词语并能在口头和书面表达中正确运用。有些词语是由暂不要求掌握的生字组成的。对这类词语，只要能准确读出即可，不必要求书写。

词语教学的三方面内容都很重要，但比较而言，重点是准确地理解词义。因为准确理解是正确运用的前提。而且汉字具有一词多义、一字多音的特点，有的字要根据词义才能读准字音。

（二）指导学生理解词语的方法

词语是反映客观事物的抽象符号，指导学生理解词义，就是帮助学生建立起词语和它所反映的事物之间的联系。指导学生理解词义的具体方法要因词而异，主要方法有以下几种：

1. 直观

词语是一种抽象的概念。小学生抽象思维的能力不强，用直观的方式，可以使学生对词义的理解有具体形象作为凭借。常用的方法是，表示事物名称，又是学生不熟悉的词语，可以用实物、标本、图片、幻灯等，使学生观察事物的具体形象，得到清晰的认识。

2. 联系上下文

联系上下文理解词义，既是最常用的理解词义的方法，也是一项十分重要的理解能力。在阅读教学中，教师如能经常这样引导，不仅能使学生对词义有确切的理解，而且能逐步培养学生根据语言环境理解词义的能力。

3. 联系学生的生活经验和知识积累

学生对事物的认识，不是上小学学习语文后才开始的，他们在生活中已经对很多事物有了初步的认识。课文中的词语所反映的事物有的是学生经常接触到的，只要联系生活实际，意思就很容易理解。课文中还有大量学生陌生的词语，特别是一些抽象的词语，理解起来有一定困难，但是，如果能恰当地把这些难懂的词语和学生的生活经验联系起来，在教师的引导下，学生也能够通过自己的思考懂得它们的意思。

4. 比较辨析

词汇教学还要注意培养学生准确地用词造句的能力。因此，课文中用得准确恰当的词语，要找出典型的，在阅读过程中引导学生加以比较辨析。

二、句子教学

句子教学是阅读教学的一项重要内容。认真进行句子教学，对于提高学生的阅读能力，发展思维，增长知识，提高思想认识，乃至学习运用语言进行表达，都有着不可忽视的重要意义。

（一）句子教学的内容

句子教学包括三方面的内容：一是建立句的概念，能把一句一句话分辨清楚；二是准确地理解句子的意思；三是从具体意思上知道句子与句子之间的关系。

一年级开始学课文时，教师就要带领学生一句一句地读，使他们知道，读课文不能一口气读下去，中间要有停顿，每一次较大的停顿，就是一句话。教师应当向学生提出读课文的要求，一句一句地分清楚，不能含糊。这是最基本的训练。进一步，要引导学生认识句子是由词按一定的顺序组织起来的。

（二）句子教学的重点

句子教学的重点是准确地理解句子的意思。一篇课文包含着若干个句子，进行句子教学，没有必要逐个指导理解所有的句子。因为课文中的大多数句子，学生一读就明白，如果平均使用力气，会影响教学的效率，是一种浪费。另外，从句子之间的关系来看，有主次之分，应当区别对待。

（三）指导学生理解句子的方法

在阅读教学中，指导学生理解句子的方法很多，最常用的有两种：一是联系上下文，二是联系生活实际。

1. 指导学生联系上下文理解句子

联系上下文理解句子，就是把句子与上文、下文中意思有关联的句子结合在一起思考，从而体会到句子的意思。有的句子对全文的内容有概括的作用，

2. 指导学生联系生活实际理解句子

学生理解句子是一个从已知到新知的过程。指导学生联系生活实际理解句子，就是启发学生在已知和新知之间建立起联系。

联系生活实际理解句子还有助于体会句子所表达的思想感情。句子表达的虽然是作者的思想感情，但是人的思想感情往往是相通的，教师找到这个联结点，学生的思想感情就能和作者的思想感情产生共鸣。

联系上下文和联系生活实际，是理解句子的主要方法。有的句子，还要联系时代背景来理解。教师要根据句子的不同情况用不同的方法指导学生理解，并使学生从中学到一些读懂句子的方法，逐步提高理解句子的能力。

句子教学在小学各个年级都应十分重视，要在每篇课文的教学中加以落实。

三、段的教学

段，是句子的发展，是文章的一个意义单位。从形式上看，另起一行空两格书写的几句话就是一段，也叫自然段。段的教学，指的就是自然段的教学。在小学阅读教学中，段的教学有着重要的意义，它既能进一步提高学生理解词句的能力，又能为篇的教学打下基础。

（一）段的教学的内容

段的教学的内容包括三个方面：一是认识自然段，知道从哪儿到哪儿是一段，里面共有几句话；二是理解段里几句话的意思，知道句子与句子在内容上是怎样连起来的；三是知道几句话连起来的主要意思，也就是把握自然段的主要意思。

这三个方面的内容，大多在低年级的阅读教学中已经渗透，其中的第一项，通过低年级的教学应该达到要求。低年级教学一篇课文，要引导学生从分段书写的形式上找到自然段的始末位置，标出每个自然段的序号。让学生从语言现象的具体感受中认识自然段，知道一个自然段一般是由意思上有联系的几句话组成，有时一句话就是一段。到了中年级，应逐步提高学生理解自然段的能力。

（二）指导学生理解自然段的主要方法

有的自然段只有一两句话，内容比较简单，学生只要读懂了句子，也就理解了段的内容；有的自然段包含的句子比较多，学生把每句话读懂了还不一定能理解这一段的主要意思。教学时，就要抓住这样的段，教给学生理解自然段的方法，培养和提高学生理解自然段的能力。段，是一个相对完整的整体。

四、篇的教学

阅读教学中的篇章教学，要训练学生逐步掌握深入理解课文思想内容的方法，形成独立阅读的能力。

（一）篇的教学的内容

篇的教学在学生能够理解词句、读懂自然段的基础上进行，内容主要包括五个方面：一是理解课文的主要内容；二是揣摩文章的表达顺序；三是体会课文的思想感情；四是领悟一些表达的方法；五是积累语言材料。

（二）篇的教学要点

1. 指导学生把握课文主要内容

把握课文的主要内容，是读懂课文的重要标志。对有一定阅读能力的人来说，拿来一篇一般的文章，读上一两遍，就可基本把握文章的主要内容。这主要靠的是在长期阅读中逐步形成的语感（也有人把它叫作文感）。对于还不具备初步的阅读能力的小学生来说，显然还达不到这样的程度。在这种情况下，可以引导他们在阅读实践中逐步悟出一些把握文章主要内容的方法，如课题扩展法。

教师要根据课文的不同特点，指导学生运用不同的方法把握课文的主要内容，使学生在实践中学到把握课文主要内容的不同方法，并通过反复运用，逐步熟练，形成能力。学生把握课文的主要内容，要防止两种倾向：一种是过于简单。另一种倾向是过于烦琐，几乎是复述课文内容，这说明学生还不能分清主次，抓不住主要内容。出现这两种情况，可能是因为学生还不懂得怎样把握课文的主要内容，也可能是对课文内容没有较准确的理解。

2. 引导学生揣摩文章的表达顺序

文章的表达顺序，是作者思路的外在显现。叶圣陶先生说："作者思有路，遵路识斯真。"可见，了解作者的思路，是把握文章主要内容，了解作者写作意图的重要环节。选入小学课本的文章，大多是叙事的，也有一部分是写景、状物的。教师的任务是启发学生自己去揣摩，在他们自己揣摩以后，再让学生互相交流，并对他们的学习收获给予充分的肯定。

3. 指导学生体会课文的思想感情

指导学生体会课文的思想感情，最重要的方法是培养学生在阅读的时候，把心放到课文中去，设身处地得像作者那样去想，仿佛自己身临其境。

指导体会课文的思想感情，还要启发学生联系自己的思想生活实际，使他们跟课文表达的思想感情产生共鸣。

通过有感情地朗读，既可以把体会到的思想感情表达出来，又可以进一步加深对课文思想感情的体会，所以在阅读教学中要尽可能多地让学生进行有感情地朗读。

4. 指导学生领悟一些表达的方法

对小学生来讲，领悟表达方法的要求不宜太高。一般说来，只要能悟出文章在表达上的突出之处即可，而且重点应在遣词造句方面，如词语的运用、句式的选择等。学生能体会到哪些词句表达得准确，哪些地方写得好，就是有了收获。必须明确，"领悟一些表达的方法"，不是让老师去讲所谓写作特点。注意，这里强调的是"领悟"，老师指点一下是必要的，但主要是让学生自己去领悟。

5. 指导学生积累语言材料

积累语言材料，既是词句教学的重点，也是篇章教学的重点。关于熟读、背诵后面还要讲到，这里单说说赏析。当学生感受到它的精美之处以后，自然会产生读熟、背会的愿望。朗读有三项要求：一是能正确地朗读课文。要用普通话读，发音准确，吐字清晰，声音响亮；不读错字，不丢字，不添字；要按句读停顿，不重复字句，不顿读；要有良好的朗读习惯，不指读，不唱读。二是能流利地朗读课文。要把句子读完整，不读断句；要读出句与句之间、段与段之间的间歇；要读得连贯流畅，速度适中。三是能有感情地朗读课文。要读出不同的语气，语调适当；要读出轻重缓急、抑扬顿挫，能比较准确地读出课文的思想感情；情感的表露要朴实、自然，要用自己声音的本色表情达意。正确、流利、有感情这三项要求中，正确是最基本的要求。

五、朗读指导的方法

（一）指导学生读正确

要使学生学会正确地朗读，教师既要严格要求，又要作具体指导。学生开始学习朗读时，无论是指名读或齐读，教师都要在读前提出明确要求，读后按要求检查。如有的学生读错字音，是受方言的影响，教师就要利用汉语拼音进行正音，直到学生读准确为止。有的学生丢字、添字，是因为他们没有认真地、一丝不苟地看着书来读，教师就要严格要求他们仔细地看课文，把每个字都看在眼里，再准确地读出来；也可以要求他们认真听别人朗读，指出别人朗读中的错误。有的学生读破词句，是因为对一些字词不熟悉，不理解，这就需要帮助他们掌握生字新词，训练他们按词连读。只有针对学生朗读中的问题进行具体指导，才能收到实效。

（二）把朗读训练贯穿于阅读教学全过程

在阅读教学中要多给学生创造朗读的机会。在阅读教学过程中指导朗读的方式多种多样，主要有以下七种：

1. 范读

就是示范性的朗读。可以由教师范读，也可以用朗读磁带代替教师范读，还可以让朗读水平较高的学生范读。小学生模仿性强，范读便于学生模仿。范读可以读全文，也可以根据教学需要读一段或一句。

2. 领读

就是带着学生读。学生朗读水平低时，教师要一句句地领读。遇到长句子，可以先把句子分成几部分领读，然后再读完整的句子。领读一般用来帮助学生读得正确、流利。

3. 齐读

就是全班同学或一组同学一起读。齐读，可以使较多同学有朗读的机会，也有利于训练学生读准字音，正确停顿。但齐读不便于边读边思考，也容易形成唱读，所以不宜过多地采用。

4. 个人读

包括自由读和指名读。自由读，就是全班同学在同一时间里就一篇课文或一段课文自己出声朗读。其好处是全班同学都可以得到练习，也便于边读边思考边体会。指名读，便于针对学生朗读中的具体问题进行指导。指名读的面要广，使好、中、差学生都能得到当众朗读和老师指导的机会。

5. 分角色朗读

就是由两个以上的学生分别读出不同人物的有关语句。这种朗读形式，低年级学生很喜欢，有利于学生加深对课文内容的理解，提高学生有感情地朗读的能力。

6. 引读

就是教师用引读导语，引导学生读出课文中相关的部分。引读导语可以是教师根据需要另行设计的，也可以是课文中可以引起某些内容的一句或几句话。引读能帮助学生理解和掌握课文内容，弄清课文的行文顺序和层次关系。

7. 轮读

就是轮流读。可以是个人轮流读，也可以是小组轮流读，还可以是男生和女生轮流读。这种方式有助于激发学生的竞争意识和朗读兴趣。

（三）注意教给学生朗读技巧

朗读有一定的技巧，如停顿、语调、重音等，主要在实际朗读过程中让学生模仿体会，不宜架空讲授朗读知识与技巧。

六、默读指导

默读不受课文内容和作者感情所规定的语速的严格限制，可以边读边思考，便于集中注意理解内容，也可以根据需要反复读，还可以根据不同的目的选读或浏览。

（一）默读的要求

小学阶段要使学生达到能够比较熟练地默读，具体要求包括以下四个方面：一是读的时候，做到不出声，不动唇，不指读；认真阅读，精力集中，边读边勾画批注。二是能按阅读目的要求读课文，理解主要内容，体会思想感情。三是能运用通读、摘读、跳读、浏览等各种不同的阅读方法，适应不同的需要。四是要有一定的速度，到高年级每分钟默读应不少于300字。

（二）默读指导的方法

1. 在学生具有一定朗读能力的基础上指导学生逐步掌握默读的技能

小学阶段，默读和朗读的关系十分密切。小学生默读能力和习惯的形成，一般经历两个阶段：一是小声读阶段，二是无声读阶段。小声读阶段，嘴唇不断微动，口中发出轻而急促的声音。教学时，首先要加强朗读训练。在学生具有初步的朗读技能的基础上，不失时机地开始默读的训练，让学生较快地度过小声读阶段。

2. 指导学生一边读一边想，逐步训练默读的"三到"

小学生默读课文，往往容易出现这样一些现象：一是漫不经心，匆匆读一遍就算了，不动脑筋去思考；二是只求字面的了解，以大体懂得句子的意思为满足；三是只求了解课文的主要内容，不去体会课文的思想感情。也就是说，学生不能通过默读深入地理解课文。所以在默读训练中，教师要十分重视指导学生在默读课文时集中精力，边读边想，做到默读的"三到"：眼到、心到、手到。眼到，就是看清每一个字。心到，就是集中注意力，一边读一边想，对文章中的词句能边读边分析综合，理解词句的意思和内在联系，并能提出自己不懂的问题。为了训练学生"心到"，在读前，教师可提出要求，让学生带着问题去读，读后及时检查学生的理解程度，或让学生回答默读前提出的问题。手到，就是训练学生边读边动笔。中年级学生可以边读边画出重点词句，或标出自己不懂的问题等。到了高年级，可以做些简单的批注。学生边读边动笔，能促进思考，提高默读效果。

3. 逐步提高学生的默读速度

默读能力包括两个方面：一是能够准确理解课文的思想内容。二是有一定的速度。在我们的生活、学习、工作中，需要阅读的书报杂志非常多，默读的速度快，就能在较短的时间内阅读较多的材料，获得较多的知识，这是很有好处的。在小学高年级，要重视提高默读速度的训练。

默读有一定的速度，第一要眼睛看得快，要学会"扫读"，扩大视觉的范围，也就是由原来的一字一词地看书，变为一眼就扫过一句、一行甚至几行。第二要由眼入脑想得快，脑子要跟着眼睛扫读思考，弄清楚眼睛扫过的文字说的是什么。为了提高学生的默读速度，可以提出要求，让学生在限定的时间内默读课文，然后检查默读的效果。

4. 指导学生学习浏览

浏览，多用于收集有关材料。拿小学生来说，如举办一次主题班（队）会，准备一次语文活动等，可能都要求学生先收集有关材料，而这些材料往往是这本书里有一点，那篇文章里有一点。既是收集有关材料，就用不着细读整本书、整篇文章，只要从文章或书籍中找到自己想用的材料就可以了。这样，就要用浏览的方法。

浏览的训练，最好结合活动来进行。如举办一次以保护环境为主题的中队活动。活动前，老师就可布置学生收集有关环境保护的材料，收集到以后，根据这些材料编写出各种形式的节目。这样就把收集信息和应用信息结合起来了。

七、复述指导

（一）复述的要表

一是不改变原意，又能抓住重点。要在掌握课文主要内容和思想感情的基础上复述，不能脱离课文的原意，更不能改变原意，即使是创造性复述，也要以原文为依据。但是，复述是有选择的叙述，即使是详细复述，也应该突出重点。

二是恰当运用课文的语言和组织自己的语言。复述不是背诵，而是要把课文中的词语、句子组织到自己的语言之中，连贯地叙述课文，并能表达课文的思想感情。

三是用普通话复述课文。复述是训练学生语言规范化的有效措施，要用普通话复述，做到语音正确，语调适当，声音响亮，口齿清楚。

（二）复述的方式

1. 详细复述

低、中年级采用详细复述较多，一般选择篇幅较短的课文或较长课文的重要片段进行。详细复述前，要让学生认真读书，记住课文中的重点语句，并能读出人物对话的不同语气、神情等。在有感情朗读的基础上再练习复述，也可用提示性的问题，帮助学生掌握课文的叙述顺序，还可引导学生在细致地观察课文插图后详细复述，把学习观察和学习表达联系起来。

2. 简要复述

简要复述，是一种概括地说出课文主要内容的复述。要求学生按照课文的顺序叙述，并能把课文中重要的词语、句子组织起来表达主要内容。

中、高年级采用简要复述较多，宜选择篇幅较长、情节较复杂的课文。指导学生简要复述，可先编好复述提纲，不过提纲要简明、扼要，能起到帮助记忆的作用就行。根据课文的不同内容，复述提纲有不同的方式。如有的围绕主要人物，把课文内容组织起来；有的以事件发展顺序为线索，概括事情发展各个阶段的主要内容；有的用一系列问题代替提纲等。

3. 创造性复述

创造性复述，有的是改变作品的表现方式，如改变人称的复述，把对话改为叙述的复述；有的是改变作品的体裁，如把诗歌和剧本改用故事的形式进行复述；有的是改变作品的结构，如本来是倒叙的写法改用顺叙复述；有的是增删作品的内容，如让学生发挥丰富的想象，增添一些情节或减少某些细节等。无论进行哪一种创造性复述的训练，在复述前，都要让学生反复朗读或默读课文，深入理解课文的思想内容。学生复述时，教师要注意倾听，发现优缺点及时记下，尽量不打断学生复述的思路。复述后，及时组织评议，必要时可让学生再复述，使每次训练都能收到实效。

八、背诵指导

背诵是我国传统的学习语文的重要方法之一。在背诵的过程中，学生能够加深对课文思想内容的理解。背诵可以积累大量的词汇、句式和精彩段、篇，有助于提高学生的语言表达能力。

（一）背诵的要求

课标明确规定小学阶段"背诵优秀诗文不少于240篇"，并对各年段应背诵的篇数做了具体规定。对教材中提出的要求背诵的诗文，每个学生都应做到正确熟练地背诵。背诵时，要求做到不添字，不漏字，不颠倒，不结巴，口齿清楚，速度适当。对于已经能够背诵的课文，还要经常复习巩固，做到熟记于心，防止遗忘。

（二）背诵指导的方法

指导学生练习背诵，要遵循记忆规律。

1. 在理解的基础上熟读成诵

理解是背诵的前提。学生理解了课文内容，厘清了课文的层次结构，才容易背诵下来并牢固地记忆。这里所说的"理解"，指的是基本理解，大体理解，不是指理解深透。特别是古诗，你要让学生理解深透，不仅现在不可能，到中学时也不一定能做到。要特别强调的是，背诵要建立在熟读的基础上。读都还没读通，就让学生练习背诵，即使勉强背会了，也会很快忘掉。

2. 帮助学生寻找和建立记忆课文内容的联系点

有些课文中，具有显示课文层次的语言单位，如重点词语、中心句、过渡句、过渡段等，都可以作为记忆课文的联系点。要启发学生学会寻找记忆的联系点，使之成为帮助自己记忆的凭借。

3. 采取全部记忆与分段记忆相结合的方法

全部记忆，就是把要背诵的内容作为一个整体来记忆；分段记忆，就是把要背诵的内容分成几个部分来记忆。背诵，有的要求背诵全文，有的要求背诵课文的一部分。背诵时，要把所要背诵的内容作为一个整体来识记。如果所要背诵的内容比较长，学生背诵起来有困难，可以采用分段记忆法进行背诵，以便分散难点。但是分段背诵时，一定要从整体出发，注意该段与整体的联系，分段背诵以后还要回到整体背诵上来，防止肢解所要背诵的内容，破坏内容的完整性。

阅读教学内容中的词、句、段、篇教学和朗读、默读、复述、背诵指导，是一个有机结合的整体，要根据新课标的要求和教材的安排，在每一篇课文教学的过程中全面地、综合地体现，既不能片面地顾此失彼，也不能割裂地一项一项地进行。

第四节　各种不同类型课文的教学

目前的小学语文教材，一般都有精读课文和略读课文，有的教科书还设置了"看图学文"。不同类型的课文教学要求不同，所采用的方法也应有所区别。

一、精读课文的教学

精读课文，类似于长期以来一直沿用的"讲读课文"。把"讲读"改为"精读"，反映了教学思想的变化。"精读"显然是从学的角度着眼的，而"讲读"，则是从教的角度着眼的。一说是讲读课文，首先想到的是老师的讲，虽然不一定是以讲为主，但至少应该是既讲又读，讲、读平分秋色。而"精读"则不然，一说是精读课文，首先应该想到的是学生的读，虽然它并不排斥教师的讲，但至少应该是以读为主。可见，"讲读"和"精读"，一字之改，必将引发教学思想、教学方法的一系列变化。

（一）精读课文的教学要求与教学特点

精读课文教学的几个显著特点。

第一，它强调教师的指导。整个精读课文教学的过程，应该是一个在教师的组织、引导、指点下的学生自主学习的过程。教师的指导包括多方面的工作，大体说来，主要有以下四个方面：①激发学生的读书兴趣，调动学生自主学习的主动性、积极性；②设计、组织、调控整个教学过程；③提示阅读要求，指点读书方法；④通过示范、点拨和精要的讲解，解决学生读书中的疑难。

第二，它强调学生自主的精细研读。这就是说，精读课文，不是读上一两遍大体知道讲的是什么就行了，而是要精心地读，细细地品味。要做到这一点，就必须引导学生充分地读，在读中整体感知，在读中有所感悟，在读中培养语感，在读中受到情感的熏陶。

第三，它强调全面进行阅读能力的培养，包括理解课文内容，体会作者的思想感情，领悟表达方法，积累语言材料和练习朗读、默读、复述、背诵等。当然，这并不意味着每一篇课文的教学都要做这些工作，但有一些是必做的，如理解内容，体会感情，语言的学习和积累，朗读，默读等。

（二）精读课文教学的一般方法

一篇课文的教学过程，主要指的是精读课文的教学，这里不再赘述。根据精读课文的教学特点，教学时要特别注意的是：突出重点，导读结合，渗透读书方法。

1. 突出重点

一篇课文包含的教学内容十分丰富，体现了词、句、段、篇、听、说、读、写的综合训练，但这并不是要不分轻重缓急，平均用力，而应该是有侧重点的综合训练。

突出重点，进行综合训练，一要突出年段特点，体现训练的阶段性。在低年级着重进行词、句和朗读的训练，注意进行默读、复述训练。二要处理好重点和非重点的关系。每个年段应当有重点，每一课的教学也应当有重点。三要做到重点与一般相结合。像词语和句子的教学、朗读和默读、复述和背诵的指导等，不管是中年级还是高年级，都要给以足够的重视。

2. 导读结合

过去一般的提法是"讲读结合"或"讲练结合"，为什么要改成"导读结合"呢？这里涉及一个具有根本性质的问题：教师在语文教学中的主要任务到底是"讲"还是"导"。对这个问题，叶圣陶先生有过多次十分精辟的论述："我认为教师教语文，无非是引导学生练习看书作文的本领"；"教师当然须教，而尤宜致力于导"；"教课之本旨并非教师讲一篇课文与学生听，而是教师引导学生理解此课文，从而使学生能自观其他类似之文章"；"所谓教师之主导作用，盖在善于引导启迪，俾学生自奋其力，自致其知，非谓教师滔滔讲说，学生默默聆受"。这些论述贯穿着一个精神，这就是：语文教师在教学中的主要任务不是"讲",而是"导"。

什么是"导"呢？导，就是要引导学生自己学习，自己探索，自己发现。导，包括教师在阅读教学中的一系列活动，如组织、提示、提问、示范、指点和必要的讲解。教师导的目的，是使学生学会读书，而学会读书的基本途径是学生自己的阅读实践。因此，阅读教学中的主要活动应该是学生的读书、思考。学生的读，离不开教师的导；教师的导，着眼点在学生的读。

3. 渗透读书方法

指导学生掌握基本的语文学习方法，并鼓励他们采用适合自己的方法学习，逐步提高自学能力，是教师在阅读教学中的一项重要任务，因为只有学生学会学习，才可能有真正意义上的"自主学习"。所谓"渗透"，就是在学生的阅读实践中，教师有意识、有计划地通过实例让学生从感性上接触某种读书方法，再逐步地从更多的同类实例中领悟、理解这种方法，进而反复运用，掌握这种方法。比如，学生联系上下文说出词句的意思后，再让学生说说自己是怎样理解这个词句的，从中领悟联系上下文理解词句的方法，并在以后的阅读实践中运用这样的方法。这个渗透的过程，实质是引导学生通过多次反复的阅读实践，发现并尝试运用读书方法的过程。

精读课文的教学，要渗透"基本的语文学习方法"。基本的语文学习方法，包括的范围很广，诸如学习词、句、段、篇的基本方法，朗读、默读、背诵、复述的基本方法等。这里不可能一一列举。应该特别注意的是下列一些基本的精读课文的方法：

第一，从感知语言文字到理解思想内容，体会思想感情，再到揣摩、吸收语言文字。在整个读书过程中，对形式和内容的掌握是并行的、统一的，但由于先后有所侧重，才形成对形式、内容认识的循序渐进、螺旋上升要求细读语段，理解语言；品读语段，体味语境；诵读语段，增强语感。最后再通读课文，着重领悟表达的一些方法，特别是遣词造句的精妙之处，还可以通过背诵等形式，积累语言。长期这样渗透，学生就会逐步掌握精读课文的方法。

第二，联系语境理解词、句、段。这也是一种最基本的读书方法。"书读百遍，其义自见"，原因就在于反复阅读之后，读者对整篇文章以及文章的各个部分都有了较为深入的理解。在这种情况下，把原来不甚了然的词、句、段放在已经理解了的语言环境之中，其含义就可不讲自明。运用这种方法，有两个要点：一是要让学生"充分地读"，不要在学生读上一两遍课文之后就急于解词释句；二是不要孤立地去解词、释句、析段，而要把它们放在段落里甚至全篇中去领悟。

二、略读课文的教学

（一）略读课文的教学要求与教学特点

略读课文是相对于精读课文而言的，它是介于精读课文与课外阅读之间的一种课文类型。它的基本要求是：学生运用在精读课文学习中获得的经验，基本上依靠自己的努力读懂课文，从而逐步提高阅读能力。略读课文一般没有学习生字生词的任务，不认识的字只要借助拼音或者通过查字典，能够读正确即可。

同精读课文的教学相比，略读课文的教学有以下两个特点：第一，教师不必像精读课文的教学那样做过细的指导。一般来说，教师的指导主要是：在学生自读前，激发学生读的兴趣，提出读书的基本要求；在学生自读时，巡视辅导，解疑释难；在学生自读后，组织交流讨论，适当指点、小结。第二，学生要认真阅读，但不必像精读课文那样精读细研。一般来说，只要基本上读懂课文，能正确、流利、有感情地朗读课文即可。

（二）略读课文教学的一般方法

根据略读课文的教学要求和教学特点，略读课文的教学，一般可采取下列方法：提出要求，自读自悟；检查交流，适当点拨。

1. 提出要求，自读自悟

首先，要明确要求。学生明了了目标，思维就会活跃起来，就有了读的积极性，就会主动地阅读。提出要求的作用还在于促使学生运用从精读课文学习中学到的方法，主动地阅读新课文，培养阅读能力。因此，教师提出的要求必须明确、具体，还要注意适量和适度。在一般情况下，可以课本中的阅读提示为主要依据。

其次，在学生明确要求的基础上，要放手让他们自己读，自己悟。因为运用已有的知识解决问题，必须靠学生自己，别人是代替不了的。教师要给学生充分的时间，让他们根据教师提的要求自己读书、思考，或者查阅字典，或者圈、点、画、批，或者同桌互相讨论。在自读自悟的过程中，教师要巡视辅导，了解情况。

2. 检查交流，适当点拨

学生经过自读自悟，会解决在阅读中遇到的一些问题，从而学到新的知识，有了新的体会，运用已有知识和方法的能力也得到了一定的提高。然而这毕竟是初步的练习运用，他们必定还有自己解决不了的或者解决不好的问题。同时，学生之间的自学能力和认识水平也不平衡。因此，需要教师组织检查交流，根据情况适当辅导。检查交流的主要内容是：①课文是否已经读得正确、流利了；②是否基本上把课文读懂了；③就一两个重点的或普遍感兴趣的问题适当进行讨论，教师参与讨论，并根据讨论情况适当引导点拨。

（三）略读课文教学应当注意的问题

1. 要重视略读课文的教学

有些老师认为，培养阅读能力主要靠精读课文的教学，略读课文可有可无，这种看法是错误的。叶圣陶先生早在20世纪40年代就讲过，就教学而言，精读是主体，略读只是补充；但是就效果而言，精读是准备，略读才是应用。如果只注意精读，而忽略了略读，功夫便只做得一半。当然，叶圣陶先生这里所讲的"略读"，跟我们所讲的"略读课文"的学习并不完全是一回事，但他讲的精读与略读的关系，完全适用于我们所讲的"精读课文"和"略读课文"的关系。

教师要重视略读课文的教学，还要教育学生重视略读课文的阅读。要让学生懂得，略读课文是教材的重要组成部分，是学好语文、培养阅读能力的重要凭借。所谓"略"，就教师的指导而言，可比精读课文的指导简略一些，更多地发挥学生的主动性；就学生的阅读而言，只要基本读懂课文，能正确流畅地朗读即可，不要求精读细研。切不可把"略读"理解为"粗略的"甚至是"忽略的"阅读。

2. 不要把略读课文当作精读课文来教

略读课文和精读课文在教材特点、教学要求和教学方法等方面有明显的区别，这似乎是不难理解的，但是在实际教学中，往往不容易分得清。这有多方面的原因：其一，对学生估计偏低，不大相信他们能自学，所以不放心。其二，受考试的影响，着眼点不是放在培养自学能力上，而是担心抓了重点会遗漏什么东西，考不出好成绩来，也就难免按精读课文的路子去上课了。种种原因，归结起来，还是教学思想问题。只有首先端正教学思想，才能真正按照略读课文的特点和要求来进行教学。

三、看图学文的教学

（一）看图学文的教学要求与教学特点

看图学文是精读课文的一种特殊形式。作为精读课文，它要求培养学生的阅读能力；作为一种特殊形式，它还要求培养学生的观察能力和形象思维能力。因此，看图学文的教学要求是：培养学生的观察能力、形象思维能力和阅读能力。

看图学文教材由形象生动的图画和说明图意的短文组成。可见，有图有文，图文结合，就成了看图学文教材的一个最显著的特点。看图学文的图，把文章里抽象的语言文字变成生动可感的画面，从而促进学生对文章的感受和理解。因此，在图文结合的基础上，以学文为主，应是看图学文的又一个特点。

（二）看图学文教学的一般方法

看图学文的教学，通常所采取的方法是：从图到文，图文结合，以文为主。

1. 初步看图

先让学生按照一定的要求独立地认真观察图画，然后启发学生说说图意。第一步，说出图上都画了些什么；第二步，看懂图中事物间的关系，说出事物之间的联系或发展变化。

看图学文的图，有多幅的，有单幅的。多幅图大都是生动有趣的童话故事，是按照事情的发展顺序画的。通过观察，要了解事物活动或发展变化的过程。观察时，先把几幅图连起来看一看，大致了解图上画了些什么，表现的是什么事；再一幅幅地仔细观察，从各幅图的互相比较中看出事情的发展变化。单幅图的图意比较集中，看图时，要引导学生按照一定的顺序来观察，并且注意事物之间的联系，分清主次。

其次，初读课文。除了读准字音、读通句子之外，学生还要一边读抽象的文字，一边重现图中的具体形象，把看图得到的初步印象和课文中的文字描述联系起来。多幅图的看图学文，要求学生从课文中找到与各幅图相对应的部分，让他们一边看图，一边一段段地读课文。还可以由老师范读，或者让一名学生朗读课文，全体学生一边听一边看图，从而了解课文是怎么叙述图意的。

2. 图文对照，加深对课文的理解

看图学文的图画和课文，是采用不同的表达形式，反映同一种事物，同一种思想感情。看图学文中的看图，不同于美术作品欣赏。看图学文的图，除了有培养学生观察能力和想象能力的作用外，很重要的一个作用是帮助学生理解课文。因此，在整个图文对照的过程中，要以学文为主，参照图画，而不能不分主次，更不能以看图说图为主。

第五节　不同体裁课文的教学

一、叙事性作品的教学

叙事性作品的特点和小学语文教学的目的要求，在教学中应注意以下三点：

（一）通过语言文字，理解思想内容

任何一篇文章都是要表达一定思想内容的。叙事性作品的教学，要抓住对表现主要内容和思想感情有突出作用的词句和段落，如表现人物行动和心理活动的深刻生动的词句，人物的个性化的语言，作者的精辟的议论和抒情性的语句等，引导学生理解其深刻的含义，并认识它们对表达思想内容所起的作用。

叙事性作品的教学，只靠理解语言文字是不够的，还要注意引导学生去体会和感受。感受的最有效方法就是朗读。不少文章在字里行间蕴含着作者极其丰富的思想感情，教学时要抓住重点语句和段落，引导学生多读，在朗读中感受文章体现的思想感情，进一步加深对语言文字的理解。

（二）厘清作者的思路

一篇叙事性作品，不仅负载了丰富的思想内容，而且反映了作者表达思想内容的思路。为了使学生了解文章思路，提高阅读能力，就要在叙事性作品教学中引导学生沿着作者的思路去理解课文内容，从而训练其逻辑思维能力。

（三）学习叙事性作品的语言

小学课本中的叙事性作品包括一部分文学作品。选取文学作品作为小学语文教材，除了让学生感受作品中生动的形象外，另一个重要目的是感受和学习文学作品中优美的语言。教学时要把着力点放在引导学生感受形象和学习语言

上，使学生学会阅读，学会用准确的语言表达自己的思想。

学习语言必须多读。篇幅短的精练文章学生应该熟读成诵，篇幅长的也要选取精彩的段落，引导学生反复诵读。还可以通过多种形式的练习帮助学生积累词汇，掌握句式，学习各种表达方法。

二、说明性文章的教学

教学说明性文章，要充分运用直观教学手段，使学生读懂有关内容，同时扩展学生思维，培养他们的观察能力。除此以外，就学习语文来说，还应注意以下两点：

（一）学习说明的语言和表达方法

说明性文章的语言具有确切、简洁、通俗的特点。在说明性文章的教学中，要注意抓住这些语言特点，使学生认识到用词确切才能准确地反映事物。说明性文章的语言具有很强的逻辑性，句子内部、句子与句子之间都有密切的联系。教学时，要引导学生体会语句之间逻辑关系的严密性。

（二）弄清说明的层次，了解文章的表达顺序

说明性文章的内容层次清晰，结构上大体也有一定的方式。一般说来，说明事物构成的，按构成的顺序写；说明事物功用的，按照由主到次的顺序写；说明事物发展过程的，按照时间先后顺序写；说明比较复杂的事物，把内容分成几个方面或按方位顺序写。

三、诗歌的教学

诗歌是诗和歌的总称。小学语文课本里选有古诗、现代诗、儿歌、歌词等。诗歌是社会生活高度集中的表现。诗歌的特点在于它有强烈的抒情色彩和丰富的想象。

（一）学习诗歌的语言

低年级，重点应放在朗读、背诵和识字、写字上，只要借助图画和文字使学生大体知道讲的是什么即可，一般不要讲解诗句。中、高年级，可以引导学生揣摩一些古今词义的变化，如"朝"和"早晨"，"还"和"回"，"舟"

和"船"，以及古今异义的字，如"可怜九月初三夜"中的"怜"等，但重点仍然是朗读和背诵。

（二）展开合理的想象

诗人凭借丰富的想象，运用比喻、拟人、夸张等手法，创造出生动的艺术形象，表达出强烈的思想感情。在教学中要引导学生想象，使诗情画意在学生头脑中形成画面。这样，才能使学生领略到诗的意境，受到熏陶感染，并促进想象力的发展。

（三）加强朗读

诗是有声的画。有感情的朗读有助于学生理解诗中的图景和情感，帮助学生体会诗的音乐美，增强诗的教育效果。同时朗读也是学习诗歌语言的主要手段之一，朗读比起默读来，学生更容易进入意境，领略诗歌语言的特点。指导朗读要着重两个方面：一是体会诗歌的思想感情；二是掌握朗读的技巧，包括重音、停顿、速度、语调等。指导朗读应从理解思想内容和体会思想感情入手。教师的范读也很重要，学生可以从教师的范读中展开想象，领会诗的意境，学习朗读的方法。

四、寓言的教学

寓言、童话都是叙事性作品。考虑到它们除了具有叙事性作品的一般特点外，还有一些自己的特点，所以单列出来讲一讲。根据寓言的上述特点，在教学中应该注意以下两个问题：

（一）引导学生通过语言感受形象

根据寓言的特点，从以下三个方面进行：

1. 领会寓言形象的语言

寓言的形象也同其他体裁的课文一样，是用形象化的语言来描绘的。所以，教师要重视引导学生理解语言，通过语言明晰形象。

2. 通过朗读突出鲜明的形象

寓言的语言像诗歌的语言一样精练，且讽刺意味较浓。所以，朗读寓言要用讲故事的口吻，语调轻松、幽默，带有讽刺意味。分角色朗读是朗读寓言的好方法，要指导学生抓住各种人物的语言特点，用有感情的朗读突出其形象。

3. 观察图画，丰富表象

寓言的课文大多配有图画，这些图画反映了故事的主要内容，增强了趣味性。教学时要结合理解课文的内容，引导学生认真看图，丰富学生的表象，激发想象，帮助学生更好地掌握寓言的艺术形象。

（二）启发思考，揭示寓意

1. 抓住警句启发思考

寓言中除了描绘艺术形象的语言外，还有理智性、概括性极强的语言，表达了作者的真知灼见和深刻的思想。例如《自相矛盾》中，"有人问他：'用你的矛戳你的盾，会怎么样呢？'他哑口无言，回答不出来"。

2. 结合故事内容进行评价

掌握了寓言的故事内容以后，要引导学生对事件或角色的行为进行分析议论，做出评价。例如，学生阅读理解《亡羊补牢》以后，可以引导他们思考议论："养羊人对待别人意见的两种态度，得到了什么不同的结果？"通过评价，引导学生认识到养羊人吸取教训及时纠正错误是好的。学生对寓言的艺术形象加深了认识，就为揭示寓意做好了准备。

3. 联系生活实际加深认识

寓言的形象往往是以比喻的手法出现的。寓言中所讽刺、批评的真正对象是现实社会中的某些现象。准确揭示寓意的诀窍，就在于从现实生活中找出众多的类似现象，联系对寓言中的事件或角色做出的评价，举一反三，得出懂得了什么道理或吸取了什么教训的结论。教师要做好联系学生生活经验，结合寓言的事件、角色，揭示寓意的引导工作，鼓励学生通过分析、综合，自己揭示寓意。

五、童话的教学

根据体裁特点和儿童心理，童话教学应注意以下三点：

（一）要处理好幻想和现实、虚构和真实的关系

童话故事是通过幻想虚构的，但它反映了现实生活中的种种真实。教学童话，要处理好幻想和现实、虚构和真实的关系，指导学生通过读童话，联系现实生活，受到启发、教育。

（二）要引导学生学习语言

童话的语言浅显、生动、形象，对于发展学生特别是低年级学生的语言有积极作用。朗读童话，要用接近口语的语气，速度应放慢一些，像述说自己的亲身经历一样，要读得亲切，表达出应有的情感。有些童话还可以分角色朗读，使学生在兴趣盎然的朗读中，受到教育，学习语言，提高朗读能力。

（三）要重视培养学生的想象力

幻想性是童话的重要特点。在培养学生的想象力方面，童话具有非常有利的条件。教学童话，可以抓住幻想的部分反复阅读，在了解内容、学习语言的同时，丰富学生的想象力。还可以抓住适合展开想象的句、段，引导学生将语言文字转化为形象的画面，学生的合理想象，既能丰富对童话内容的理解，又能加深对童话思想意义的认识。

第六节　阅读教学应注意的问题

进行阅读教学，要端正教学思想，改进教学方法，提高教学效率。为此，须特别注意以下四点。

一、坚持工具性和人文性的统一

工具性和人文性的统一，是语文课程的基本特点。语文的工具性，决定了语文教学的主要目标是培养学生理解语言文字和运用语言文字的能力，即听说读写能力；语文的人文性，要求语文教学培养学生崇高的理想、高尚的情操和审美情趣、健全的人格和健康的心理品质。教师的任务不是去外加什么东西，而是坚持这二者的辩证统一。

就阅读教学而言，主要指的是在引导学生读书的过程中。这就是说，语文学科的人文教育是在指导学生理解语言文字和运用语言文字的过程中进行的，阅读教学的人文教育是在引导学生读书的过程中，同指导学生读书同步进行的，主要方式是"潜移默化"和"熏陶感染"。

二、发扬教学民主，使学生真正成为语文学习的主人

语文教学，是教师指导下学生理解语言文字和运用语言文字的过程。在这个过程中，离开教师的"教"，固然不成其为"教学"；离开学生的"学"，也同样不成其为"教学"。可见，在教学中，教与学两方面是互相依存、互相制约、不可分割的关系。但是，教学的最终目的是使学生学会、会学。从本质上讲，教只有通过学才能发挥作用。因此，教学过程最终是以学为归宿的。强

调"学生是语文学习的主人"的道理就在这里。

要把学生真正置于学习主人的位置上,教师必须转变教学观念,发扬教学民主。在阅读教学中发扬教学民主,至少应该做到:第一,树立为学生服务的思想,不能强迫学生适应自己,"配合"自己,而应努力研究学生的知识和能力水平、学习心理,使自己的教学适应学生的需要。第二,建立民主平等、互助合作的师生关系。教师尊重学生,学生尊敬教师;教师指导学生学,学生帮助教师教。第三,发展学生的个性,尊重学生的兴趣爱好,满足不同程度学生对语文学习的需求,鼓励学生从自己的特长出发去积极发展自己。第四,激发学生读书的兴趣,指导他们掌握基本的语文学习方法,引导他们自主读书,自主学习,逐步增强做学习主人的意识。

三、充分发挥阅读教学在激发学生创造潜能方面的作用

激发学生的创造潜能,要通过语文教学的各个环节去完成,作为语文教学重要组成部分的阅读教学,理应发挥更大的作用。阅读教学凭借的是一篇篇文质兼美的课文。这些课文多数是作家独特的创造,课文里的思想,课文里的形象,课文里的语言,无不是作家创造力的结晶。可以说,课文为培养学生的创造力提供了丰富的营养,同时也为培育学生的创造力提供了广阔的空间。

在阅读教学中激发学生的创造潜能,第一,教师要创设民主、和谐、宽松、愉悦的课堂教学氛围,要鼓励学生发表自己的见解,允许各种不同意见的发表,在对课文的理解上,不能规定统一的"标准答案"。第二,教师要善于利用课文中蕴含的创造性因素,发展学生的求异思维。第三,教师要重视学生的探究与发现。坚持下去,学生定会形成探究的习惯,逐步提高分析问题、解决问题的能力和创造性思维的能力。第四,教师要激发学生的想象、联想和幻想。对于留有想象空间的课文,教师要鼓励学生展开想象和联想。

四、重视培养良好的阅读习惯

阅读教学的主要任务是培养学生的阅读能力和良好的阅读习惯。一个能力,一个习惯,缺一不可。

　　培养良好的阅读习惯，要体现在阅读教学的全过程中。从课前预习到上课，再到课后复习，学生时刻都在教师的指导下进行着种种阅读实践，而阅读实践正是培养良好阅读习惯的根本途径。教师要在这一系列的阅读实践中，随时向学生提出要求，告诉他们怎样做，为什么这样做；发现问题，及时指出，提醒他们改正，使他们懂得为什么必须改正，怎样改正。

　　培养学生良好的阅读习惯，还要严格要求，持之以恒。教师提出了某项要求，就要抓住不放，不能时紧时松。尤其是在良好的阅读习惯尚未养成的时候，更需要严格要求，丝毫不能放松。严格训练应当以正面诱导为主，对于学生所表现出来的良好阅读习惯，要给予积极的评价，这将会对其他学生起到潜移默化的引导作用。

第七节　心语课堂之阅读教学

——在阅读教学中润心

《语文课程标准》明确指出："阅读是运用语言文字获取信息、认识世界、发展思维、获得审美体验的重要途径。"语文学科是最易走进学生心灵的学科，在阅读中理解，在阅读中感悟，在阅读中品味，在阅读中释情。因此，语文教师更应关注学生的心灵，在语文阅读教学中找出一条通往学生心灵的小路，在阅读教学中滋润学生的心灵。

一、让阅读触动内心

我们都知道语文学科的意义，它不仅仅是学科知识习得，更重要的是它将一篇篇凝聚着作者与编者灵感激情和思想碰撞的文字，潜移默化地影响学生的情感、情操和情趣。

目前，语文阅读教学的功利化倾向比较突出，强调阅读技巧的熟练，强调阅读练习的准确，而对阅读感悟，阅读体验这些看上去无法把握的要求则很少关注。如何让阅读教学去触动学生内心深处的领地；让优秀的阅读材料去感染去滋润他们的心灵，让他们在阅读中感受纷繁复杂的大千世界，在阅读中去感悟人情的喜怒哀乐。

二、让阅读成为习惯

（1）心语阅读教学是通过阅读培养学生想读书，爱读书的认知能力、培养独立思考的能力、培养勤于动笔的能力，在阅读中与作者的情感产生共鸣。勤于动笔就是要养成做各式各样读书笔记的习惯，比如说摘抄好词好句、圈画重点词句、制作卡片、会做笔记等将知识的获得和体会——记录下来。

（2）帮助学生恰当地选择报刊、图书、工具书之类阅读材料。教师要教会学生选择有利身心健康的书籍，有目的地自主学习，学生遇到疑难问题，给予帮助，并及时检查鼓励，激发学生阅读的兴趣，从而养成良好的阅读习惯。

三、巧用阅读方法

如何让阅读来丰富学生的知识，让学生充满书香气息呢？在心语课堂教学中，科学的阅读技能训练包括背诵、口头复述、评析、默读、朗读、精读等多种形式，巧用科学的阅读方法，能强化学生自主阅读意识，更能精准高效地培养学生的阅读能力。

1. 训练背诵

在心语课堂中以背诵为切入点，学生熟读成诵，能够强化记忆，很好地巩固阅读成果，沉淀词句材料，既提升学生口头表达能力，又改善书面表达实力。

2. 指导默读

在心语课堂中指导学生默读课文，边读边思考课文要渗透的人文教育，对于高年级的学生来说，有利于稳定阅读过程中的理解水平，对知识进行渗透，更能滋润学生的心灵。

3. 鼓励朗读

朗读要经历准确流畅的、传情达意的读，还要有感情地朗读，心语课堂中要求学生在掌握拼音、词汇、语法规则的基础上表情达意，在读中感悟、理解，读出感情。

4. 引导精读和评析

精读就是逐句、逐段、逐篇地剖析字词。而评析则是阅读教学中的欣赏活动，重点要求学生对文章中的显眼的文字做出恰当的评析。心语课堂要求教师引导学生将精读与评析都要在课堂中落实。在精读与评析中让学生获得知识和内心的洗礼，最终达成人文教育。

四、提升阅读品味

每一位语文教师对阅读材料应该有着独到的审美视角，有着丰富的情感体验。这种扎实的阅读基本功应该是一位语文教师具备的基本素养。他们那种独有的深厚的人文底蕴，应该从他们的每一句话中流淌出来，从他们的每一个眼神中、每一点细微的表情中洋溢出来，从他们的一举手一投足中展现出来让孩子们感受到，这就是激情洋溢，这就是丰厚的积淀，这就是从阅读中感受到的最让人心醉的东西，这也就是阅读的乐趣。

作为一位语文教师，善于从众多的阅读材料中寻找感人的部分。如《月光曲》中盲姑娘对音乐的痴迷而感动，特别是读到重点段落部分：月亮越升越高，穿过一缕一缕轻纱似的微云。月亮正从水天相接的地方升起来，微波粼粼的海面上，忽然，海面上刮起了大风，卷起了巨浪。被月光照得雪亮的浪花，一个连一个朝着岸边涌过来……一种舒缓、悠扬的音乐逐渐增加。霎时，整个教室的孩子们闭上眼睛享受着，我想这才真正是用心灵感染着心灵。而阅读要达到这个效果首先是语文教师要具有较强的阅读能力和较高的阅读品味。很难想象，如果教师面对一份文质兼美的阅读材料而无动于衷，淡然冷漠，而在他引导下的孩子们却能寻找到其中的内涵和真谛。捕捉孩子心灵的感染点，要感染孩子的心灵，使他们的心灵变得柔和、宁静而温暖，在他们的心灵之地播种下正直、诚信、善良的种子，在他们的心灵之空洒满希望的阳光。

在阅读教学中，语文教师要能敏锐地捕捉到阅读材料中那最贴近孩子心灵的敏感点，并在阅读教学中巧无痕迹地引导孩子们去感受领悟美。把握每一篇文章里描绘的意境美、语言美、形象美，理性的思维之美，那是拨动过多少人心中隐藏着的那根情丝，那是对孩子们心灵世界的涤荡和净化。

第八章
口语交际教学

第一节　口语交际教学的意义和要求

一、口语交际教学的意义

（一）培养学生的口语交际能力，是提高小学语文教学质量的需要

在小学语文教学中，听说读写四种基本能力的培养应该占有同等重要的位置，不应厚此薄彼。但长期以来，重读写轻听说的现象普遍存在，这是一种片面的认识，是语文教学质量不高的原因之一。之所以如此，除传统影响、应试教育等外部因素干扰外，还因为对听说读写的内在关系不甚清楚，因而自觉不自觉地把听说与读写割裂开来，疏于听说，多在读写上下功夫，其结果必然是事倍功半，教学效率不高。

听说读写是一个有机的整体，综合作用于学生。通过听说的训练，培养学生正确地理解和运用口头语言的能力；通过读写的训练，培养学生正确地理解和运用书面语言的能力。在儿童语言的发展中，口头语言与书面语言如车之两轮，鸟之双翼。

（二）培养学生的口语交际能力，是现代生活、学习、工作的需要

口语交际能力，是一种在交往过程中表现出来的灵活、机智的听说能力和待人处世的能力。这种能力，是现代社会的每一个人在日常生活、学习、工作中必备的能力，用处极为广泛，几乎每天都离不开。随着科学技术的发展，在人们的各种交往手段中，口语的交流占有越来越重要的地位。而且人机对话将成为一种新的交际方式。

（三）培养学生的口语交际能力，有利于促进学生思维能力的发展

语言是思维的外衣。理解和表达都与人的思维紧密相关。听人说话要理解内容，抓住要点，离不开思维活动；要清楚明白地表达自己的意思，不仅要想清楚说什么，还要组织好语言，更离不开思维。所以，口语交际的过程也就是思维活动的过程。

二、口语交际教学的要求

新课标对小学阶段的口语交际教学提出了明确的要求。在"教学总目标与内容"中提出："具有日常口语交际的基本能力，学会倾听、表达与交流，初步学会运用口头语言文明地进行人际沟通和社会交往。"在"教学实施建议"的"关于口语交际"部分提出："应培养学生倾听、表达和应对的能力，使学生具有文明和谐地进行人际交流的素养。口语交际是听与说双方的互动过程。教学活动主要应在具体的交际情境中进行，不宜采用大量讲授口语交际原则、要领的方式。应努力选择贴近生活的话题，采用灵活的形式组织教学。重视在语文课堂教学中培养口语交际的能力，鼓励学生在各科教学活动以及日常生活中锻炼口语交际能力。"

从上述两段话可以看出，小学阶段口语交际教学的要求，包含三个方面的内容。

（一）规范学生的口头语言

规范学生的口头语言，首先是要训练学生说普通话。学生在入学以前，一般说的是方言。入学以后，应要求他们学说普通话，而且在课内课外、校内校外都要坚持说普通话。教师要以身作则，用普通话讲课，用普通话与学生交谈，努力创造一种人人都说普通话的环境。学生在入学前已经能说许多话，但也存在许多语言不规范的现象，如语句不完整、重复啰唆、不必要的口头禅等，教师要随时注意纠正学生不规范的语言。

（二）提高口语交际能力

口语交际能力包括倾听、表达和应对的能力。听人说话，要能领会主要内容；对人说话，要能用普通话清楚明白地表达自己的意思，并能根据交际的对

象和场合发表意见。

（三）培养良好的口语交际习惯

口语交际要讲究文明礼貌，这是现代人文明素养的一个重要方面。听人说话时要认真耐心，注意力集中，边听边想；对人说话时使用礼貌用语，声音适度，态度大方；有不理解的地方虚心向别人请教，有不同的意见提出来与别人商讨。

以上三个方面的要求，要贯穿在小学口语交际的始终，从一年级起就要明确要求，加强训练，并在后续各个年级持之以恒，逐步提高要求。

第二节　口语交际教学的过程

口语交际教学是对学生进行口语交际能力训练的过程。小学生在入学前已有了一定的口语能力，但那是从生活中不自觉地习得的。入学后要使他们的口语交际能力不断有所提高，需要经过扎实有序的训练。

一、小学阶段口语交际的教学过程

儿童的年龄特点之一是喜听好说，求知欲强，表现欲强。学龄初的孩子已经"能说会道"。但他们的思维尚未得到充分发展，无意注意占优势，听话时常常注意力不集中；说话时意思表达不清楚，各种语病比较多。所以低年级的口语交际训练，应针对学生的年龄特点，因势利导，以他们熟悉的学习、游戏、生活为话题，创设具体的交际情境，激发学生与人交际的兴趣，并在充满情趣的交际过程中，注意规范学生的口头语言。

中、高年级的口语交际训练，要在低年级的基础上，进一步提高要求。中年级要着重训练清楚明白地讲述见闻，并说出自己的感受和想法；听人说话能把握主要内容，并能简要转述；参加讨论能说清自己的意思，有不理解的地方向别人请教，有不同的意见与别人商量。高年级要着重训练当众做简短的发言。当众做简短的发言，不是照着稿子念，也不能是三言两语。

在整个小学阶段，都要坚持进行说普通话的训练，使学生说普通话的能力逐步得到提高，并且养成时时处处说普通话的习惯；还要把文明礼貌的教育贯穿于口语交际训练的始终。

二、一次口语交际教学的过程

一次口语交际教学的过程，一般可以分为三个阶段。

（一）创设情境，引出话题

这一阶段的目的在于激发学生与人交谈的兴趣，并且知道围绕哪个方面来交谈。这一阶段应做的主要工作是提供条件，创设情境，使学生产生就某一方面进行交谈的愿望。例如，要练习介绍各自的玩具，可分成小组先把各人带来的玩具尽情地玩一玩；要练习介绍最近开展过的活动，可先引起学生对活动情景的回忆等。应注意的是，创设情境这一环节时间不宜过长，要及时把学生玩和看的兴奋点转移到口语交际上来。

（二）在互动中练习听说

口语交际能力的培养要在双向互动的语言实践中进行。师生之间、生生之间的"双向互动"，是口语交际教学的主要特点。口语交际则一定要交流起来，围绕着一个共同感兴趣的话题，大家畅所欲言，既谈自己的见闻感受，又对别人的发言做补充，做评议，甚至进行争论。正是在这样的双向互动中，学生增长了见识，发展了语言，提高了应对的能力。

在互动中练习听说，是口语交际训练的中心环节，要安排充裕的时间让学生进行交流。教师的引导要体现出层次，使学生的交谈逐步深入，说的内容越来越丰富；还要注意因势利导，善于发现学生中的典型加以示范，对出现的带共性的问题酌情点拨。为了让全班学生都有较多的练习机会，可采用全班交流、小组交流、三三两两自由组合交流等多种形式。

（三）总结讲评

总结讲评是练习的继续和提高。在口语交际课结束之前，一般应留出一些时间，对本节课进行总结讲评。可以师生共同回顾一下本节课的学习过程和主要收获，对表现好的和进步大的同学提出表扬，还可根据本节课的教学实际，适当布置课后的语言实践活动。

以上谈的是一次口语交际教学的一般过程。口语交际教学的方式多种多样，也不可能有固定的程式。教师应根据具体情况，灵活地安排教学过程。

第三节　口语交际训练的途径和方式

一、口语交际训练的途径

口语交际训练的途径十分广阔，主要有以下三条途径：

（一）通过口语交际课进行训练

口语交际课，是专门为训练学生的口语交际能力开设的。应充分利用这一阵地，创设多种多样的交际情境，让每个学生无拘无束地参与讨论交流，在具体的交际情境中，培养和提高学生倾听、表达和应对的能力。

（二）在语文教学的各个环节中进行训练

在语文教学过程中，学生听讲、朗读、复述、回答、讨论、口述作文等等，都是口语交际的实际训练。教师要特别重视在阅读教学过程中，引导学生提出不懂的问题，发表各自的见解，交流对课文的理解、体会，对重点问题进行切磋讨论。这既是阅读理解能力的训练，又是切实的口语交际能力的训练。

（三）在日常生活中进行训练

日常生活中，时时处处离不开听话、说话。因此，时时处处都有练习听话、说话的机会。语文教师要做有心人，不失时机地鼓励学生在日常生活中积极主动地锻炼口语交际能力。

二、口语交际训练的主要方式

口语交际训练的方式很多，不必拘于一格。常用的方式有以下五种：

（一）观察事物进行口语交际

采用观察事物进行口语交际，需注意以下三点：

第一，要在指导观察上下功夫。无论是在课上当场观察，还是布置学生课外自行观察，都要提出要求，指点观察的方法。观察过程中，教师要引导学生有重点、有顺序地观察，让他们眼看、耳听、鼻闻、手摸、口尝，运用多种感官感知事物，使客观事物在头脑中留下深刻、鲜明的印象。例如，有位教师带领学生参观植物园，孩子们来到温室，就好像来到了一个神奇的世界，千姿百态的仙人掌、仙人球，很快就把他们吸引住了，孩子们大开眼界，兴致勃勃。这时，教师注意引导学生边观察，边思考，并在这个过程中了解学生对什么最感兴趣，最想说的是什么。这样，指导就更加心中有数了。

第二，要设计好引导的思路，使学生交谈的内容逐步深入，那位带领学生参观植物园的老师，在口语交际课上是这样一步一步引导的：

① 参观植物园，你们最感兴趣、印象最深的是什么？（这是引起学生对观察积累的回忆）

② 要求每人给大家介绍一种自己最喜欢的仙人掌或仙人球，要讲得具体、清楚，使别人听了介绍就好像亲眼看到了一样。先分小组交流，再每组推选一名讲得最有趣的在全班介绍。（这是引导学生充分交流见到的事物）

③ 看到这么多形态、色彩各不相同的仙人掌、仙人球，你们想到了什么？（这是引导学生从见到的事物想开去，进一步扩展交谈的内容）

第三，要注意放手让学生用自己的话表达自己要说的意思，在表达的形式上不要多加限制，在表达的内容上也不宜规定得过于具体。要鼓励学生从不同的角度，用不同的语言表达自己的见闻感受，让学生无拘无束地畅所欲言。别的同学边听边想，可以插话，可以补充，也可以发表不同意见。

（二）创设情境进行口语交际

创造情境，是设法把学生带入某种假设的情境，如模拟接待客人、借书、购物、打电话、帮助老人等，然后根据假设的情境练习口语交际。这种方式能使学生身临其境，容易激发他们进行口语交际的兴趣。进行这种类型的口语交际训练，要特别注意以下两点：

1. 要注意想象合理

创设情境进行口语交际时，教师要鼓励学生展开丰富的想象，通过想象进入情境。在口语交际的过程中，学生的想象必然有的比较合情理，有的不大合情理，教师要及时表扬那些想象合理的发现，使想象不合理的学生受到启发。

2. 要注意说话得体

创设情境说话时，学生要模拟不同身份的人的口吻来说话，做到说话得体不大容易，教师要加强这方面的引导。

（三）听故事进行口语交际

进行这种类型的口语交际训练，要注意以下两点：

1. 选好故事，讲好故事

所选的故事应富有儿童情趣，符合学生的接受能力，能引起学生兴趣，启发学生思考。讲故事的时候，要讲得有吸引力，有启发性，能吸引学生聚精会神地听，启发学生边听边想。

2. 要引导学生由所听的故事展开想象

复述故事的内容，可以作为口语交际的一个内容，但不能作为重点，因为复述主要是重复故事里的语言，简单地停留于复述，不利于学生语言能力的发展。听故事进行口语交际，应该把所听的故事作为引子，重点要交流听了故事想到的内容。可以引导学生用自己的话说说对故事的理解和感受，也可以对故事中提出的问题展开讨论，有的还可以练习续编故事。

（四）结合实验、制作进行口语交际

1. 所选的实验和制作要符合学生的年龄特点和认知水平

学生年龄小，知识少，所选的实验一定要过程比较简单，结果比较鲜明，使学生能够看得明白，说得清楚。在课堂上进行的制作，应该是不太复杂，学生容易做成功、说清楚的。为了鼓励学生的创造性，丰富口语交际的内容，可以让学生做不同的实验，搞不同的制作。

2. 说话的要求要恰当

从内容上看，实验说话，一般只要求说清楚实验的过程和看到的变化，对有关的道理一般不作要求，学生能说到什么程度就说到什么程度。制作说话，一般是着重介绍制作的过程，介绍作品的形状、特点、用处，也可交流制作时的心情。

3. 要妥善处理做和说的关系

实验和制作在课堂上进行，能使做和说有机地结合起来，是应该提倡的好形式。但实验和制作花费的时间不能太长，要保证口语交际课的绝大部分时间用于练习听说，还要注意及时地把学生的注意力引导到互相交流上来。有的学生对实验、制作兴趣浓厚，要他们交流的时候可能还在忙着做，这就要靠教师适时、巧妙地引导。

（五）在讨论、辩论中进行口语交际

讨论、辩论一般由教师提出某个话题，让学生谈看法，发表见解。这种训练，对学生思维和语言能力的要求都比较高，大多在中、高年级进行。进行讨论、辩论训练要注意以下三点：

第一，专门组织的讨论、辩论，教师可以事先布置题目，使学生有所准备，如查阅有关资料，请教别人等，这样可以提高发言的质量。临时组织的即席讨论、辩论，教师应当把题目讲清楚，必要时还可以做适当的提示，并且给学生充分的思考和准备的时间。

第二，教师提供的讨论、辩论的话题，应当是发生在日常生活中的，是学生所熟悉和关心的，并且是有讨论和辩论的价值的。明显的正确观点或错误观点，不宜作为辩论的话题。

第三，对学生的发言不能要求过高。教师还应提醒学生注意使用礼貌用语，纠正不适当的语调和姿势。

第四节　口语交际教学应注意的问题

一、要在学生已有的听说能力的基础上逐步提高

小学阶段的口语交际训练，要准确地把握起点和要求，在学龄前儿童已有的听说能力的基础上逐步提高，防止起点和要求定得过高或过低的倾向。

听说训练的起点和读写训练的起点是不一样的。对刚入学的小学生来说，书面语言的读和写基本上是刚刚开始起步，而口头语言的听和说并不是刚刚开始。孩子从周岁时牙牙学语，到六七岁上小学，无论是进过幼儿园的，还是没有进过幼儿园的，在听和说方面都已经有了好几年的实践，已经掌握了许多词汇和句子，已经具有一定的听话、说话能力。显然，如果一年级的口语交际训练像读和写的训练那样，从词和句的训练开始，要求就偏低，不利于促进学生口语能力的发展。

二、要把口语交际训练贯穿在语文教学的各个环节之中

口语交际训练不应仅限于在口语交际课上进行。教师要增强口语交际训练的意识，自觉地把它贯穿在语文教学的各个环节之中。在实际的阅读、作文教学中，忽视听说训练的现象比较普遍。例如阅读课上提出问题让学生回答，教师往往只注意学生回答的内容是否正确，不注意学生回答的语句是否通顺连贯，对明显的语病也不提醒，不指导；不注意引导学生认真倾听和分析别人的发言，仿佛回答问题就是讲给教师听的。

三、口语交际训练要面向全体学生

教学中普遍存在的一种现象是，一个班里总有一部分学生爱发言、会发言，也有一部分学生不爱发言，不会发言，教师考虑到一堂课40分钟时间宝贵，往往总是让爱发言、会发言的学生发言。久而久之，部分学生成了"发言专业户"，部分学生成了观众和陪客，这种状况严重影响了学生口语交际能力的提高。因为从根本上说，爱发言、会发言或不爱发言、不会发言都不是天生的，都是训练的结果。要使每个学生的口语交际能力都达到大纲规定的要求，就要使每个学生都受到听和说的扎实训练。这不仅要求教师要有面向全体学生的思想，而且要有把训练落实到每个学生的措施。

第五节　心语课堂之口语交际

——我口说我心

　　《语文课程标准》指出：语文课程致力于培养学生的语言文字运用能力，提升学生的综合素养。在语文教学中，口语交际是至关重要的一部分，明确了口语交际的教学重点是培养学生倾听、表达和应对能力，它是通过听和说进行交流、沟通，传递信息。在心语课堂教学中，要求学生学会倾听，善于表达，把心里的话说出来。因此，在教学过程中，教师应该通过创设情境，丰富活动形式等，激发学生的口语交际兴趣，引导学生通过实践习得口语表达的知识与技能，不断提高学生的口语交际能力。

一、赏识鼓励说

　　在小学阶段，年级越低，学生回答问题的积极性越高，课堂气氛也就越活跃，而到了高年级，他们积极性却明显下降了，造成这种现象有很多的因素，而最主要的原因，则是教师没有保护好学生的表达欲。这种情况在教学课堂上经常可见，如：对"抢答者"的严厉训斥；对答错的或答有偏差的挖苦讽刺；对"未出声"者则漠视冷淡……久而久之，在课堂上，特别是在口语交际课上，都是只有那么几个同学敢说，其他的则"闭口无言"。因此，在课堂上教师应该关心到每一个学生，并保护学生的求知欲和表达欲：对专心听讲、思维敏捷和勇于表达的学生，应及时给予肯定和鼓励；当学生误答时，教师委婉地指出不足，同时要肯定其积极的表现；对于"未答者"，教师更应通过笑容给予学生鼓励和关心。

二、创设说的情境

我们会发现，在日常生活中，学生和同学、父母等交流时，一般都会无拘无束，畅所欲言，表达很自然，而到了口语交际课，却显得无所适从，无话可说，这是因为缺少了引导学生表达的情境。因此，在口语交际教学中，教师应尽力通过精美的课件、声情并茂的描述等为学生创设生动的情境，让学生仿佛置身其中。例如：我在讲《找秋天》一课的口语交际时，先出示一些秋天的美丽景色图片课件：碧蓝的天空，金黄的田野，火红的枫林，雁群南飞……随着画面的缓慢移动，还有多彩的颜色，悦耳的声音，都在刺激着学生的感官，我成功通过创设情境，吸引了学生的注意力，把学生带入情境中，并产生交流的欲望。在日常生活中，作为教师，也应该多了解学生的兴趣爱好，适当地抓住学生感兴趣的话题创造学生交流的机会，如"六一儿童节打算怎么过""你喜欢哪位明星""你最喜欢玩的游戏"等，久而久之，学生慢慢地打开话匣子，在交流训练的过程中就提高了交流能力了。

三、创造说的场景

1. 开展丰富多彩的口语交际实践活动

提高口语交际的能力，除了在语文教学的过程中有针对性地进行训练外，还应结合学生的日常生活开展活动，为学生进行口语交际创造更多的机会。例如：

（1）口述见闻活动。在语文课上课前几分钟，展开一句话新闻传真活动。用一句话表达自己今天印象最深的见闻，并转达给下一位同学，与此类推，保证见闻的准确性，这样日积月累，不仅能培养学生的观察能力，还能帮助学生养成准确表达的习惯。

（2）祝贺感谢活动。除了平时口语交际课上训练学生的表达交际能力，还可以抓住平时的活动开展训练，如班上同学学习有了进步，得了奖励，表现好得到表扬的同学等等，我们都可以进行表达训练，写一写祝贺词，得到表扬的同学说几句感谢的话语或获奖感言等，这样不仅增进同学之间的感情，同时也训练了即时表达的能力。

（3）讨论活动。教师提出几点表达的要求，鼓励学生就近期观察到的现象或印象深刻的事情，鼓励学生自由发言，以此提高学生表达自己想法与明辨是非的能力。

2. 开辟说的渠道

教师多与家长交流学生的情况，争取家长的积极配合，实现家校合作，为学生的表达创造更多的机会，从而更好地指导学生进行口语交际活动。

四、养成表达和倾听的好习惯

口语交际是为日常人际交流服务的，因此，在口语交际过程中，不仅要要求学生做到把话说清楚，还要做到表达流利，语言得体。这是一个人文明有修养的体现。在口语交际课上，教师不仅要关注课堂氛围，也要关注学生表达的习惯。例如：学生在交流的过程中，如果出现表达不当、语言颠倒、语意不明确的情况，教师要及时委婉地引导其他学生去发现、评议、纠正，学生会乐于发现问题，解决问题，也会更乐于接受来自同学的建议。这就在无形中，也培养了学生认真倾听的能力，更培养了学生关注语言表达的能力。

作为教师，我们为提高学生积极交流、准确表达创造机会，在语文课堂上，我们要抓住小学生的心理特点，改进教学手段，丰富课堂形式，充分调动学生交流的积极性，让学生乐于交流，说心里话，让口语交际真正地融进他们的生活。

第九章

作文教学 | 09

第一节 作文教学的意义和要求

作文教学的任务是在教师的指导下，有计划地培养学生语言文字的表达能力。

一、作文教学的意义

作文教学是小学语文教学的重要组成部分，也是为全面提高学生素质打基础的一项重要工作，它对小学生的发展具有重要意义。

（一）作文教学是培养学生书面表达能力的重要途径

书面表达能力和口头表达能力一样，都是每个人一辈子生活、学习、工作不可缺少的本领。书面表达较之口头表达，更具简洁性、严密性、准确性。我们往往碰到或听说这样的情况：讲话人讲了一番话，听众反映不错，可是根据录音一字不漏地整理出来一看，就发现有些地方重复、不连贯，甚至有些语句不大通顺。这些毛病在听的时候并没有明显感觉到。这是什么原因呢？主要是在口头讲的时候，听的对象就在眼前，有当时的语言环境，讲话人还可以用声调、手势来帮忙，而一旦写成文字就不同了，语调、手势不能借用了，全要靠文字来表情达意。作文教学的特定任务，正是要培养学生运用恰当的文字来进行表达的能力。具备了这种能力，学生将终生受益。

（二）作文教学是培养学生创新精神和创新能力的重要途径

学生作文所表达的是自己的所见所闻、所思所感。作文的这些内容都是观察和思维的结果。学生在表达的过程中，无论是选择安排材料，还是组织语言、用词造句，都离不开观察和思维。在作文教学中，教师引导学生留心周围的生活，观察自然，观察社会，鼓励他们用自己的眼睛去看，用自己的脑去想，去体验，就能极大地激发起学生的求知欲和好奇心，他们就能在平凡的生活中有所发现，产生联想，在作文中真正写出自己的所见所闻，所思所感，他们的求新求异的精神和创造性思维能力也会同时得到发展。

二、作文教学的要求

新课标对小学作文教学的要求做了明确的规定。在"教学的总目标与内容"及"教学实施建议"中提出的作文教学要求是："能具体明确、文从字顺地表达自己的见闻、体验和想法。能根据需要，运用常见的表达方式写作，发展书面语言运用能力。"写作教学应贴近学生实际，让学生易于动笔，乐于表达，应引导学生关注现实，热爱生活，积极向上，表达真情实感。在写作教学中，应注重培养学生观察、思考、表达和创造的能力。要求学生说真话、实话、心里话，不说假话、空话、套话，并且抵制抄袭行为。为学生的自主写作提供有利条件和广阔空间，减少对学生写作的束缚，鼓励自由表达和有创意的表达。

把上述规定联系起来学习领会，可以知道大纲提出的小学作文教学的要求，主要包括两个方面的内容。

（一）培养学生书面语言的表达能力

新课标规定小学生要学写简单的记实作文和想象作文，读书笔记、书信等常见应用文。"记实作文"，是写实实在在的人、事、物、景；"想象作文"，是写自己想象甚至是幻想的内容。习作的要求是"内容具体，感情真实，语句通顺，有一定条理"。"内容具体"，就是不说空话。"感情真实"，就是不说假话。想象作文虽然写的是想象和幻想的内容，但也应确实是自己之所想，表达的是自己的真情实感。"语句通顺"，就是每句话要通，一句一句要断得开，连得起来。"有一定条理"，就是叙述大体上有个顺序。"每学年16次左右的习作"，还体现了思维比较敏捷和作文有一定的量和速度。这些都是书面语言表达的最基本的要求，小学作文教学要在这些方面打下扎实的基础。过去的小学作文教学一直要求学生的作文"有中心"，修订版课标删去了"有中心"这一要求，其目的：一是为了放手让学生在作文中说真话，吐真情，写自己想写的内容；二是为了突出重点，在小学阶段，把作文的基本功练得更扎实。

（二）培养学生良好的作文习惯

良好的作文习惯，主要包括平时留心观察，认真思考，勤于动笔的习惯；作文时书写工整，注意不写错别字，注意正确使用标点符号的习惯；作文后认真修改的习惯。这些习惯，都要从作文训练开始之日起就注意培养。这些好的习惯养成了，有利于学生的终身发展。

第二节　作文教学的过程

小学作文教学是一个有序的、长期的训练过程。这个训练过程是由平时一次次的训练构成的。一次次的训练扎扎实实，一次次的训练环环相扣，才能逐步达到新课标所规定的作文教学的总目标及要求。

一、小学阶段作文教学的过程

小学作文教学应该从说到写，循序渐进，从低年级的写话入手，引导学生不拘形式地自由表达，逐步过渡到写成篇的作文。

（一）低年级着重练习写话

写话，就是把要说的话写下来。这是最初步的作文训练，一般从一年级下学期就可以开始。用写话作为作文的起步，体现了从说到写的规律，可以使学生在不经意中快快乐乐地走上习作之路。低年级进行写话训练，要注意从三个方面为学生书面表达能力的发展打好基础。

1. 激发学生书面表达的兴趣

要使学生感到，把自己想要说的话写下来告诉别人，是很有意思的，是件愉快的事情。新课标对于低年级学生的习作要求是："对写话有兴趣，留心周围事物，写自己想说的话，写想象中的事物。"这就是说，只要学生有兴趣，乐于写，低年级的写话训练就取得了成功。兴趣是最好的老师。有了兴趣，今后的发展是不言而喻的。

2. 培养良好的作文习惯

良好习惯的培养，必须从起步阶段就加以重视。在引导学生写话的过程中，教师要通过多种形式的激励和表扬，使学生做到书写工整，注意不写错别字，写完以后认真读一读，看看自己要说的意思写清楚没有。

3. 切实抓好词和句的训练

任何文章都是由词和句组成的。只有把每句话写得清楚明白，整篇文章才能清楚明白。在构成表达能力的各项基本功中，语句通顺是最为重要的一项基本功。低年级的写话训练，一定要在语句通顺上下功夫。

（二）中年级继续引导学生不拘形式地自由表达

中年级进行习作训练，仍然要十分重视激发学生的兴趣。新课标对中年级的习作要求提到"能不拘形式、自由地把自己的见闻和想象写出来"。这就是说，中年级的习作，在写什么和怎么写方面都不要加以限制，学生喜欢写什么就写什么，想怎么写就怎么写。学生能够无拘无束地写自己多彩的生活和丰富的想象，就会对习作保持浓厚的兴趣。

中年级教师要继续培养学生的语感，培养学生对语句"通"和"不通"的敏锐的感觉。写完以后读一读，或听别人写的语句，能听得出句子通不通，句与句、段与段是不是连得起来把语句通顺的基本功练扎实。

（三）高年级着重练习写成篇的作文

在低、中年级练习自由表达的基础上，高年级学生要练习写成篇的作文。写成篇的作文要能围绕一个主要的意思，叙述要有一定的条理。所以高年级的习作教学，要把"围绕一个主要意思写"和"要有一定的条理"作为训练的重点。

从低、中年级不拘形式地自由表达到高年级的写成篇的作文，是一个由"放"逐步到"收"的过程。低、中年级时，要鼓励学生放胆为文，可以想写啥就写啥，想到哪儿就写到哪儿，不要求围绕一个主要意思，这样就能把思路写活，把笔头写顺。到了高年级，就要适当讲究一点立意和布局，讲究一点对材料的裁剪。要引导学生在动笔前先想一想，这次作文主要想告诉别人一个什么意思，再根据想要表达的主要意思选择安排材料，然后按照一定的顺序写下来。

上述小学阶段作文教学过程的安排，体现了可能性与必要性的结合。可能性指的是小学生语言发展和思维发展的实际；必要性指的是小学语文教学的目的要求。整个安排起点较低，坡度较缓，使学生从乐于写、不拘形式自由写，逐步达到能写，这是符合小学生的心理特点和作文能力发展的规律的。从当前作文教学的现状看，较为普遍的现象是：低年级写话起步较晚，中年级习作的要求过高，导致学生害怕作文，不喜欢作文，作文基本功不扎实，这种状况有待改善。

二、一次作文的教学过程

每次作文教学的过程，都是教师的教和学生的学之间的双向活动过程。要把教师的教与学生的学结合起来加以研究，使教与学的过程成为一个有机的统一体。只要稍加分析，就会发现，学生作文并不是从提起笔来才开始，文章写完就结束，而是一个比较复杂的过程。在提起笔来写之前，就已经花了一些工夫，包括思想、材料、语言等方面的准备。这些准备，主要不是靠作文前临时抱佛脚，而是靠平时的积累。文章写完之后，还要再检查一下，看自己要说的意思说清楚了没有，没有说清楚的地方要认真加以修改，还要注意及时总结自己作文的得失。作前的准备设计，为一次作文教学确定训练的目标，"作前指导""批改""讲评"都围绕着确定的目标进行，使训练目标得到具体落实。在"批改""讲评"中，教师获得反馈信息，进一步了解了学生的思想实际和语言表达实际，又为下次的作文教学做了准备。

第三节　不同类型作文的教学

小学生要学写各种不同类型的作文。不同类型作文的教学各有特点。掌握了不同类型作文的教学特点，才能行之有效地进行训练。

一、简单记实作文的教学

记实作文就是如实地记人、记事、写景、状物的作文。通常所说的记叙文、说明文，基本上是记实作文。进行记实作文的训练，就是要培养学生写实的本领，这是一种十分重要的"再现力"。记实作文训练的方式比较多，最常用的方式有：观察写话，片段素描，根据命题写记实作文，自拟题目写记实作文，缩写、改写。

（一）观察写话

观察写话就是引导学生把生活中的观察所得写下来。这是低年级进行写实训练常用的方法。观察写话，可分为观察图画写话和观察生活中的事物写话。

1. 观察图画写话

作为写实训练的观察图画写话，主要要求是把图上的内容写出来。

低年级的看图写话，一般先是看一幅图写一句话。就是在看懂一幅简单的图画后，用完整的语句写出图意。如人教版第二册就安排了这样两幅图让学生写句子，学生可以根据自己对图意的理解来写，写的句子可长可短。第一幅图，学生可以写"草地上有五只小鸡""几只小鸡在草地上做游戏""一群小鸡在草地上跑来跑去捉虫子吃"等。第二幅图，学生可以写"池塘里有两只青蛙""荷叶上有一只青蛙，水中也有一只青蛙""荷叶上的大青蛙看着水里的小青蛙"等。然后再过渡到看多幅图写话。看多幅图写话，先要粗略地把每幅图看一看，大致了解几幅图表达的整体意思，再仔细看每幅图，每幅图用一句话写出图意，这样连贯的几句话，就把几幅图的意思表达出来了。

进行看图写话的训练，要选好图画。画面要简单清晰，图画的内容应是学生比较容易理解的。也可以让学生从家中的报纸、画册或课外读物中选取自己喜爱的图画，练习写话；或者让学生动手画画、剪贴，再写出图意，这些都是很受学生欢迎的形式。

2. 观察生活中的事物写话

生活中的事物，比图画更丰富。引导学生观察生活中的事物写话，开始要让他们观察单一的、特点比较明显的事物，如文具、熟悉的动物植物、邻居家小弟弟小妹妹的外貌等；然后再扩展到比较复杂的事物，如一处景物、一个游戏、一次活动等。

低年级学生观察生活写话，重在培养观察和写话的兴趣，学习观察的方法，对写话的要求不要过高，学生能写几句就写几句，只要有点具体内容，语句通顺就可以了。

指导观察生活中的事物写话的方法有多种。一种是在课堂上当场指导，如教师带个有趣的实物让学生当场观察，再用几句话写下来。另一种是让学生自己观察感兴趣的事物。低年级孩子好动爱玩，对什么都感到新鲜。教师在阅读学生的观察写话时，要特别注意那些小淘气们的"新"发现。

（二）片段素描

素描是中年级练习写实能力的有效形式。这种形式是老师们借鉴美术教学的经验而创造的，具体做法是引导学生观察实物或活动，将描写和叙述结合起来（即运用"白描"的手法）写片段。

片段素描一般从单个静物开始，如文具、玩具、小摆设、小手工艺品、劳动工具等，再扩展到动物、植物、房间陈设、自然景物、人物外貌动作、游戏、活动场面等。进行片段素描训练，要引导学生抓住特点、按一定的顺序观察。特点，就是这一事物与别的事物不同的地方。如观察单个的静物，要注意它形状、大小、颜色、图案的特点；观察动物，要注意它的形状、动作、生活习性；观察植物，要注意它的干、枝、叶、花、果的形状、颜色，有些果实还可以闻闻气味，尝尝味道；观察人的外貌，要注意他的容貌、神情、身材、姿态、声音、衣着；观察房间陈设，还要注意方位和物品所在的空间位置。观察的顺序有许多种，如由上到下或由下到上，由外到内或由内到外，由头到尾或由尾到头，由整体到部分或由部分到整体等。观察不同的事物要采用不同的观察顺序，学生也可以根据自己的喜爱选择观察的顺序。观察时做到了抓住特点、有顺序，再把观察到的写下来，就是内容具体、有一定条理的片段。

进行片段素描训练，要引导学生如实表达，也就是要写得像，看到的是什么样就写成什么样，不能想当然，写走了样。在这方面，教师有许多好经验。例如，有位教师指导观察一种蔬菜或水果的素描练习，要求学生抓住特点写具体，在习作中不出现这种蔬菜或水果的名称，但别人一读就能猜出你写的是什么。有位教师鼓励学生把自己喜爱的一种游戏写具体，写清楚，要让没玩过这种游戏的同学读了以后能弄得明白，玩得起来。教师这样的引导，激发了学生如实表达的兴趣，从写出来的习作看，确实都在"写得像"上下了一番功夫。

进行片段素描训练，还要注意引导学生推敲词句。有些非常熟悉的事物，要表达得准确也并不容易，所以学生习作中有表达不准确、不清楚的地方，是不可避免的。引导学生推敲词句，不是从语法概念上来分析句子的通与不通，而是要看有没有把所要表达的意思表达清楚，别人看了能不能明白是怎么一回事。所以推敲词句的最好方式，是引导学生回忆或再现事物的实际情况，从而使学生找到恰当的语言来表达。这种推敲词句的做法，会给学生留下深刻的印象。养成了这样的推敲习惯，就能把写实的本领练扎实。

（三）根据命题写记实作文

采用命题作文的方式，可以把学生的思绪集中到某个方面来。学生在生活中和阅读中会有许多感受，但如果没有人提示，可能一时想不起来，就觉得没什么可写；也可能头绪很多，不知写什么好。教师的命题，就能够帮助学生勾起对已有感受的回忆，帮助学生抓住表达的重点。采用命题作文的方式，也便于统一地加以指导和讲评。但命题作文也存在着问题，这就是，题目由教师出而文章却要由学生做，教师出的题目和学生所要表达的思想内容有时不容易完全取得一致；再加上一个班几十个学生，兴趣爱好、见闻感受各不相同，一个题目要符合每个学生的表达愿望就更不容易。弄得不好，教师的命题可能会束缚学生的思想，限制学生的表达。所以，我们对于命题作文这种训练方式要有辩证的认识，要看到它的利和弊，扬长避短，发挥命题作文的作用。

让学生根据命题写记实作文，教师对为什么命题要有正确的认识。教师的命题，不应成为束缚学生作文的框框，而应是学生作文的"诱发剂"。命题的方式可以多样，常见的有以下三种：

1. 教师直接命题

采用这种方式的关键是要尽量使题目扣准学生的生活积累和思想实际，要让学生感到，教师要求写的正是自己想写的。切不可出偏题，出学生无从下手的题。题目的文字要浅白明了，不要故意在文字上绕弯子，设障碍。

2. 半命题

教师提出一个大致范围，让学生根据自己的实际，把题目补充完整，然后作文。如教师提出"我喜欢……"，学生可以在后面补上"打球""游泳""弹琴""看书""唱歌""养花"等，再如教师提出"＿＿＿笑了"，学生可以在前面补上"爸爸""妈妈""奶奶""老师""警察叔叔"等。

3. 出几个题目供学生选择

这几个题目在内容上可以是互相联系的，也可以没有联系，但都应体现本次作文训练的重点。例如，要训练学生写出事物的特点，就可以出"我的同桌""心爱的玩具""说说我们的校园"这样几个题目，学生无论是选择写人、写物还是写景，都能够达到本次作文训练的要求。

不管采用哪一种命题方式，都应该使题目提示的内容范围尽可能地宽一些。这样，每个学生都能够在指定的范围内找到自己所要表达的内容。

采用命题的方法让学生写记实作文，要淡化"审题"，不要在是否"切题"方面苛求学生。评议学生的作文，应主要着眼于文章的内容和文字表达。如果学生写走了题，可以引导他根据自己写的内容，另换一个合适的题目。这样，不仅有利于鼓励学生无拘无束地用自己的话表达自己要说的意思，而且能使学生逐步加深对题和文之间关系的理解。事实上，成年人的写作也常常有写成文以后再修改题目的情况。如果对"审题""切题"要求过高，一走题就评为不及格，必然导致学生谨小慎微，视作文为畏途，这对培养学生的习作能力是不利的。

（四）自拟题目写记实作文

自拟题目作文，就是让学生自己选择材料，自己确定题目写文章。这种方式，可以充分发挥学生的主观能动性，让他们放手写自己熟悉的人、事、物、景，表达自己的真情实感。所以在小学作文教学中，要减少命题作文，大力倡导学生自拟题目作文这种练习形式。自拟题目作文训练的方式很多，常用的有以下四种。

1. 引导学生利用生活积累，自拟题目作文

学生在平时生活中，对周围事物有所观察，有所积累，教师提出一个范围，激起学生对观察积累的回忆。

2. 引导学生观察事物后自拟题目作文

可以布置学生在作文课前仔细观察一个人、一处景、一个场面或一个动物，到作文课上再把观察到的写下来，自己给作文加个题目。也可以在作文课上现场指导观察一项实验、一个玩具、一种植物等，然后再作文，题目自己定。布置课前观察，要注意检查落实，防止流于形式；课内现场观察，要处理好观察与写文的关系，不宜将过多的时间花费在观察上。

3. 组织活动后引导学生自拟题目作文

教师有意识地组织学生开展各种有意义的活动，在活动前不必告诉学生要写作文，让学生全身心地投入活动。活动之后，引导学生畅谈自己的见闻感受，再因势利导，布置学生自拟题目写篇作文。

4. 引导学生根据自己的内心感受自拟题目作文

学生在生活中有欢乐，也有苦恼；对接触到的种种现象，有的钦佩、赞赏，有的厌恶、看不惯。以上种种心情、感受，都希望有机会向人倾诉。教师可以为学生提供这样的机会，让他们自拟题目，说说自己的心里话。

自拟题目的作文训练，教师也要充分发挥指导作用。要指导学生选择自己生活中最熟悉的、感受最深的内容，作为作文的题材；还要指导学生根据自己作文的内容拟一个恰当的题目。怎样拟题的指导要渗透在作文训练的过程中，在作前指导时，适当告诉学生一些拟题的方法，如用人或物的名称作题目，用事物的特点作题目，用文章的主要内容作题目，用文章中一句重要的话作题目等。作后讲评时，要把评讲学生拟的题目作为一项内容，组织学生评议拟得好的作文题，使学生从实践中逐步学会怎样拟题。

（五）缩写、改写

根据课文或课外阅读材料缩写、改写，也是练习写记实作文的方法。

1. 缩写

缩写就是把篇幅较长的文章压缩成篇幅较短的文章，这是训练学生概括能力的有效方法。指导学生练习缩写要注意三点：一是要正确掌握原文的思想内容，原文中的主要人物、主要情节应该保留，只是把其中的次要内容、次要人物以及描写、抒情、议论等删去。二是缩写后的文章仍要结构完整，有头有尾，重要的时间、地点等也应交代清楚。三是字数要加以规定，缩写后的文章不能超过规定的字数。

2. 改写

改写就是依据原文内容，改变写法，使之成为另一篇文章。改写的方式主要有改变文体、改变人称、改变记叙顺序等。在小学阶段，还不要求学生掌握文体知识及篇章结构的知识，可着重进行改变人称的练习，如将第三人称的写法改变为第一人称的写法，或将第一人称的写法改变为第三人称的写法。改写练习可以和阅读教学结合起来，选择教材中适合于改写的课文让学生进行练习。

二、简单想象作文的教学

记实作文，主要练习如实反映生活的写实本领；想象作文，则重在练习写想象、幻想中事物的本领。这两种作文能力都很重要。修订版课标将"记实作文"和"想象作文"并提，值得引起我们的重视。

练习写简单的想象作文有多种形式，经常采用的是看图作文、听音编故事、编童话故事、假想作文、扩展课文作文等。

（一）看图作文

这里所说的"看图作文"，是指看图写想象作文，与前面所说的只要写出画面意思的"观察图画写话"有区别。

图画是现实生活的缩影，它所反映的只是事物的局部，只是一瞬间的情景，而且是平面的、静态的、无声的。要把图画写活，就要借助想象，想象图中没有画出来的事物，如周围的环境，事情的起因、发展、经过、结果，人物的语言、动作、心理活动等等，使画面由平面变立体，由静态变动态，由无声变有声。

看图写想象作文这种形式适用于低、中、高各个年龄段。供低年级学生看的图画意思要浅显些，可采用情节连贯的多幅图。有时为便于学生展开想象，可将其中关键的部分留作空白。有时让学生看一个简单的图形，如一个圆圈，一个三角形，一条曲线，想象成不同的物体，学生也能写出有趣的文章。

（二）听音编故事

在日常生活中，我们能听到许许多多的声音。声音都与一定的事物有关系。听音编故事，就是教师提出几种互不相干的声音，学生根据这几种声音展开想象，编出故事。这是学生非常喜欢的作文形式。

听音编故事，首先要联系生活实际大胆想象，在什么情况下会发出这几种声音，要尽可能多想出几种可能性。然后再编故事，巧妙地把这几种声音编在一个完整的故事里。

听音编故事可在中、高年级安排，要注意循序渐进，由易到难。中年级可以听与学生生活联系比较紧密的声音，如熟悉的动物的叫声，校园里的读书、唱歌、做游戏的声音，自然界的风声、雨声、雷声等；高年级则可以听社会生活中的比较复杂的声音，如农贸市场的喧闹声，联欢会上的掌声、笑声，马路上的人声、车声、喇叭声等。学生的生活经验不同，兴趣爱好也不相同，每次听音响作文，教师可提供几组不同的声音，让学生选择自己比较熟悉又喜欢的一组来编故事。

（三）编童话故事

童话是儿童喜闻乐见的一种文体，他们爱听童话故事，也爱编童话故事。

小学生处在创造性想象能力发展的最佳期。特别是低年级的孩子更多地生活在物我一体、精神现实不分的状态，他们常常借助想象和幻想的方式来观察、理解和解释生活世界中的事物。在成年人看来无生命的东西，在儿童眼里大部分是活的，有意识的。编童话故事的练习形式很多，前面讲的看图、听音响，都可用于练习写童话，此外还可采用以下三种形式。

1. 根据故事的开头写童话

教师讲述故事的开头，把事情的经过、结果都留给学生去展开想象，编出故事。

2. 选择几个物体编童话

日常生活中见到的春夏秋冬、鸟兽鱼虫、花草树木、风云雨雪，甚至泥土石块、桌椅板凳，都可以成为童话中的角色。教师提出几个不同的物体，让学生想象这些物体之间可能会发生一些什么事情，编出童话故事。

3. 自我创编童话故事

教师不提任何条件，不加任何限制，全凭学生自己的兴趣、爱好和生活积累，或自选几个不同的物体，或根据某种社会现象，编出喜爱的童话。有位教师让学生从蓝天的飞禽、地上的走兽到水里的生物，自选两三个作为童话的主要角色，编写童话故事，孩子们高兴极了，一个个兴致勃勃的。

大胆想象，是写好童话的前提条件。没有想象就没有童话。想象要有依托，这个依托就是有关物体的特点，如鸟在天上飞，鱼在水里游，青蛙在陆上、水中都能生活等等。编童话，正是从这些物体的特点想开去，又新奇地组合起来。小学生知识比较少，在选定角色写童话之前，教师可适当地让他们说说这些角色有什么特点，为展开想象作点铺垫。不过，在这方面不宜花费过多时间，要求也不宜太高，学生写的童话不符合角色的特点或者不合乎情理，都没有关系，因为让学生写童话，目的是培养对作文的兴趣，练习用语言文字表达的基本功，发展儿童潜在的创造力。

（四）假想作文

假想作文是根据假想的内容写的作文。假想作文和编童话，都需要凭借儿童的想象展开，区别是童话一般都有故事情节，假想作文的写法比较灵活，不一定有故事情节。假想作文可分为两类，一类是假设作文，一类是幻想作文。

1. 假设作文

让学生假设某种情境，再根据这种情境，结合自己的生活经验进行想象和联想。如有的老师让学生写"假如我是……"，学生写出的文章各式各样，有的把自己假设成自然界中的一个物，写"假如我是一朵云""假如我是一只鸟"；有的把自己假设成社会生活中的一个角色，写"假如我是一个老师""假如我是市长"……许多文章都表达了美好的愿望，表达了对自然、对社会的责任感。

2. 幻想作文

幻想作文就是让学生运用文字把自己幻想中的画面、色彩、情感、意向表达出来，例如写"二十年后的我""未来的……""我要发明……"，学生可以充分发挥自己的聪明才智，海阔天空地进行幻想。

（五）扩展课文作文

教材中许多课文给学生留有想象的空间，有些课文学生读了以后有所触动，有话想说。教师抓住时机，让学生从所读的文章想开去，也是进行想象作文训练的有效方式。在小学阶段进行扩展课文的作文训练，主要有扩写和续写两种形式。

1. 扩写

扩写是通过想象，把课文中写得简单的地方充实丰满起来。扩写又可分为全篇扩写和局部扩写两种。练习全篇扩写，可给学生提供课文的梗概，学生想象事情发展的过程，人物的神情、语言、动作，扩写成一篇内容具体、结构完整的文章。局部扩写也可叫加写或补写，是抓住课文中写得简单的部分，补写一个片段。

2. 续写

续写是根据课文的思想内容，把故事延续下去。指导学生练习续写，要处理好续写与原作的关系，续写的内容应是原作顺理成章、合情合理的发展，不能与原作的思想内容离得太远，更不能与原作的思想内容相矛盾。

上述扩写与续写的练习也可以延伸到课外阅读，让学生利用课外阅读的材料写扩展性的想象作文。

三、常用应用文的教学

（一）帮助学生认识应用文的语言特点

应用文都是为某种特定的需要而写的，有具体的写作目的，有明确的阅读对象。要使学生明白，应用文的语言必须简洁明了，使人一看就清楚，不要说多余的话，也不要用深奥难懂的词句，以免发生误会。除了读书笔记和书信、日记外，其他应用文均不需要描绘事物和抒发感情。

（二）讲清应用文的格式

各种应用文的格式是人们在长期应用中逐步形成的，都已经约定俗成，不能随意变更。教学时，对应用文的格式要点要一一讲清，让学生记住，而且要根据应用文的用途，讲清楚为什么要用这样的格式，使学生知其所以然，防止因不理解格式的意义和作用而死记格式或用错格式。为了加深印象，可采用分析学生练习中出现的问题的方法。

（三）联系实际，学用结合

应用文的教学，要坚持在实际运用中学，学了就运用于实际，把学和用结合起来。例如，练习写信，不妨将写的信装进信封寄出去。学写了表扬稿，就挑选写得好的在黑板报上刊登，在学校广播站广播，或者用大红纸抄写后送到受表扬者所在的单位去。

（四）持之以恒，反复练习

应用文的学习要常写常练，才能熟练巩固。教师要鼓励学生勤动笔。例如，有事请假，自己写请假条（请家长在上面签字）。发现好人好事，及时写表扬稿。特别要鼓励学生坚持写日记，坚持写读书笔记。这样，不仅巩固了应用文教学的成果，而且将全面提高学生的理解能力和表达能力。

第四节　作文的指导、批改和讲评

作文教学是学生在教师指导下练习作文的过程。教师的指导，应贯穿作文教学的始终。从广义上讲，批改和讲评都是进行作文指导的方式。这一节中的"指导"，单指作文前的指导。

一、作文的指导

作文的指导，包括平时的指导和作文课上学生动笔前的指导。

（一）平时的指导

1. 指导学生从生活实践中积累材料

学生作文的内容主要来自生活实践，作文的欲望和激情也主要来自生活实践。生活越充实，感受越深刻，作文的基础也就越扎实。要使学生有内容可写，有内容想写，教师就要注意丰富学生的生活，有意识地引导学生接触自然，接触社会，还要指导学生留心观察和分析周围的事物，养成观察和思考的习惯，使他们在接触自然、接触社会的过程中，时时处处做个有心人，从而有所见，有所闻，有所思，有所感，获得取之不尽的作文材料。

2. 指导学生从阅读中积累材料，积累语言

读书，是知识的重要来源，也是作文内容的重要来源。学生通过读书，可以间接地看到许多平时生活中未曾见到的事物，学到许多未曾学到的知识，而且提高了认识，陶冶了感情，丰富了语言，这些都是作文的必不可少的准备。

（二）作文课上学生动笔前的指导

在学生动笔以前进行指导的目的是：

1. 激发作文的兴趣

要通过指导，使学生感到这次习作很有趣，变"要我写"为"我要写"。激发作文兴趣的方法很多。例如，要练习写一次活动，先让学生尽情地回忆活动中的趣事，然后再把对活动的浓厚兴趣迁移到作文上。要练习写一种动物或植物，先让学生猜个谜语或讲个小故事，学生听得津津有味，也就跃跃欲试地想写出动物或植物的特点了。

2. 打开选材的思路

教师的作前指导要有利于学生开阔思路，想到生活经历的各个方面，从中选取最合适的作文材料。要做到这一点，教师要善于引导学生打开记忆的仓库，回顾生活经历中那些观察最细、感受最深的人、事、物、景。

3. 明确训练的要求

每次作文练习都有具体的要求。每次作文的具体要求都包括两层意思。一层是常规要求，即贯穿于各个年级每次作文的要求，如内容具体，感情真实，语句通顺，书写工整，注意不写错别字，正确使用标点符号，写完以后认真修改等。一层是特定要求，即这次作文与别次作文不同的要求。

二、作文的批改

（一）把教师的批改与指导学生自己修改结合起来

学生的作文是学生用自己的话表达自己要说的意思。写出来的作文与自己原来想要表达的意思是否一致，学生自己最清楚，所以修改作文应该是学生自己分内的事。也只有学会了修改，学生的作文能力才能不断提高。具体做法主要有以下四种：

1. 先示范，再让学生自己改

方法是：教师认真阅读学生的作文，从中挑选一两篇带有普遍性问题的，仔细考虑好该怎样修改。上课时，将作文用大字抄出张贴或制成课件展示，师生共同讨论哪儿该改，该怎样改，使学生从中受到启发，再去修改自己的作文。

2. 教师批，学生改

"教师批"，就是教师在认真阅读学生作文的过程中，发现需要修改之处做上各种符号，发现妙语佳句画上圈或波浪线以资鼓励。凡是学生看了符号就能理解修改意图的，就只画符号；凡是看了符号还难以明白怎样修改的，可适当加点眉批。"学生改"，就是学生细心体会教师所画的符号，所加的眉批，根据教师的提示认真加以修改。

3. 互批互改

方法是：组成三人或四人小组，选择一个学生的作文互相讨论，共同修改。在小组讨论修改时，教师巡视辅导。

4. 面批面改

对学生作文中存在的个别性问题，宜采用面批的方法。例如，通过亲切交谈，了解作文内容的真实性；对于作文有困难的学生，一边启发，一边引导学生自己修改，改完以后让他读一读，并适当加以鼓励。

不管采用什么样的方法指导学生修改，都应该有要求，有检查，不能流于形式。强调注重培养学生自己修改作文的能力，并不意味着教师对学生的作文就不必认真批改，而是要更加充分地发挥批改的指导作用。

（二）作文批改要从实际出发，实事求是，讲求实效

作文批改要考虑不同年段学生的作文能力和修改能力的实际，不能总是停留在一个水平上。一般说来，在低年级写话阶段，应着重指导学生进行字、词、句的修改；到中、高年级，要继续重视字、词、句的修改，并着重指导注意内容是否具体，叙述是否按一定的顺序。这样，批改的重点就和作文教学的要求相一致，学生改文的能力就和写文的能力得到同步发展。

（三）作文批改要尊重学生的原意，鼓励学生的点滴进步

小学生对事物的认识和思想感情与成年人并不完全相同。教师阅读学生作文时，要细心体会作文中所反映出来的孩子的想法，孩子的语言，不要用成年人的眼光、成年人的语言习惯去看学生的作文。批改学生作文时应多留少删，多就少改。学生的写话和习作中是常常会出现天真可笑的童言稚语的，对此，尽量不要按照成年人的标准去随意改动。

三、作文的讲评

（一）作文讲评的主要方法

作文讲评的方法很多，最常用的有以下三种：

1. 对作文的交流和品味

做法是，先让写得有特色的学生朗读自己的作文，可有选择地多请一些学生读一读，有的读全篇，有的读片段。在读的过程中，教师适时地加以评点和赞扬，使较多的同学得到当众倾吐表达的机会，体会到成功的愉快。

2. 对作文得失的分析

做法是，选择一两篇中等偏上的作文，用大字抄写出来或制成课件展示，师生共同讨论分析。所选的这一两篇作文，在内容和表达上都有不少长处，又都有一些需要修改的地方。通过对典型文章的讨论分析，使大家知道这篇文章的优点是什么，有什么不足之处，并从中受到启发，体会到作文应该怎样写，不应该怎样写。

3. 对文字的推敲

做法是，从学生的习作中选择一批有"疑义"的语句，引导学生共同来分析推敲。有"疑义"的语句，不同于有明显错误的语句，明显的错字等应该让学生自己去修改。推敲有"疑义"的语句，要与想要表达的思想内容联系起来，看看这些语句是否能准确地表达所要表达的意思。

（二）作文讲评要注意的问题

讲评要肯定成绩，抓住带有共性的问题，鼓励学生积极参与。从当前作文教学的实际看，讲评要注意以下四个问题：

1. 要抓住重点

作文讲评不能面面俱到，也不能只抓一些枝节问题，而要抓住重点。讲评重点突出，学生印象才能深刻。作文讲评的重点，要根据这次作文的训练重点来确定，同时也要抓住全班学生这次作文的主要的共同性的问题。无论是采用品味优秀作文的方法，还是采用分析作文得失的方法，教师都要把握住讲评的重点，使学生在训练重点上有所体会，有所收获。

2. 要重在鼓励

作文讲评，主要采取表扬鼓励的方法。教师要善于发现全班共同的进步，共同的成功之处，在讲评时热情加以鼓励。对于存在的带共性的问题，最好是通过表扬在这方面做得比较好的学生，使没写好的学生从中受到启发。一般不要采用把写得不好的作文拿出来当众讲评的办法。

3. 要充分调动学生的自觉能动性

作文讲评不能只是"教师讲，学生听"，而应该是师生共评。无论是品味优秀作文，还是分析作文的得失，或者是推敲有疑义的语句，教师都不能简单地把结论灌输给学生，而要引导学生充分发表意见，使学生自己品出味道来，看出得失来，推敲出结果来。学生谈出的体会和感受，只要没有错误，教师都要给予尊重，因为那都反映了学生各自的认识和收获。

4. 要把作文讲评和作前指导、作文批改紧密地联系起来

教师在作文教学中的主导作用，主要体现在作前指导、批改、讲评这几个环节上，这几个环节应该互相联系，形成一个有机的整体。作前指导中提出的重点要求，应在讲评中加以落实，加以强化；通过讲评，又可对下次作文进行指导，提出要求。

第五节　作文教学应注意的问题

根据《义务教育语文课程标准》的精神，针对小学作文教学的现状，以下五个问题需要特别加以重视。

一、将教学生作文与教学生做人结合起来

教作文与教做人的结合，主要体现在以下三个方面。

（一）从作文中把握学生思想脉搏，及时进行引导教育

作文是学生语言文字表达能力和认识能力的综合体现。在批改作文时，不仅要注意学生的语言文字表达能力，还要注意学生在语言文字中反映出来的思想认识。从作文中发现了学生文明的言行，美好的心灵，对生活的独到见解，创造性的思维火花，就通过批语加以赞扬，通过讲评加以表彰，使得好的思想品德得到发扬光大，激励学生热爱生活，积极向上，勇于探究与发现。

（二）培养学生说真话，不说假话、空话的文风

说真话，说实在的话，说自己的话，不说假话，不说空话，不说套话，不仅是对作文的要求，也是对做人的要求。教师要把握住这个标准，从学生的实际出发，随时加以指导。教师如能经常因势利导，学生就能逐步体会到作文就是如实地写出自己想要说的话，就能逐步养成说真话，不说假话、空话的好品质。

（三）培养学生诚实、勤奋的学风

教师要经常表扬勤观察、勤动笔、勤修改的学生，也可通过一些古今名人勤奋好学的故事激励学生。现在供小学生阅读的报刊很多，为学生提供了丰富

的精神食粮，但也给一些不动脑筋的学生提供了抄袭的方便。教师在批改作文时如发现抄袭现象，应及时进行教育，鼓励学生独立思考，做诚实的人。

二、重视两种能力的培养

两种能力的训练是互相渗透、互相促进的。用词造句、连句成段、连段成篇的训练不能离开观察、思维的训练而单独存在。观察和思维的训练也不能离开语言文字表达的训练而单独存在。在观察和思考中所得到的见闻、感受，往往是零散的，不够确定的，而且有的时候是各种思绪一下子涌上心来，没有头绪。我们在作文教学中，应该把两种能力的训练有机地结合起来。

两种能力的训练，要贯彻落实在整个作文教学的过程之中。在小学作文教学的各个阶段，随着学生的语言文字表达能力的逐步提高，要使学生的观察、思维、想象能力也相应地逐步得到提高。从一次作文的具体过程来说，指导学生作文的过程，也是提高学生认识能力的过程。在作文教学的指导、批改、讲评的各个环节中，都要着眼于培养学生的两种能力，通过扎实有效的措施，使学生的语文能力和认识能力同时得到发展。

三、指导学生作文要从内容入手

文章有内容，有形式，是内容和形式的统一体。在内容和形式这对矛盾中，内容决定形式，形式为内容服务；同时，形式又有相对的独立性，对内容起反作用。长期以来，作文教学中存在着重形式轻内容的倾向，这是造成学生怕写作文和作文能力提不高的重要原因。要体现指导学生作文从内容入手，必须重视以下三个方面。

（一）实虚并举，使学生有丰富的内容可写

作文的内容来源于生活。小学生与成年人不同的是，他们不仅有个与现实接触的经验世界，而且还有个想象世界。大纲多处提出，要让学生写自己的见闻和想象。写见闻，就是写耳闻目睹的实实在在的事物，这是写实；写想象，就是写并非现实存在的想象和幻想的内容，这是写虚。写实和写虚并举，充分考虑了学生经验世界和想象世界的实际，不仅能使学生有丰富多彩、新鲜奇特

的内容可写，而且能使学生的观察思维能力、想象能力和创造能力得到充分的发挥。

（二）改进作文的命题、指导、批改和讲评

改进作文的命题、指导、批改和讲评，让学生写自己想写的内容。长期以来，作文教学中对学生的限制较多，导致学生想写的不能写，不想写的硬要写。新课标虽没有对改进作文的命题、指导、批改、讲评提出具体的要求，但总的精神就是要放手让学生自由表达，让他们无拘无束地写自己想写的内容。

（三）降低在表达形式方面的要求

文章的形式是指它的结构、语言、体裁等，新课标对小学生的习作，结构、体裁等都不做要求，只要求把语句写通顺，把要表达的意思说清楚，说明白。根据这样的要求，学生作文时主要考虑的就是想要告诉别人什么，怎样使别人明白自己的意思，真正做到不拘形式地自由表达。

四、习作训练应遵循从说到写，从述到作，从仿到创的顺序

（一）从说到写

说和写是语言表达的两种形式。说是口头语言表达，写是书面语言表达。两者同是表达思想、进行交际的方式。学生观察生活现象所得的素材比较零乱，必须经过大脑加工组织，将零散的素材，有条理地用口头语言表达出来，借助口头语言来控制、调整内部语言。这是对素材的第一次"梳理"。然后，再用文字写下来，成为书面语言，这是对素材的第二次加工。为了"说"好，先得让学生"想"好；为了"写"好，又要先指导学生"说"好。"说"可以检查思考的结果，起到组织语言的作用；同时又促进思考，有利于书面语言的发展。

（二）从述到作

学生把自己阅读的或别人讲述的内容说出来或写出来，这就是"述"。而"作"，指的是学生自己去观察生活，收集素材，确定中心，选择材料，通过独立思考来进行表达。"作"较之以"述"，更具有创造性。小学生习作的从述到作，符合由易到难、循序渐进的教学原则，体现了由"扶"到"放"的思

想。因为"述"的训练是由教师提供材料来写，相对来说，较为容易一些，是"扶"的训练。"述"的训练为学生的"作"打下较为扎实的基础。

（三）从仿到创

"仿"就是模仿。书法训练上有临摹字帖，科学上有仿生学，所以，仿写也是小学生习作训练的有效途径。但仿写不是抄袭，对于如何仿写，教师要注意正确指导，使"仿"能真正起到应有的作用。比如，仿可以着眼于内容的生发，可以着力于写法的借鉴，也可以吸收一些妙辞佳句等等。

五、作文训练与听、说、阅读训练相结合

作文训练主要是培养学生书面语言的表达能力，但是它和听、说、阅读有密切的关系。注意作文训练与听、说、阅读训练相结合，就能促进学生听说读写能力的全面提高。

（一）作文训练与听、说训练相结合

从口头语言和书面语言的关系来看，学生的口头语言发展在前，书面语言发展在后。在低年级的写话训练中坚持从说到写，可以充分利用学生已有的口头表达能力作为基础，过渡到书面表达能力的训练上，这就降低了书面表达能力训练起步阶段的难度。但是从说到写要掌握好"说"的度，在说得已经到位时应及时转到写的训练上来，而不要过多地重复地说，否则就会耽误写的训练。另外，在不同的年级，"先说后写"时说和写的比重要有变化。在低年级，说得可多一些，到中、高年级，说的比重要逐渐减少，以免影响学生独立构思和独立组织语言。

作文训练与听、说训练的结合，还体现在作文讲评的过程中，师生共同分析品味作文的得失，共同对有疑义的语句进行辨析，既总结了作文的经验教训，也锻炼了听和说的能力。

（二）作文训练与阅读训练相结合

阅读是作文的基础。阅读对作文的影响和促进表现在思想、内容、文字三个方面。通过阅读，可以学到观察事物、分析事物的方法，提高思想水平。这对于正确地认识生活，从生活中汲取作文材料，提炼作文中心很有帮助。作文

训练与阅读训练相结合，要从两个方面同时下功夫：

第一，在阅读教学中，要指导学生学习作者观察事物、分析事物与遣词造句、连句成段、连段成篇的方法。所有这些方法，都不能作为写作的知识向学生灌输，而要让学生在读懂课文的过程中逐渐领悟。在阅读教学中，教师要经常引导学生联系课文的思想内容感悟作者用词造句的准确、精当，揣摩作者表达思想内容的清晰思路，体会作者对客观事物的独到见解，还要让学生多读书，对许多写得好的课文做到熟读成诵。

第二，在作文教学中，要引导学生把阅读的收获运用到自己的作文中去。教师要鼓励学生把从阅读中学到的观察事物、分析事物的方法运用于自己的生活实践，鼓励学生根据自己所要表达的思想内容，灵活地运用从阅读中学到的词语句式和表达方法。学生如果在阅读中善于体会吸收，到作文的时候，课文中的思想、内容、语言都能自然地和自己的生活积累一道浮现于脑际，涌流于笔端。小学生模仿性强，对于感兴趣的东西也喜欢模仿。教师在批改作文时要有意识地注意，学生运用了哪些从阅读中学到的东西，发现运用得恰当的大力表扬，运用不恰当的酌情加以指导。在这个问题上，不能简单地采用读一篇仿一篇的立竿见影的做法。因为读一篇仿一篇，很容易导致从形式入手，把要表达的内容往现成的形式里面装，这必然影响学生的自由表达和有创意的表达，不利于提高学生用自己的话表达自己要说的意思的能力。

第六节　心语课堂之作文教学

——我手写我心

　　《语文新课程标准》指出：小学生应留心观察我们身边的事与物，写心里想说的话，在写作中将自己的真实感受表达出来，因此我们教师要引导学生关注现实生活，热爱学习生活，向往生活。写作是语言表达的重要方式。它是人们认识世界、自我和创造性表达的重要过程。写作是以生活为源泉，又是一个丰富我们生活，享受社会生活，超越生活的记录，是一个人真实情感的再现。因此，在习作教学中须把如何引导学生表达自己的真实情感放在首位。在教学过程中，须给学生进行自主写作的时间和空间，让其充分发挥丰富的想象力，在想象中让学生的情感得到升华，心绪得到飞扬，才会不断写出一篇篇有灵动的佳作。

一、用心去感受生活

　　真情实感就是自己对自然、社会、人生的独特文化感受和真切情感体验。情感来自生活。自然、社会与生活是写作的沃土。教学中要教育学生面对社会，更加关注生活，用饱满的感情观察和对待身边的客观事物，建立感情，然后把这些感情融入到写作中，不要担心文章没有情感，没有感染力。这就要求学生要走出去，只有走出课堂，走向社会，走向创作的天地，在现实生活中感受生活的酸甜苦辣，经历亲身体验进而领悟生活所带来的情感升华。例如：让学生站在风、雨、雪、月、花下，感受美丽的风景。或凭窗远眺，远山、近水、蓝天所带来的诗意般的感受，使他们处于跃跃欲试的写作情境，何愁他们思维不活，感情不丰？

二、在生活中写出真情

关注现实生活，体验生活百态，在生活中寻找情感，这才可以在生活中写出真情，才可以在写作中唤出自己的内心感受，赋予文章真情实感。

在小学语文六年级上册第三单元的习作中就要求学生讲述自己对生活的体验、自己的发现、自己的感受。"让生活更美好"这是一个半命题作文，同学们很容易想到：美丽的风景，安静的校园……题目的后半部分"让生活更美好"可以帮助我们找到作文的切入点，让人们感到生活充满阳光和美好，从家庭角度有亲情、母爱、父爱……从学校角度有朋友、师生、校园……从社会角度有宽容、理解、帮助……从自身角度有思考、信心、忍耐……生活中美好的东西有很多，在写作中仔细思考它是怎样影响你的生活的。是让自己获得了知识，还是给自己带来了帮助、鼓励，或是那精神上的满足？一个学生在《父爱让生活更美好》中写道："人人都说'父爱如山'，为我撑起一片快乐的天空。而我却说父爱如海，他像大海那么宽广包容，默默地为我付出那最深沉的爱。父爱，让我的生活更美好。"这样的作文与生活与身边人紧密相关，学生写起作文来自然也就真情流露了。

三、在真情中表达感动

每一篇文章都是作者的内心表达，情感流露与作文表达的关系密不可分，不管是什么文体的文章，总会与情有关。情感之门打开了，真情的流露就更会成为锦上添花。而新课标及素质考核标准都要求学生用真情实感来写作，这样才能更好地将真情实感流露出来。

许许多多的感人故事，只有经历了，才能在写作中流露得真真切切。如六年级下册第三单元作文《让真情自然流露》要求写出真情实感。教学中，有的学生这样写道："人生中，总有一些时刻会撩动着你的心绪……""坐在妈妈的自行车后面去上学，心中会徜徉着幸福的味道……""和朋友一起看星星，一起在草地上发呆，温暖的友情里充满着感动的情愫……"生活中的这些情感编织着我们的记忆，牵动着我们的心情，让我们不自觉地流露出真情。看，感情的表达其实可以以这样的形式流露出来的。只要我们把情感融入到真实的人、事之中来，哪怕是平平淡淡的叙述，流露出的亦能是感人至深、柔软绵长的真情实感。这些感动的细节描写，不但真实，而且写得富有诗意。

在课程标准中有这样的要求：鼓励自由表达及创意表达。学生在写作中说真话、实话、心里话。在作文教学中要把培养学生正确的思想观念、科学的思维方式、高尚的道德情操、健康的审美情趣和积极的人生态度放在首位。在心语课堂的作文教学中，学生用心去感受生活，在生活中寻找美、发现美，在表达中写出真情实感，我手写我心。

第十章

课程资源的开发与利用

第一节　小学语文课程资源开发

一、活化教材资源，丰富教学活动

以教材为依托以课堂为平台，深刻挖掘课内资源，教材无非是一个例子。教师应将教材看成一个活的文本，一个充满变化的学习资源，要根据学生的实际和学生发展的需要，对教材进行思考和探究，将其整合与加工，做到走进教材又大胆地超越教材。

新课标教科版教科书每单元分阅读、能说会写、语文七色光三大板块，每课按"语文""想""读""认""写""自选词语""日积月累"，穿插相关彩色图片等来呈现教学内容。如此丰富的课程资源，教师要进行调配整合，应创造性地进行教学，教材内容的组织要生动而多样化，有利于学生探究，也就是教师要"用教材而不是教教材"。

二、积极开发并合理利用校内各种课程资源

学校是学生学习的主阵地，学校的资源对学生起潜移默化的影响，包括一草一木。一棵树、一面会说话的墙、板报、标语、校训、班训、自我管理评比栏、每次自我管理总结以及高高飘扬的五星红旗等都可以成为课程资源，为教学服务。

三、增加学生实践机会，开发语文社会课程资源

一方面，让学生在实践活动中注意课内外的联系，多动口、多动手，不断

丰富学生的语言积累，不断扩展学生的认知积累，即"生活、课堂、生活"，不断提高学生的基本技能；另一方面，学生本身就包括接受与发现两种形式，这就需要鼓励学生在参与中亲自发现。因此语文教学不仅要注重课堂语文教学，更要重视社会生活中的语文实践。根据这一点，教师应该多开设一些课外实践活动。

四、注重课程资源个别化教学

由于学生之间存在着个性特点、学语文先天条件和学习动机、学习态度的差异，班级里会出现学习状况参差不齐的现象。其中优等生领悟快、识字多、语感强，我们将这些优生资源充分利用起来，肯定他们的努力和成绩，并给予他们展示的机会。语文教学中教师要一些助手和搭档，他们就是最佳的人选；教师在设计教学活动形式、办语文小报时，都可向学生学习，采取他们的创意；课上小组活动的组织者、示范者、表演者、辅导者都少不了这群中坚力量。至于课后的"一对一"结对子活动，他们也是最受学生青睐的目标。

第二节　小学语文课程资源的特色

在基础教育课程改革的过程中，课程资源的重要性是不言而喻的。因为没有课程资源的广泛支持，再美好的课程改革设想也很难变成中小学的实际教育成果，课程资源是课程的前提，所以课程资源的丰富性和适切性、课程实施者对课程资源的认识程度决定着课程目标的实现范围和实现水平。

一、对课程资源的认识

（一）教材不是唯一的课程资源

从前述对课程资源的界定和时代发展的要求来看，尽管教材仍是重要的课程资源，但它不是唯一的课程资源，特别是强调"用教材来教"，而不是像以往一样"教教材"，合理构建课程资源的结构和功能，体现时代发展的多样化需求就显得非常重要。这包括开发主体的多样化、载体形式的多样化等。绝对不能把教科书当作圣经一样来解读，今天的教材已经不仅仅是学生书桌上的书本了。

（二）教师要高度重视课程资源的开发和利用

无论是素材性课程资源，还是条件性课程资源，对于课程目标的实现范围和水平都是非常重要的。

《基础教育课程改革纲要（试行）》指出："积极开发并合理利用校内外各种课程资源。学校应充分发挥图书馆、实验室、专用教室及各类教学设施和实践基地的作用；广泛利用校外图书馆、博物馆、展览馆、科技馆、工厂、农村、部队和科研院所等各种社会资源以及丰富的自然资源；积极利用并开发信息化课程资源。"

（三）课程资源的建设必须纳入课程改革计划

改革是一项系统工程，推进新一轮国家课程改革的顺利进行，必须有课程资源的支持。将课程资源建设纳入课程改革计划，这是国家课程改革必须考虑的，也是参与课程改革的教材编写者必须予以统筹考虑的。任何课程资源的短缺，都将不同程度上影响课程改革的推行。

二、新版小学语文配套课程资源建设的特点

新版语文配套教学资源的建设，大体具有以下特色。

（一）支持教师教学的辅助材料

新一轮的国家基础教育课程改革将使我国中小学教师发生一次历史性的变化，教师再也不是被动的教科书忠实执行者，而是与专家、学生以及家长、社会人士等一起构建新课程的合作者，是一批拥有新的教育观念、懂得反思、善于合作的探究者。新一轮课程改革非常重视教师的课程参与，强调改变教师的课堂生活方式，并通过这种课程参与提升教师的课程意识，掌握课程开发的技术，促进教师的专业发展。也就是说，新课程赋予了教师广泛的创造性空间。教师将随着新课程所建立的学生学习方式的改变而重新建立自己的教学模式，在新的课程环境下塑造新的角色。

（二）支持学生学习的辅助材料

《基础教育课程改革纲要（试行）》提出了转变学生的学习方式的任务，"倡导学生主动参与、乐于探究、勤于动手"，促进学生在教师指导下主动地、富有个性地学习。本次课程改革重点之一，就是要让学生的学习产生实质性的变化，提倡自主、探索与合作的学习方式，逐步改变以教师为中心、课堂为中心和书本为中心的局面，促进学生创新意识与实践能力的发展。

第三节　开发与利用小学语文课程资源的意义

一、继承传统语文教学有效经验的需要

传统语文教学强调必要的语文知识的积累。而在这种语文积累中最引人注目的是语言的积累。语言积累应包括三方面内容。一是语言材料的积累，如掌握最基本的文字符号，积累大量的词汇等。积累语言材料是语言发展的基础，只有掌握了丰富的语言材料，才有可能真正学好语文这门学科。而一般情况下语言材料都不会是孤立存在的，肯定是以一定的文本为载体的。古人云"读书破万卷，下笔如有神"，说的就是这个道理。二是语言典范的积累，如记诵古今中外精彩的篇章等。语言典范往往包蕴着丰富的语汇、深刻的思想、美好的情思，还是创造性地运用语言规律的成功范例。正所谓"熟读唐诗三百首，不会作诗也会吟"，积累语言典范有助于提高学生的综合素养，是促进语言发展的重要手段。三是语言规律的积累，通过听、读理解语言，通过说、写表达思想感受，都有自己的规律。了解语言规律是语言发展的关键。而小学生理解语言规律，是在长期模仿学习、语言实践中通过反复多次的感性接触进行的，这就势必要求学生通过大量的读、写来达到这一目的。

二、语文学科特性的需要

《语文课程标准》提出："语文是最重要的交际工具，是人类文化的重要组成部分。工具性和人文性的统一，是语文课程的基本特点。"这就把语文学科的性质完整地表述出来了。语文是最重要的交际工具，具有工具性；语文又

是人类文化的重要组成部分，具有人文性，二者是统一的。首先，语文是一门工具性学科。因为语言是交际的工具，是表达思想感情、交流思想感情、传递文化的工具。学习语文就是要使学生牢牢掌握语言工具。语文教学的首要任务，就是要教会学生使用语言。

三、儿童思维发展的需要

小学儿童思维基本特点是从以具体形象思维为主要形式逐步过渡到以抽象逻辑思维为主要形式。但这种抽象逻辑思维在很大程度上，仍然是直接与感性经验相联系的，仍然具有很大成分的具体形象性。可见在小学阶段学生对周边事物的认识大多数是从具体的事物入手，学生常常喜欢直接参与、直接感知然后获得经验。按学生认知发展的要求，需要我们积极创设情境，而这种情境的创设，显然需要补充大量的资源。

四、新课改目标落实的需要

新课标指出小学语文的教育是以人为本的教育。要学生学必需学的语文，人人学有价值的语文，不同的人在语文上得到不同的发展。多维的目标、生活化的教学使得小学语文教学要走出课堂，走向生活。以课堂为桥梁，淡化教材，以生活为基点，重视应用，发展小学生的语文能力。

第四节　有效开发和使用语文课程资源的方法

一、课本资源的开发和拓展

　　教材作为重要的课程资源，有其不可替代的存在价值。课本作为经过精心挑选的文本材料，其本身具有典型性，是语文学科知识极好的载体，属于经典的材料，无疑是有价值的。但我们也应该看到，这些文本材料大多缺乏个性，更缺乏广泛性，有的材料仅仅是个例子而已，更有许多材料跟现实生活的距离非常遥远，学生理解起来费力、生涩。这就需要我们对这些文本材料做一些处理，以便达到有效利用的目的。教材的处理并不是教材内容的移植和照搬。而是要根据文本的不同特点，利用各种办法来达到让学生举一反三的目的。

　　（一）"增"

　　即是在原有文本提供的篇章的基础上根据学生的不同特点适当增加一些篇目，以达到巩固和补充语文知识和能力的目的。

　　（二）"扩"

　　即是通过对某一篇目的具体分析，从不同的角度进行拓展阅读，从而得到不同方面的提升。

　　（三）"替"

　　即是略去一些不太适合学生的生活实际，或是不合时、不合地、不合情的作品，替换成同类的但是却能贴近学生生活的作品。

　　（四）"并"

　　则是将与课本同一类的文本有效结合，组合成一个大单元。这种归类遵循的原则也不是单一的，可以是内容同类，也可以是写作方法同类，亦可以是表达的情感同类，通过比较阅读让学生可以更深层次、更广范围地理解文本，达到事半功倍的效果。

（五）"链"

则是为了让学生理解这一文本，可以将一些相关资料引入课本，如一些背景材料等。

总之，不管采用的是哪种办法，其原则就是要适合文本情境特点，创设较大的想象空间，让学生的想象插上翅膀，在教学中会收到意想不到的效果。

二、网络资源的引入和利用

21世纪，人类全面进入了信息时代、大知识时代。网络是丰富的信息库、巨大的资源宝库，我们的语文学习应充分利用网络，形成网络资源共享。传统的语文课堂教学没有条件把网络资源运用到课堂教学，即使有也是把信息的收集放在课后，学生自觉性低，信息收集的有效性不高。而今网络技术走进课堂，走入语文教学，我们有必要让网络技术与课堂语文教学融合，弥补以前的不足。在遵循"引入的时机、内容要恰到好处"这样一个原则的基础上，网络资源的引入和利用方法是多种多样的。

（一）网络资料的引入

这是网络资源利用的最常用的方法。语文教学中，教师经常要对教学内容做一些补充，例如作家生平、作品背景的介绍，以及教学内容涉及的众多相关资料。资料可以是文本资料，也可以是图片资料、声音资料、影视资料等，这些都可以通过网络来组织和呈现。如为了让学生更好地认识文字所描绘的形象，可以利用网络技术演示作品中的形象。

（二）网络资源的链接

除了直接利用与课文内容密切相关的资料外，还可以通过网络来进行知识的拓展，这种拓展可以通过网络链接的方式来实现。

（三）网络对话

网络对话即通过网络进行交流，它可以通过多种形式来实现，如QQ聊天，发电子邮件，登录论坛查看或是发表个人的意见，还可以通过视频窗口，实现面对面的交谈，对语文教学中应该运用到的网络对话，表现为以下形式。

1. 师师之间的对话

这表现为语文教师可在网上进行相互间的交流与合作。第一，交流语文教研活动信息，它反映的是各地开展的语文教研活动的消息。这些信息的价值在于激起语文教师的参与意识，为他们提供学习、考察的线索，帮助他们及时掌握各地语文教研的动向。第二，交流语文教学参考资料，就是教师教学中所需要的各种相关资料，含有课文分析资料、作者介绍、文学流派介绍、练习测试及参考答案、补充资料等等；还有语文教学课件和课件素材，网上有现成的语文课件和课件素材供需要的人士免费下载，其中课件可以直接拿来在课堂上使用，或者稍做修改，使之更适合自己教学，而课件素材则是制作课件必不可少的材料。第三，可以互相交流教学经验，对某些教学问题的处理，每个人的做法不尽相同，交流各自的经验，能取长补短。第四，登录语文教育论坛，看一看行内和行外人士的文章或意见，这是社会各界（包括教育界）交流语文教育思想观点的地方。语文教师可以在此发表对语文教育的观点和思想；行外人士可以在此发表对语文教学的意见，行外人士的意见通常表现为随机的、零散的、抱怨式的、破坏性的各种"闲话"，但这些"闲话"通过有效地激发、高效组合和科学化管理，可以变成一种有序的、合理的高水平的建议、措施和方案，这是一股使语文教学变得更加和谐、健康、积极和充满生机活力的外在动力；此外还有网上观摩课可供学习交流。

2. 师生之间的对话

这表现为学生可以通过网络实现与老师的交流，从而帮助自己解决问题。第一，师生之间可以通过网上聊天的方式来交谈，借以解决学习上遇到的一些即时问题，可以通过QQ等来发送即时消息，及时得到必要的帮助。特别是有些学生性格比较内向，面对教师常会有紧张感，通过网络就可以舒缓这种压力，解决困难。第二，通过发送电子邮件的方式进行网上的学习辅导，如修改作文、批阅考卷等。这种方式在一些特殊的时期显出了特别大的作用。第三，互相传送资料，为课堂教学内容做准备或是做补充。网上资料相当丰富，有时候采用不同的路径会查到不同的资料，师生在网上互通有无，对教学资源的生成有很大的帮助。

（四）网络资源的处理和编辑

网络资源并不是拿来直接就可以用的，往往需要我们经过一些处理和编辑。这些方式也不是单一的，经过处理和编辑的网络资源具有使用方便、保存长久的特点。它可以让我们在使用这些网络资源时更加得心应手，达到更好的效果。简单举例，一般地说，可以采用以下的一些方法：建立网络资源库，把收集到的资源集中在一处，分门别类加以保存，这种方式在保存时比较方便，而且可以收录的资源范围较广；采用链接形式，把需要的资源直接链接在需要用的地方，这种方式针对性强，便用时较方便，但在保存时需要花些工夫；直接用文本形式保存，可把查找到的资源打印成文本，或取其全部，或剪切有用部分，装订成册，或是采用编小报的形式，保存下有用的文本，这种方式相对来说比较传统，但也比较稳妥，不易遗失。

三、社会资源的挖掘和深化

当一种知识被强烈地需要时，对它的学习兴趣就会变得格外浓厚。学生生活的周围环境是他学习语文知识丰富的土壤，教师可抓住这一点让教材再生，达到激发孩子学习语文兴趣的目的。

（一）社区资源

我们生活的城市是一个极富文化气息的传统名城，历来就是许多文人墨客游览居住的地方，他们在美丽的西子湖畔留下了他们的名字，也留下信手拈来随兴而作的千古佳作，例如诗文、吟联、碑文等，这些对想要了解中国古代语言文字的学生来说无疑是一笔巨大的资源。更有富有地方特色的建筑，它们历经沧桑，依然挺立在那里，仿佛在向我们诉说一个个可歌可泣的故事。

（二）生活资源

我们生活的世界是五彩缤纷的，每天都会有不同的事情发生，关键在于有没有一双善于发现的眼睛。生活中的点点滴滴，看似平常，看似普通，只有用心观察，都会闪出珍珠般的光彩。如布置学生趁着闲暇，马路上逛一圈，问他们发现了什么？有些学生说，没有什么。再让学生学学人家的文章，看看别人是怎样从生活中汲取创作的灵感的，看了以后再去逛上一圈，这回有发现吗？有学生回答说，这回有发现了。那是什么呢？是城市里的高楼大厦和工地上低矮的工棚，建筑工人们就在那里生活。这就对了，想想，造出那高楼大厦的人自己却住在如此低矮的工棚里，从中体会到些什么？再让学生去看一看，看看工地，看看工人，你还能发现什么？这回学生有了更新的发现，他们发现有一个工人一只手在铲土，另一只袖子却是空空的，原来这是个残疾人。有了这个发现，再让学生回去好好思考，能有什么新的体会。有的说残疾人也能自力更生，应该得到全社会的尊重。有的说我们全社会应该都来关心残疾人，给他们献爱心，一时之间，讨论纷纷。没想到闲逛也能逛出那么多的感慨，再要写些什么，那已经不是一件难事了。再如让学生仔细观察自己日常生活习惯，起床、刷牙、洗脸、排队、吃饭……写出一个个生活中的小片断，在班里交流，同学们发现，原来每天要进行的这一些生活中最平常的事情，每个人的做法也是不尽相同的，光洗脸就总结出了不下十种的洗法，起床时各种不同的表现和心理描写，更是让大家忍俊不禁，尽情体会了一下平常生活的乐趣。

（三）自然资源

大自然是神奇的，四季变换，星月转移，它赐予人们很多的美丽和灵感，抓住自然界中那美丽的一幕，激发学生学习的灵感，也是语文教学中不可或缺的部分。教师可以采用多种方法来利用这个神奇的资源宝库。

四、生成资源的发现和捕捉

这里所指的生成资源主要是针对课堂而言的。教师在进入课堂之前，事先一定是备了课做了充分准备的，这种准备通常包括设定好教学内容、教学目标、教学思路以及准备好在教学中所需用到的一系列的资源，如课件、教具、书面的练习等等。这些都是教师预先设定好的，我们可以把这种行为称作是资源的预设。但是，一个真实的课堂教学过程是师生及多种因素间动态的相互推进的过程。由于参与教育活动有诸多复杂的因素，因此教育过程的发展有多种可能性存在。教育过程的推进就是在多种可能性中做出选择，使新的状态不断生成，并影响下一步发展的过程。这就是课堂资源的生成。

五、有效资源的判断原则和处理方法

总之，一句话，不管是课本资源、网络资源还是社会资源，都是语文教学中不可或缺的，如何有效开发和利用，才是关键所在。另外要提及的是，在对课程资源的开发和利用过程中，我们还需要掌握一定的原则和方法，比如，你如何来确定所找到的资源是有效的呢？我们认为对于有效资源的判断，不妨参照下面这些原则。

（一）确定性

资源是否有效，首先要看内容是否符合你的需要，如符合，则确定为有效。

（二）趣味性

有关的资源很多，如何取舍，当然取其优点，有趣味性的会更大程度地激发学生的学习热情，达到事半功倍的效果。

（三）同一目的性

所选用的资源指向要非常明确，同你所要达到的目标要高度一致。

（四）密切相关

同一类的资源可能会不止一种，而且似乎都能派上用场，但是哪一种是最为密切相关的呢，要追求高效性，当然是选这一种了。对于资源的处理，方法也是多种多样的，如你可以取其一点，切其一篇，把多种资源组合在一起，或是采用放射式的链接等等。

第十一章

小学语文课堂教学评价

第一节　小学语文课堂教学评价的形式

评价本身是一种操作过程。评价课堂教学主要有两种形式，即自评和他评。

一、自评

自评的方法有很多种，看录像自评和写教后记自评就是两种行之有效的自评方法。

（一）看录像自评

有条件的学校，每学期都应给教师录制一节自己的课堂教学录像。教师通过观看自己的课堂教学录像，对教学过程中的教态、语言、板书、教学内容的安排、驾驭课堂的能力、启发和引导学生学习的策略等进行分析后做出评价，可以为以后在教学实践中扬长避短，找出提高课堂教学效率的途径和方法提供理性经验。

（二）写教后记

日常教学工作中，我们教师往往只重视备课上课，却忽视了教后的教学反思，即写教后记。这就使课堂教学过程中闪现出的"亮点"因缺少及时总结而失去了增值的机会，而"缺点"也因缺少及时反省而失去了探究和改进的时机。这非常不利于教师提高自身的业务能力。因此，教后记应成为教学工作的有机组成部分和教师每节课后必不可少的补充工作。

二、他评

目前，学生评、家长评等形式也已逐渐参与到了课堂教学评价中。

（一）学生评

教师的教学对象始终是学生，学生始终是教学效果最直接的体现者。因此，让学生参与课堂教学评价是一种革新课堂教学评价的好形式。学生对课堂教学的评价，可通过问卷、座谈的形式进行。让学生参与课堂教学评价要把握好适时适度原则，不能过多，更要引导学生不说空话、套话。只有这样，才能收到好的效果。

（二）家长评

教育需要学校、家庭、社会相互合作。近年来，许多学校每学期都安排"家长开放日"邀请家长到校听课，但很少有学校让家长参与评课。我们为什么不设计一张"家长评课表"让家长也来参与评课呢？评课内容可根据实际需要确定，如教师素质、教学过程、教学效果、听课体会等。

第二节　课堂教师评价语言

一、教师课堂评价语言常见的误区

（一）评价语言的含糊性

"很好""非常好""棒极了""大家表扬他"等成了当前教师课的流行语。殊不知这样的评价很含糊，"好在哪"有几个同学能领悟呢？教师只有融合课文语言环境评价来弥补这不足现象。

（二）评价语言的急切性

在小学语文教学中，教学活动的主体——小学生，由于其年龄特征和身心发展的独有特点，表达语言和思维方式上的特点，他们往往需要较长的时间，才能够表述完自己对问题的见解。教师本身的性格特点，或者是为了提高课堂知识传输的速度，他们经常会急忙地下结论，轻率地评价"对"或者"错"；或者过早地对一个可能有多个答案的问题给予终结性的评价，这样就会扼制其他同学思维的空间，发现不了教学中存在的诸多问题，丧失了许多培养学生创造思维的宝贵机会。

（三）评价语言的随意性

评价语言的随意性已成为小学语文评价中的一大公害，教师一味地盼望学生进步，害怕学生犯错误，常常只盯着学生的缺点和问题不放，而忽视了学生身上的闪光点，一旦发现问题的苗头，便不顾及学生的心理承受能力和自尊心，加以批评指责，有的甚至用讽刺性、挖苦性的语言，严重伤及学生的自尊、自信，扼杀了学生的个性和创造意识。有时候，这种随意性评价语言对学生的伤害甚至会延及一生。这样的情况也是屡见不鲜的。

（四）评价语言的冷漠性

有的小学语文教师，对学生课堂答问的评价语言冷漠淡然，缺乏感情，没有考虑小学生的身心发展的特点，不能很好地调动学生的积极性，激发学生的学习兴趣。探其原因，在于教师对学生缺乏尊重，缺乏热情和鼓励。缺乏真情感情的评价语言，学生只会毫无感觉，得不到热情和激发。冷漠性的评价语言，不仅挫伤学生的学习积极性，而且在这样的一种情境中，长此以往，对学生的性格、兴趣也会有许多不良的影响。

（五）评价语言的浮夸性

有的小学语文教师对学生课堂答问的评价语言，不切实际，过分拔高，容易使一些学生飘飘然，滋长自满的情绪，也容易造成学习上的混乱。最常见的，就是在小学语文教学过程中，有的教师对学生的回答给予众多浮夸的评价，极尽溢美之词。

（六）评价语言的武断性

教学是一种对话，对话中既没有无所不知的圣人，也没有完全无知的愚人，师生双方的地位应该是平等的，在对话中，相互尊敬，相互学习。可是，在实际教学中，却往往很难做到。有的教师没有足够的耐心，倾听完学生的心声，用武断性的评价语言去评价学生的回答，封杀了学生独特的见解和张扬的个性。

（七）评价方式呆板化

新课程背景下老师基本上能在课堂教学中注意评价这一环节，但令人遗憾的是评价除了语言还是语言，没有其他花样。应该说真诚的评价是心与心的交融，是情与情的碰撞。所以教师和学生在用语言评价他人时再投以一个微笑、一个点头、一个眼神、一下抚摸、一片掌声，这样能使被评价个体获得更多的心理满足。

二、教师课堂评价语言的原则

（一）针对性原则

对学生的日常表现，应以激励、表扬等积极的评价为主，采取积极性的评价，尽量从正面加以引导。但这并不表明，课堂上必须都是这类的评价语言，当然也不能出现反面批评、打击的语言。真正意义上的评价语言，需要教师关注课堂上学生语文学习的状态，给予实事求是的分析，恰如其分的描述；真正意义上的评价语言，并不隐藏学生的错误与缺点，肯定该肯定的，尊敬学生自己的感悟和见解，引导该引导的，对学生出现的错误进行价值引导，这样才能体现对学生的尊敬，让学生真正信服。

（二）延缓性原则

所谓延缓性原则，就是指教师对学生正在讨论的问题，不立即给予肯定或否定评判，而是以鼓励的行为方式或语言，让学生畅所欲言，然后选择一个适当的时机说出自己的见解和主张。在日常的小学语文课堂教学中，教师不应该对学生的发言回答过早地下结论，尤其是对一个可能有多个精彩回答的问题给予终结性的评价，从而扑灭其他同学思维的火花。

（三）激励性的原则

教师的提问是精心设计的，但学生的回答却可以五花八门，可能并不是教师所期待的，甚至有时候，学生的回答与答案大相径庭。学生的回答是学生依靠已学知识，经过记忆、联想、加工而产生的，是一种创造性的劳动，即使有时回答得不尽如人意，教师也不该随意地对待，用指责性的语言去评价学生。每位教师都应该尊重学生的这种创造性的劳动，善于从每位学生的回答中找出闪光点，给予充分的肯定，坚持正面引导、鼓励为主的原则，鼓励起学生学习的主动性与积极性，燃起学生求知思维的欲望。

（四）情感性原则

情感是人们对客观事物在心理上及态度上产生的反应，积极的情感能够使语文课堂充满人文魅力。童年世界是情绪化的世界，外在的刺激直接影响儿童的情感。一个优秀的教师应该把握学生的年龄特征，在学生回答问题时，给予适时、适度的表扬以及鼓励和赞许的语言，让学生获得一种愉悦的心情，产生积极的情感体验，最大限度地调动学生语文学习的积极性。教师的评价语言必须是发自内心的，对学生的赞美一定要真诚而亲切。只有发自肺腑的表扬才能触动学生的心灵，增强他们学习的动力。

（五）客观性原则

虽然《语文课程标准》中明文指出，对学生课堂答问的评价语言，应该尽量从正面加以引导，以鼓励、表扬、赞赏的评价语言为主，但是，这并不表明，对学生课堂答问的评价语言要用很多浮躁的溢美之词来修饰，而忽视了实质情况。对于学生课堂答问的情况应该给予客观性的评价，从实际出发，恰如其分地运用评价语言，指出回答问题好在何处，应该如何改进则更好。

（六）适时性原则

教学是师生间的一种人文对话，师生间理应相互平等、相互尊敬，在倾听他们回答问题的时候，应该保持着最起码的尊敬。优秀的教师，应该能够尊敬学生，耐心地倾听完学生的见解，细加考虑学生的发言，选择适当的时间，给出适当的评价语言。

三、解决教师课堂评价语言误区的对策

（一）教师课堂评价语言应该简洁、准确，让学生听得明白

教师的课堂评价语言应该客观地指出学生回答问题的长处和存在的缺点，语言要简洁，不模糊，具有针对性，对于要特别强调的地方要讲得明白，让学生听得清楚。除了语言的简洁，准确性是评价语言的灵魂。准确的评价语言针对性强，能够提醒学生，及时帮助学生纠正错误，提高思维与回答的质量。因此，教师的课堂评价语言要自然地运用好针对性、客观性的原则，首先就要力求做到准确。

（二）教师课堂评价语言应该生动、幽默，富有情感性

幽默的语言是一种才华，更是一种力量。他是现代课堂教学中难能可贵的品质。他打破了课堂内死水般的枯燥局面，使整个教学过程达到师生和谐、充满情趣的美好境界。在小学语文教学过程中，教师要善于在恰当的场合、恰当的时机，巧妙地运用风趣的语言评价学生。这样不仅提高了教学语言的品位，而且优化了课堂教学效果。

（三）教师课堂评价语言应该适时、适当，富有人文姓

《语文课堂标准》中指出："工具性与人文性的统一，是语文课程的基本

特点。"语文教育的人文性最主要体现在"以人为本"的教育理念中：承认个性差异，尊重个性的健康发展。在小学语文课堂教学过程中，教师评价语言要灵活地运用延缓性和适时性原则，尊重学生的独特体验和个人感受，为每一个学生富有个性的思维创造空间，给他们以展示自我的机会。教师切忌用急切性的评价语言，抑制学生积极思维的空间，在深化教育改革的今天，应多给学生提供创新思维，展示自己的机会。

第三节　语文教师评价语言的运用

　　课堂教学中教师的评价语言，是指在语文课堂教学中，教师对学生瞬时的、即兴的、即时的、即地的一种评价。课堂中教师的评价语言不仅能影响课堂教学气氛和活动，有时甚至能影响学生一生的发展。因此，教师要引起足够的重视。而课堂中那些看似信手拈来的精彩评价语言，实则是教师深厚文化底蕴和教育智慧的结晶。怎样提高自身课堂评价语言的品位和水准，关注课堂评价细节，是值得每位教师思考的问题。

一、评价语言要有适度的激励性

　　激励性的教学评价语言是学生学习信心的催化剂。现实生活中，每个人的内心都渴望得到阳光，课堂上，不管哪个学生提出问题或回答问题后，总是希望得到教师的肯定与赞扬，因此，教师评价语言中要尽可能多一些赏识和鼓励，这样才能充分调动学生学习的积极性、主动性，使学生有被认可的满足感和成就感。

　　教师评价语言的激励性也要适而有度。现在有些教师上公开课，不论学生回答的好坏，总是按照预先设计好的激励性评价语言表扬："你真棒！""你回答得真好！""老师很喜欢你！""你真了不起！"弄得听课老师和学生心里都不是滋味。奖赏要与学生实际付出的努力相一致，使他们无愧于接受这个奖赏。如果对他们解决了一些过分容易的任务而大大赞扬，尤其在中高年级，则不仅难以提高他们的自信，反而会增加他们的自卑，因为这会被同学认为是无能的标志。所以，赞扬要适而有度，只有客观的、恰到好处的表扬鼓励才显得可贵，才能深深地打动学生的心灵，成为学生学习内在的、长久不竭的动力。

二、评价语言要富有针对性

《语文课程标准》指出："要重视对学生多角度、多创意的评价。"教师在课堂教学中，要根据每个学生表达的独特性和个性化进行针对性的评价。

三、评价语言要具有生成性

"生成"是新课程倡导的一个重要的教学理念。新课程，鼓励师生互动中的即兴创造，以超越预设的目标和程序。因此，课堂教学中，教师要有强烈的资源意识，去努力开发、积极利用生成性资源；要善于抓住课堂上的每一个契机，用自己的评价语言去引领课堂中的精彩生成。

四、评价语言要形成导向性

（一）教师的评价语言能指导学生掌握正确的学习方法

评价的重要功能之一就是导向性，好的导向性评价，将起到画龙点睛的作用。在课堂教学中，对于来自学生的反馈信息，教师要善于巧妙地点拨、引导，指导学生掌握科学的学习方法。

（二）教师的评价语言能指导学生形成正确的人生观

《语文课程标准》在教学建议中指出：要"重视情感、态度、价值观的正确导向，培养学生高尚的道德情操和健康的审美情趣，形成正确的价值观和积极的人生态度"。

五、评价语言要机智有趣

充满机智有趣的评价语言，不仅能促进学生思维的敏捷和灵活，更能使课堂妙趣横生，充分调动学生学习的积极性。

教师精彩的评价语言，虽然不是磁铁，但可以牢牢吸引学生；虽然不是蜜糖，但能让学生感觉到甜蜜；虽然不是矿产，但能开发出无穷的资源；虽然不是航标，但能给学生指引正确的方向。

第四节　语文学科教师教学评价方法

教师教学评价是对教师的系列教学活动和与之产生相关的教学效果所做的价值判断，是依据教学目标对教学过程及结果进行价值判断并为教学决策服务的活动。教学评价是研究教师的教和学生的学的价值的过程。

一、评价目的

《全日制义务教育语文课程标准》指出，语文课程评价的目的不仅是为了考察学生达到学习目标的程度，更是为了检验和改进学生的语文学习和教师的教学，改善课程设计，完善教学过程，从而有效地促进学生的发展。

二、实施原则

（一）可行性原则

教学评价标准应当具有可操作性，应当符合当前教育改革的发展趋势，应当满足当前社会的迫切要求。

（二）发展性原则

语文教学评价要求教师用科学的发展观指导自己的语文教学实践，不断拓宽自己的视野，更要关注学生的发展。因而语文教学评价也应遵循发展性原则，不断推陈出新。让教学评价成为改进教师教学、学生学习，促进学生发展的有效手段。

（三）主体性原则

教学过程是师生共同活动的过程，教师是教学活动的主导，学生是教学活动的主体，评价教学的焦点也应从教师的"教"转移到学生的"学"方面，一切教学内容和教学活动都要为学生的全面发展服务。

（四）全面性原则

评价中，不仅要评价教师的课堂教学，也要注重评价教师的备课、批改、辅导等教学环节；既重视教师的教，又关注学生的学。要着眼于教师的全面的专业成长，更要促进学生在知识与技能、过程与方法、态度情感与价值观等几个方面和谐发展，从而突出语文课程评价的整体性和综合性。

三、评价内容和标准

（一）备课

1. 个人备课

第一，要有强烈的事业心和高度责任感，认真钻研课程标准和教材，熟悉教学内容和知识体系，深入了解学生状况。第二，合理、恰当、全面地确定教学目标（学习目标），明确重点、难点和关键，确定突出重点、突破难点的措施。第三，精心设计教学程序和步骤。第四，根据教学内容和学生实际选择恰当的教学方法和学习方法，设计教师活动和学生活动。第五，有针对性地设计课内练习、形成性检测和课内外作业。第六，明确分类推进的对象和措施。第七，通演教材习题和课内外作业，配备好教具和学具。第八，根据上述要求，提前一周写好教案，教案应包括课题、课时、教学目标、教学重点、难点、教学辅助手段的使用、教学环节、教学内容、教学方法与学习方法、教师活动与学生活动、板书设计等项目。

2. 集体备课

集体备课是校本教研的主要形式之一。集体备课是发挥每个教师积极性、创造性，用集体智慧使备课更科学、更有效的方式，是保证教学质量的手段，也是促进教师成长的好方法。第一，教师要积极参与集体备课。完成自己的分工任务，在集体备课过程中能积极发表不同意见，提出有价值的问题，并与同组教师共同研讨，虚心吸取他人之长。第二，在集体备课的基础上，教师要结合班级学生特点及个人教学风格进行复备，不应照搬照用公用教案。第三，听课、评课是集体备课的继续，是促进教师业务学习和提高的重要途径之一。

（二）上课

课堂教学是教学工作的基本形式，是提高教学质量的中心环节。语文课堂教学评价的基本要求如下：

1. 教学目标明确

教学目标的确定要体现语文课程标准的三维目标要求，将课程标准的要求、教材的实际和学生的需求结合起来，既重视学生基础知识的学习、基本语文能力的培养，更重视学生学习过程的表现，以及学习习惯的养成和学习方法的掌握。目标的落实有利于学生的自我认识、自我调整、自我完善，做到具体、可行，便于在课堂上落实完成。

2. 教学内容充实

深入地理解和把握教材，重点确定合理，难点突破自然，疑点排除及时。课堂教学内容深度、广度适宜。技能的训练科学，学习过程符合学生的认知规律，具有层次性和条理性，展开有序，学生活动时间充分。

3. 教学方法合理

教学方法选择恰当，能激发学生的学习兴趣，能体现课程标准提出的教学理念，运用多种教学方法和教学手段对学生进行启发、引导，教学目标的达成度高。

4. 教学技能纯熟

教师的教学基本功好。教学语言规范、准确，有表现力和感染力。教态自然，举止大方。能因势利导地应对教学活动中的各种情况，具有较好的教学机制，课堂教学的预设与生成相辅相成。

5. 教学效果明显

完成了既定的教学目标。学生积极参与教学活动，乐学善思，在掌握了相关语文知识的同时，学会了相应的学习方法，激发了学生学习语文的兴趣。不同层次的学生都有进步。

（三）作业与批改

作业是课堂教学的继续和延伸，作业是促进学生牢固掌握基础知识，运用基础知识，培养分析问题、解决问题能力的必要手段，也是检验教学效果，改进教学工作的必要措施，必须重视作业的布置、批改、总结。作业的形式除了书面作业外，还包括实践活动等。第一，教师要根据教学内容，有针对性地精选适量作业题。作业题要注意典型性、启发性。作业题要有利于巩固所学知识。第二，严格控制作业量。第三，作业必须认真批改，批改量依据教师工作量等因素确定。作文每学期不少于7次，可以教师批改，也可以指导学生评改，提倡教师指导学生自我修改作文，学生互相评改作文。第四，作业必须讲评。共性问题在全班讲评，个性问题个别讲评。第五，作业必须抓规范化要求，培养学生严谨的学风。鼓励学生独立完成作业。第六，作业要记载成绩，作业成绩作为期末考查学生平时学习的依据之一。

（四）辅导

辅导是实施因材施教、分类推进，全面提高教学质量的重要渠道，是教师教书育人的有效环节。辅导有集体辅导和个人辅导两种形式，提倡采取答疑的辅导方法。辅导内容不仅是知识辅导，而且应重视学习思想和学习方法辅导。辅导的重点为学习有困难的学生，同时要注意辅导其他学生。对因故缺课的同学要及时辅导，对学习有困难的学生要热情帮助，对成绩优秀、学有余力或有特长的学生要加强指导，提供超前学习或发挥特长的条件。辅导要耐心细致，注意由浅入深、形象直观。辅导要有针对性，要记入教案。

（五）课外学习与实践活动

课外学习与实践活动是课堂学习的延续、补充和扩展，是学习知识、巩固知识、发展智力、提高能力的重要途径，是提高素养、发展特长的重要途径，必须给予高度重视。第一，语文老师应有能力组织读书、书法、朗诵等课外活动小组，或者组织校园文学社。第二，课外活动小组要做到组织落实、计划落实、活动落实、指导教师落实。要定期举行讲座或成果展示活动。学校应把教师主持开展课外学习实践情况纳入对教师的业务考核之中。

（六）教学效果

成绩考核是教师教学工作成效的重要信息反馈手段。第一，考核包括平时教学成绩考核和期末检测成绩考核。第二，成绩记载。平时教学成绩考核和期末检测成绩考核都要记载成绩。对教师教学效果的考核情况要记入教师业务档案。

四、评价方法

（一）终结性评价

分数评价法：期末考试或升学考试的分数是不可或缺的评价依据，它具有客观性和一定的科学性。但不能把它作为唯一的教学评价手段。只有将学生基础、平时考核、终端结果、进步幅度、竞赛获奖和教师的教学研究以及教师的责任感等各个方面进行综合性的量化考核，才能让评价更加全面、准确、科学。等级评价法：由领导定性评价，或是其他老师投票评价，或者是由学生或家长打分评价。这种评价法具有一定的激励作用，但是主观性强，比较笼统。

（二）过程性评价

相对于终结性评价而言，对教师教学活动的全过程进行恰当的跟踪评价，建立教师业务档案，这种评价更加全面、准确、科学。

（三）多元性评价

终结性评价与过程性评价；量化评价与定性评价；领导和专家评价；同事互评与自评；学生与家长的评价；对教师教的评价与对学生学的评价。对教师教学一定要结合实际情况进行多元性评价。评价的最终效果是激励教师提高教学能力，促进教师的专业成长。

参 考 文 献

［1］任光霞.小学语文课程与教学研究［M］.长春：吉林人民出版社，2020.

［2］刘秀清.语文的世界小学全景语文教学的实践与研究［M］.北京：九州出版社，2020.

［3］林爱珠.基于核心素养的小学语文智慧课堂教学模型的建构与实践［M］.长春：吉林人民出版社，2020.

［4］杨年丰.小学语文教学教法［M］.郑州：河南人民出版社，2020.

［5］吴亮奎，翁璐瑶，蔡玲.小学语文教学设计模型与应用［M］.福州：福建教育出版社，2020.

［6］饶满萍.小学语文教学设计与实施［M］.成都：西南交通大学出版社，2019.

［7］罗祎.小学语文教学实践研究［M］.北京：光明日报出版社，2019.

［8］甘清梅，车兴钰.小学语文教学实践探究［M］.北京：世界图书出版公司，2019.

［9］杨洪港，肖杏花，何小波.浅谈小学语文教学管理［M］.长春：吉林人民出版社，2019.

［10］刘素贞.小学语文教学与教研实践研究［M］.银川：宁夏人民出版社，2019.

［11］郭晓莹.文本解读与小学语文教学设计［M］.福州：福建教育出版社，2019.

［12］宋秋前，林涛.经典教学理论的课堂应用小学语文［M］.上海：上海交通大学出版社，2019.

［13］李艳杰.小学语文课堂有效性教学策略研究［M］.长春：吉林人民出版

社，2019.

［14］吴聪娣.寻"根"问"计"小学语文字词教学策略研究［M］.福州：海峡文艺出版社，2019.

［15］姚燕涣.小学语文区域集体备课教学知识的创新与共享［M］.北京：世界图书出版公司，2019.

［16］吴忠豪，薛法根.小学语文名师文本教学解读及教学活动设计五年级上［M］.上海：上海教育出版社，2019.

［17］亢连武.传统文化在小学语文个性化写作教学中的应用研究［M］.长春：吉林人民出版社，2019.

［18］廖娅晖.小学语文教学设计［M］.北京：中国铁道出版社，2018.

［19］朱立金.小学语文教学研究与实践［M］.济南：山东教育出版社，2018.

［20］吴亮奎.小学语文教学设计问题与方法［M］.福州：福建教育出版社，2018.

［21］宋秋前，钟玲玲.小学语文教学问题诊断与矫治［M］.上海：上海交通大学出版社，2018.

［22］宋秋前，王儿.小学语文教学问题分析与解决策略［M］.上海：上海交通大学出版社，2018.

［23］顾可雅.基于核心素养的小学语文教学设计［M］.宁波：宁波出版社，2018.

［24］薛晓倩.多元文化教育背景下的小学语文教学再探究［M］.阳光出版社，2018.

［25］沈玉芬.小学语文联结教学［M］.南昌：江西教育出版社，2018.

［26］李碧.小学语文视觉化教学［M］.上海：上海交通大学出版社，2018.

［27］江玉安.小学语文课程与教学导论［M］.长沙：湖南师范大学出版社，2018.

［28］辛洁，张爽.小学语文写字课微格教学设计［M］.北京：首都师范大学出版社，2018.

［29］武金英.小学语文对话课微格教学设计［M］.北京：首都师范大学出版社，2018.

［30］莫莉.小学语文教育教学知识与能力［M］.昆明：云南科技出版社，2018.